アフターコロナ
次世代の投資戦略

財政・金融の危機を資産づくりのチャンスに変える

吉田繁治

ビジネス社

はじめに

世界167か国による新型コロナ対策として、GDPの10%から20%に達する財政の出動が決定されています。パンデミックが長期化したときは、この2倍に増えるでしょう。財源は各国の中央銀行による国債買い取りであり、「通貨の増発」になります。そして経済の停止で売上が減った企業が申請すれば、「無利子・無担保の貸付金」が提供され、企業の負債はかつてない速度で急増していきます。

経済・金融における世界的な泰斗《たいと》として認められているローレンス・サマーズ（元財務長官・ハーバード大学学長）は、「先のことはわからない。マネー増発の政策には、プラスとマイナスの両面がある」と述べています（20年6月）。

プラス面は減ったGDPの回復です。マイナス面は政府、中央銀行、企業の増加した負債からくる不良債権です。経済学は「過去の事象」の要因分析から原理や原則を導くもので、新しい要因が加わる未来の予想はしません。

しかしまさに今、実学としての経済学に期待されるのは、コロナショックでの経済停止からアフターコロナまでの経済・財政・金融・投資への予想でしょう。浅学非才《せんがくひさい》であるからこそゆえの蛮勇で書いたのが、本書です。

前半の140ページは、11の質問に答える形式で書いています。

7番までを順にあげると、

①政府の財政破産について、

②インフレと市場の期待金利の上昇、

③コロナショックのデフレの2・5年、その後のインフレ、

④異次元緩和で物価が上がらなかった日本が、なぜ2022年秋からインフレに向かうか、

⑤MMT（現代貨幣理論）への反論、

⑥日銀のインフレ対策、

⑦政府財政がデフォルトしたあとはどうなるのか、です。

古典的なフィッシャーの方程式では、インフレ率と実質GDPは、「マネーサプライの量×流通速度＝マネーパワー」で決まるとしています。マネーと物価、GDPとの唯一の関係式がこれです。

数式で示すと、M（マネーサプライ）×V（流通速度）＝P（物価上昇率）×T（経済取引量：実質GDP）です。マネーサプライの量（企業預金＋世帯預金＋現金）が増え、流通速度（マネーサプライの回転率）が一定なら、P（物価上昇率）×T（経済取引量：実質GDP）がマネーの増加率に比例して上がるという仮説です。

わが国のマネーサプライは、郵貯・農協を含むM3として1417兆円です（20年5月：日銀）。

マネタリーベースとマネーサプライの構造（20年6月）

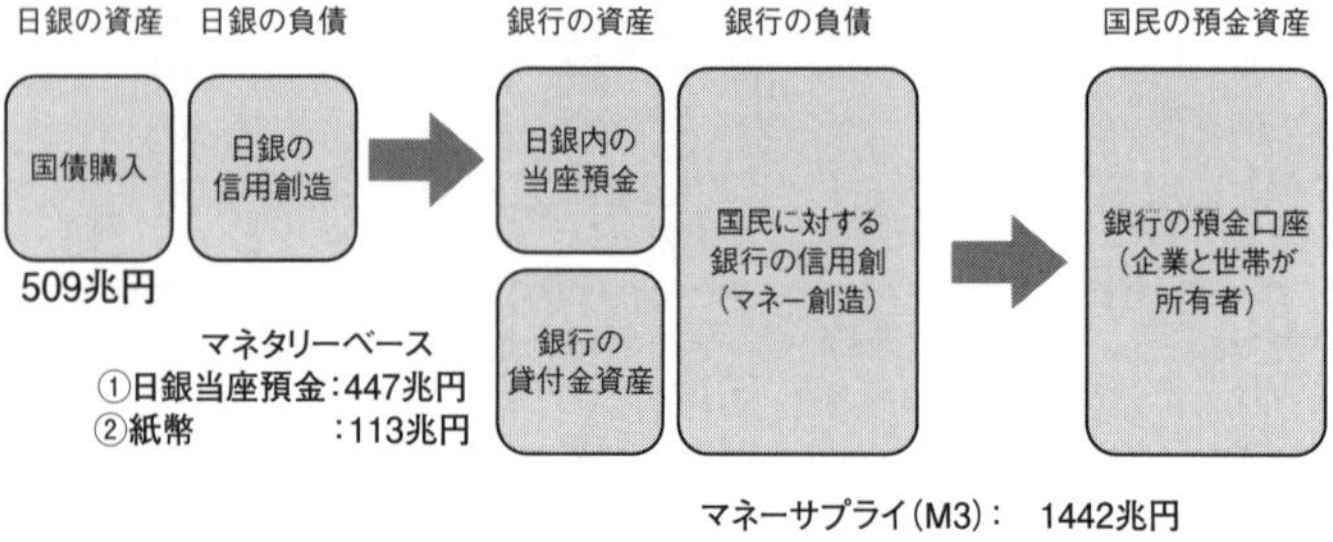

コロナショックに対する第一次・第二次の補正予算としては、史上最大の225兆円が決まっています（一般会計の真水は57兆円：貸付金枠が168兆円）。

今回のコロナ対策の特徴は、「この225兆円が企業と世帯への直接の財政支出」になる点です。まだリーマン危機のような金融危機にはなっていないので金融機関ではなく、企業と世帯へのマネー供給になる点が従来と違う点です。（注）3年後からは、金融危機になっていくでしょう。

貸付金の政府予算の枠である168兆円が金融機関、企業、世帯からの申請で100％消化されるかどうか不明ですが、2020年・21年・22年の3年間では、その近くにまで届くでしょう。コロナショックの長期化が確定してきたことから、追加の第三次補正予算も想定されているくらいだからです。

今回の日銀による約500兆円の国債の買いは「銀行のマネタリーベース（日銀当座預金）を増やしただけだった異次元緩和」と違います。企業と世帯への財政支出ですから、直接、マネーサプライを増やします（日銀はマネーストックという。両者はおなじ）。

7年間の異次元緩和でもマネーサプライ（企業＋世帯の預金と現金）は、年間2％〜3％台しか増えていません。この増え方は異次元緩和の前と変わりません。日銀が7年間で400兆円余の国債を買い増して、円を増発したことにより、金利は限界値のゼロからマイナスに下がりましたが、企業と世帯の借入金は増えなかったのです。

マクロの預金であるマネーサプライは、銀行からの借入金の増加で増え、借入金の減少（返済）で減ります（日銀マネーストック統計：https://www.boj.or.jp/statistics/money/ms/ms2005.pdf）。

1980〜90年代の相関データでは、「マネーサプライ（M3）の増加率4％がインフレ率ゼロ％の基準線」でした。マネーサプライが4％以上増えるときが需要の増加によるインフレでした。4％未満では、物価が下がるデフレだったのです（米国ではM2の毎年7％〜8％増加があり、2％台のインフレでした：2018年まで）。

M3の2％〜3％の増加では、物価は上がりません。事実、2013年から物価の上昇はなく、2014年と19年に行われた2度の消費税の増税（5％）が、物価を4％くらい上げる要素であったにすぎなかったのです。https://ecodbnet/exec/trans_country.php?type=WEO&d=PCPI&c1=JP&s=&e=

2020年5月も2％の増税効果（約1・5％：19年10月〜）を除くと、すでにデフレです。日本に特有なことは、

①2000年からの高齢化と15年からの人口減、

②労働者1人当たりにおける生産性の伸びの低さ（0・5％〜1％：日本生産性本部）から、実質

ＧＤＰの期待成長率が１％程度と低いことです。「生産面のＧＤＰ＝１人当たり生産性×労働数」です。人的な生産性、働く人の両方が伸びないと、実質ＧＤＰは増えません。

ＧＤＰの期待成長率が低いと、個々の企業は別ですが、総体としては新規設備投資のための借入金を企業が増やさなくなります（マクロの借入金の増加率が低下）。日本の企業は１９９８年の金融危機の時期から、実は純借入金（負債－預金）を減らしたのです。

留保利益（利益剰余金：累積４６０兆円）での設備投資としては、海外の生産工場を増やすだけでした。平均所得が減った世帯も、住宅ローンを増やしてはいません。このため総体の銀行借入金は、２％から３％程度しか増えなかったのです。

企業と世帯の借入金の増加によって増えるマクロのマネーサプライ（Ｍ３）は、年２％台から高くても３％台の増加にすぎず、物価が下がるデフレの水準でした（２０１３年～２０１９年）。政府の借金（国債＋借入金）は１３２２兆円に増えましたが、企業と世帯の純負債はまったく増えなかったのです（20年6月資金循環表　https://www.boj.or.jp/statistics/sj/sjexp.pdf）。

期待ＧＤＰの成長率がＯＥＣＤ（先進37か国）で一番低い日本では、7年の異次元緩和とゼロ金利があっても、銀行貸付金の増加にはならなかった。政府・日銀は政策の失敗は認めません。異次元緩和は目的だったインフレ率２％の達成は果たせなかったのです。

増刷されたマネーが銀行がもつ日銀内の当座預金口座に「ブタ積み」され、それによる民間企業と世帯の貸付金は増えなかった（当座預金４４7兆円：20年7月２日：営業毎旬報告）。ブタ積みとは、ゼロ金利のマネーが「豚の貯金箱」に滞留することです。M×V＝P×Tのうち、V（マネーの流通速度）が低下することです。日銀が増やしたマネーは、民間GDPの実体経済に回らなかったのです。

ところが今回の225兆円（1・5年を想定）の財政支出は、日銀当座預金と政府の借金だけを増やした異次元緩和と違います。今度は、政府による企業と世帯に対する財政支出です。これは直接マネーサプライの増加になり、企業と世帯をあわせた総預金の増加になります。

しかも今回の預金の増加は最初の2年間、企業と世帯の需要の増加につながりません。都市封鎖と外出の自粛による経済の停止（GDPで約20％）からのマネーの流れの減少を補う、マネーサプライの増加だからです。M×Vのうち、M（マネーサプライの金額）は増えますが、V（流通速度）が低下するのでM×Vの「マネーパワー」は増えないのです。

2020年、2021年は民間需要が縮小します。政府・日銀・銀行がコロナ対策費のマネーサプライを増やしても、M×Vのマネーパワーは低下するということです。

このため2020年と21年は、物価と資産価格が下がるデフレになるでしょう。20年5月の物価には消費税増税の2％分が上がらず、すでにデフレの傾向が現れていますが、物価のマイナスは20年、21年と拡大していきます。

本書では22年夏に新型コロナは収束に向かうと仮定しています。22年の夏からは人々の行動が自由を回復し、2年間縮小した民需が回復過程にはいっていくでしょう。

20年、21年の20％下がる民間需要が、22年夏から増えるでしょう。2年間の設備投資も大きく減っているため、経済は「需要＞供給」になり、物価は2％から3％へと上がっていくでしょう。これは日本だけではない。日・米・欧・中国に共通です。

世界的に新型コロナが22年夏に収束すると、２０２２年の秋ごろから縮小していた需要の回復が起こり、世界が同時にインフレ傾向を示すでしょう。

「需要＞供給」によるインフレのとき、普通は企業と世帯の所得も増えて景気がいい。今回は違います。２２５兆円の対策費としての借り入れが加わった民需の増加ですから、物価は上がっても所得の増加はない。物価が上がるなかで、「経済成長率が低いスタグフレーション」になっていきます。（注）１９７０年代の2度の石油危機（原油価格2倍）のとき、先進国（特に米国と欧州）の物価は上がり、負債のマネー量は増えても所得が増えないスタグフレーションになっています。物価の上昇は、所得の増加からではなくマネー量の増加（負債の増加）からのものだったからです。

わが国では、２７０万社のうち黒字企業が１０１万社、赤字法人は１６９万社です（国税庁：19年）。実に62％の法人が赤字です。赤字とは支払いの資金が不足することです。全法人のうち30％（80万社）くらいは海外紙が指摘するようなゾンビ企業といえないまでも、累積赤字は持続が不可能なくらい大きい。リーマン危機のあと、政府が決めた特例の借入金、返済の猶予、追い貸しで延命してきたところも多いのです。

特に今回は売上が減った会社に、無差別に政府が保証して利子補給をする「無担保・無利子のマネー」が貸付けられます。22年末から23年の景気回復期には返済と利払いのできない不良債権が増えて、それも政府・日銀の増加負担になっていくでしょう。倒産は不況のさなかではなく、需要が回復し、金利が上がっていくときに増えるものです。

2022年末から期待物価上昇率が「デフレ後の2%インフレ（スタグフレーション）」になっていくと、現在はゼロ%の金融市場の期待金利が2%から3%に上がり（まずインフレ連動債から）、1300兆円（GDPの2・4倍：2023年）に増える既発国債は14%から20%下がります。既発国債の価格下落は円安、金融危機、政府のデフォルト（財政破産）を促していくでしょう。中身の詳細は、本文に譲ります。

8番目の質問から経済、財政、金融、通貨の全域にわたる危機のとき、その後に大きな資産を作る長期投資について回答したものです。

⑧2022年までの株価への見通し、
⑨米国の対外純負債と、日本の対外純資産の今後、
⑩政府のデフォルト前後の投資、
⑪これからの有利な長期投資、となります。

3月23日に35%安の一番底を示したNYダウ（30社）、米国株（S&P500社）、日経平均（225社）は2月のピーク価格に対して14%安の水準にまで回復しています。この株価が2020年末、

21年にはどう向かうかの予想と、その根拠です。

米国には、対外純負債が10兆ドル（1100兆円）もあります（対外負債34兆ドル：対外資産24兆ドル：2018年）。負債には金利の支払いがともないます。2022年から始まる米国のインフレ3％から市場の期待長期金利が4％に向かうと、米国は利払いのために負債が膨らむという「対外デフォルトの過程」にはいっていくでしょう。このとき、ドルと円はどうなるのか、これを予想します。

10番目は政府がデフォルトの危機に瀕《ひん》したとき、あるいはデフォルトしたときの投資です。株価、通貨、不動産は同時に暴落して金融危機になり、底値を付けるでしょう。そのときこそ長期投資のチャンスが来ます。2025年ころから、世界が同時にAI（人工知能）による産業革命の時期に突入していくからです。技術の進歩から来るAI産業革命は確定した未来です。

11番目は信用通貨のマネーが増発される時期に有利になる、長期投資について説明します。

100年の金価格は、米国マネーサプライの増加と軌を一にして上がっています。

米国のマネーサプライの増加は、戦後の平均で年8％です。平均インフレが3％、株価も年8％平均上がり、金価格の上昇もマネーサプライの増加、株価の上昇とおなじ8％でした。

このマネーサプライの増加は毎年のことです。しかし金価格には上がらない年度（または下がる年度）と、数倍から10倍は急騰する時期が交互にありました。5年から12年のサイクルで、価格の停滞と急騰を繰り返してきたのです。

新型コロナ対策としてＧＤＰの20％（５００兆円）のドルが増発される２０２０年からは、金価格は急騰の時期にはいっています。本書では、「マネタリーベースと金価格の関係（金レシオ）」から論証します。

第二部は新型コロナの性質の観察、都市封鎖とＧＤＰおよび企業売上の関係、小売・サービス売上の関係を示しました。国民の全員を巻き込む大戦争のあとのように新型コロナが新しい生活のスタイル（生活文化）と仕事のオンライン化、テレワークも生んで、その後の消費と仕事への価値観も変えていくことを見ていきます。

今日は7月3日です。世界での新規感染数（ＰＣＲ確認数）は20万人と、もっとも多い（7月1日）。累積感染数は１０５３万人。アジアは少なく、北米（２７２万人）、中南米（２５９万人）、欧州（２５０万人）が多い。ＷＨＯは「パンデミックが加速している」としています。

https://vdata.nikkei.com/newsgraphics/coronavirus-chart-list/#countryNewDeath

＊

筆者は、２０１１年12月の著作で２０１５年の財政のデフォルトを予想していました（『国家破産』）。財政の構造的な赤字から毎年30兆円から40兆円増え続ける国債の残高が、国民の預金残を上回るからです（企業預金２８３兆円＋世帯預金１０００兆円：20年3月時点）。国債残が預金残を超えるころになると、銀行による国債の買いが困難になっていき、国債の金利が高騰するというのがその理由です。

ところが政府には準備がありました。2013年4月から開始された日銀による「2％のインフレを目標にした異次元緩和」です。それは毎年60兆円から80兆円の国債を買い取ることでした。毎年新規の発行額を超える国債を日銀は額面より高く買って財政をファイナンスし、国債の利回りをゼロ％（およびマイナス）にまで低下させ、金利の上昇からの国家財政のデフォルトを防いだのです。

しかしコロナショックから経済の停止（GDPの急落）は、政府に225兆円の補正予算の財政支出（総事業費）を余儀なくさせました。政府の財源は国債です。毎年の財政赤字約35兆円に加えて、これから1年半で余分に225兆円発行される国債は日銀の買い取りにならざるを得ないでしょう。民間銀行は「ゼロ％から少しでも金利上がれば価格が下がる国債」を買う余力をもっていないからです。ゼロ金利国債は、文字通り金利はゼロです。

2020年、21年のデフレからインフレに転じる可能性が高い2年半先を予想すると、「コロナショックを起点にした財政のデフォルト」が懸念される事態になっています。加えて日銀が今回実行するMMT（現代貨幣論）は、国債の残高がGDPの2・3倍を超えている日本では無理な通貨増発になって、円安と金利の上昇を招くことも論述しています。詳細は本文で述べています。

2020年7月3日

吉田繁治　記

『アフターコロナ　次世代の投資戦略』もくじ

はじめに――2

第1部 対話法によるアフターコロナの財政・金融・株価・投資

Q01 政府の財政破産について――25
財政の破産とは?――26
GDP比で世界一多い日本の国債――30
日本の国債の所有者は90%が国内――36
金融先物の売買は現物取引より大きい――38

Q02 インフレになっても日銀がゼロ金利国債を買い続ければ、金利は上がらないという説――41
債務超過によって日銀、銀行、政府が同時破産――43

期待金利の上昇という25年ぶりの事態 —— 45
売られる国債は約1か月で日銀が全部を買うことになる —— 48

Q03 **コロナ後のデフレのあと、インフレに向かう根拠は？** —— 51
マネーの増発が年率2％のインフレを招かなかった理由 —— 52

Q04 **異次元緩和でも上がらなかった物価がなぜ2022年からインフレになるのか？** —— 57
新型コロナが収束したのち、インフレに向かう —— 58

Q05 **MMTについての論評** —— 61
MMTは政府紙幣の発行を推奨？ —— 62
MMTは変動相場のデリバティブ金融と通貨の先物売買を無視 —— 66
政府紙幣のインフレは結局スタグフレーション —— 68

Q 06 **日銀のインフレ対策が生む金利上昇** —— 70
インフレを抑えるために買った国債はどうなるのか —— 71
MMTが適用できない国 —— 76
Q 07 **国家（政府財政）が破産したあとはどうなるのか？** —— 77
財政破産の原理 —— 80
Q 08 **2022年までの株価への見通し** —— 81
株価は予想将来純益の割引現在価値（PER理論） —— 82
NYダウに追随する日経平均 —— 88
リーマン危機のあとの米国株 —— 91
コロナ危機からの株価暴落と上昇 —— 94
今後の株価予想 —— 100

Q09 米国の対外純負債と日本の対外純資産の今後はどうなるのか？ —— 104
基軸通貨国がもつ特権 —— 105
トランプは対外負債と米国債をデフォルトしかねない —— 107
Q10 政府が財政破産する前後の投資(投機)はどうなるのか？ —— 109
下げ相場のチャンスを逃さない —— 110
通貨・株の暴落のとき —— 111
Q11 これから有利な長期投資は何か？ —— 113
金の出番がやって来た！ —— 114
新興国の通貨信用は低い —— 116
金・ドル交換停止のあと、中央銀行の金放出 —— 118
ドル基軸通貨体制に反対する中国 —— 124
金レシオで見るドル1単位に対する金価格 —— 128

今後、金価格は一気に上がっていく——136

第2部 一変するアフターコロナの世界

（1）新型コロナの特性——142

SARSと新型コロナの比較——142
人口当たりの感染者数と死者数が桁はずれに少ない中国——145
PCR検査をすることに意味はあるのか——148
都市封鎖で白日のもとに晒された日本のIT化の遅れ——152

（2）スウェーデンの集団免疫戦略の功罪——157

欧州で感染が広がった原因は移民の多さ——158
緊急事態宣言と自粛は日本では効果がなかった——160
日本で集団免疫ができるまでの期間の試算——168
新興国のドル不足と金融危機が起こっている——172

新興国は世界の商品生産の拠点となる――173

(3) パンデミックとGDPの関係――175

2020年のGDPはどこまで下がるのか――177
ロックダウンした国としていない国の差――179

(4) 海外との相互依存が大きくなった世界経済――183

世界経済は相互依存のシステム――185
世界の公共財としてのワクチン――188

(5) 複雑系経済の波及――189

簿外資産と簿外債務――191
リーマン危機はデリバティブからだった――192
海温、海流、気流で決まる気象のような複雑系経済――194
日米の失業率の長期予想――197
これから深刻化する地価下落――199

不良債権が増えるという問題 —— 202

(6) 日本のPCR検査が異常に少ない理由 —— 204

内閣の支持率の危機ラインは30% —— 207
わが国のPCR検査が少ない原因 —— 211
PCR検査の少なさから起こったこと —— 213
日本人の行動は見事だった —— 216

(7) コロナ急性恐慌と中央銀行マネーの増発 —— 219

米国債の消化問題が生じる米国 —— 220
史上最大の補助金とFRBのドル・プリンティング —— 224
危篤状態に陥った経済に対する政府財政の対策 —— 227
GDPと失業率の関係 —— 230
マネーの流通量についての解説 —— 235
2022年まではデフレ、それ以降はマイルドなインフレへ —— 240
円、ドル、ユーロ間の通貨レートは2年間大きくは動かない —— 246

待望されているワクチンだが――252

(8) 小売業の破産と売上から民需経済の縮小が見える――257

ジャンク社債の市場が2兆ドル――258
米国の企業と世帯の有利子負債――259
小売業の売上の消滅と資金繰り――261
貯蓄の構造変化で円安は貿易黒字を増やさない――265

(9) 米国小売売上の分析から経済の全体が見える――268

米国小売売上の検討と分析――268
米国の小売全業態の売上:マイナス22%――270
コロナ失業は50%が長期化する――272
自動車と部品の売上:マイナス37%/家電・電子の売上:マイナス65%/家具・住関連商品の売上:マイナス87%/食品・飲料の売上:プラス12%/健康食品・化粧品の売上:マイナス10%/スポーツ・趣味・音楽・書籍の売上:マイナス50%/衣料品・

アクセサリー・装身具・バッグ類の売上：マイナス90％
不況と恐慌はイノベーションの母だった——285
百貨店の売上：マイナス48％／GMS（一般商品）の売上：マイナス15％／ノンストア・リテイラー（EC販売）の売上：プラス22％
おわりに——298

第1部

対話法による
アフターコロナの
財政・金融・株価・投資

最初にアフターコロナの財政、経済、金融、株式、投資について、Q&Aの形式で述べます。第一部はもともと後半部として書いたものですが、編集担当から「最初に置いたほうがいい」という意見があり、「それもそうかな」と思って、この構成にしました。

新型コロナからの経済の停止に対して世界167か国が、それぞれのGDPの10%から20%に相当する巨大な財政出動を行うことが決定しています（20年6月27日時点）。財源は、例外なく国債発行と中央銀行による買い取りです。第二波があると、対策費が増えることも確実です。日本でも、秋の第三次補正がささやかれています。

80年前の第二次世界大戦以来、最大の財政出動になっています。自分の人生でこうした事態に遭遇すると思っていた人はいなかったでしょう。われわれはいま、「人類史上初めての経済危機」に直面しています。質問形式なら論理的順序に顧慮せず、端的に「知りたいこと」を訊ねることができます。米国では授業時間の半分を質疑応答にしないと、教師の評価が下がるようです。

Q01 政府の財政破産について

コロナショックに対して2020年と21年の日・米・欧では、GDPの10%から20%の財政支出が決まっています。もともとの財政が赤字なので財源は国債の発行ですが、ほとんどを各国の中央銀行（FRB、ECB、日銀）が買い取るでしょう。こんなことをしていて、財政の破産にならないのでしょうか。「中央銀行が国債を買えば財政が破産しない」なら、無税の国家も作れるはずでしょうけれど。

A 最初から大問題ですね。基本的なところから答えていきます。

「無税国家は短期で可能かもしれない。しかし結局、大きなインフレを招く」と言ったのはリーマン危機のときに4兆ドルを増刷した元FRB議長ベン・バーナンキでした（バーナンキの背理法）。彼は一級の学者です。ただし悪性のインフレになるプロセスは示していません。このため中央銀行が国債を買い続けて通貨を増発することが、GDPにとって有効と主張するMMT（現代貨幣論：L・ランダル・レイなど複数のエコノミスト）も出たのでしょう。悪性のインフレとは、物価が上がるなかで実質所得は減っていく「スタグフレーション」のことです。

財政の破産とは？

まず「財政破産」はどんなことを指すのか、から始めます。インフレにともなって金融市場の期待金利が上がって、政府が必要とする借換債が発行できなくなります。そして予算にした支出ができなくなることが財政破産、またはデフォルトです。借換債は、返済の満期が来た国債の償還のために発行します。残高が1100兆円の日本では、1年に137兆円もあります。

政府の収入は、「税収＋国債発行」です。単式簿記（家計簿とおなじ会計）では国債の発行も収入です。逆に満期がきた国債の返済は、支出です。政府は、「税収＋国債発行」で、当年度の総事業費を支払っています。その中身は、①一般会計の支払い（特別会計の補填《ほてん》を含む）、②借金である国債の返済です。

この政府事業費の支払いが大きくなり、税収と国債の発行に限界が生じると、「一般会計の支払い＋国債返済＞税収＋国債発行」になって必要な支払いができなくなります。これが起こるのは、「当年度に必要な国債を、政府が狙った金利で発行できなくなったとき」です。

日本では金融市場がインフレ予想に転じて、金融市場の期待金利が3％程度に高くなると、0％から2％では当年度の国債が発行できなくなってデフォルトになります（ここが肝心な点）。

会社が破産すると株価が無価値になり、会社は消えます。しかし政府には倒産という概念がなく、官僚の組織は残ります。官僚数は削減されても政府はなくなりません。

官僚が「いずれ給料が2分の1に下がり、公務員年金も大きく減るのなら、やっていられない」と逃げると、政府という組織もなくなります。しかし普通、これはあり得ません。日本では、第二次世界大戦の敗戦のあとも、官僚組織はおよそ戦前のまま残り、現在に至っています。

大切なことをいえば、

・財政破産は、国債を売買している債券市場がインフレと通貨安の期待に変わり、
・そこから市場の投資家の「期待金利」が上がることがきっかけになります。

期待金利とは、銀行、生損保、海外のファンドなどの国債の売買を行っている投資家が、その国のインフレ率から予想する1年後くらいまでの予想金利です。インフレになると、金融市場の期待金利は上がります。平均金利が0・6%と超低金利の国債残を大量に抱える日本のような国では、2%くらいのインフレと通貨安が重なると、2020年度に必要な借換債発行が137兆円ある政府財政はデフォルトに向かうでしょう。

〔**均衡金利という概念**〕経済学的には、「金融市場の均衡金利＝期待物価上昇率＋期待GDP成長率≒3%」です。1年後の予想物価上昇率が仮に2%に上がり、GDPの期待成長率が1%のときは、金融市場の均衡金利は3%に向かい、上がっていきます。均衡金利は理論的な金利です。
国債が売買される市場は「公社債市場」です。わが国の公社債市場は、「1か月に1700兆円の売買」がある巨大マーケットです。東証での株の売買が1日2・5兆円、1か月で50兆円か

ら60兆円ですからその約30倍です。世界でも、国債、社債、住宅証券を売買している債券市場はもっとも多くのマネーが動いている市場です。

日本では、長短の国債（現在は１１００兆円）は満期を待たずに、平均18日という短い平均期間で売買されている事実をまず知ってください。国債を償還満期までもつ金融機関とファンドは、現実には、ほとんど存在しないのです。

（公社債市場：日本証券業協会 http://www.jsda.or.jp/shiryoshitsu/toukei/tentoubaibai/index.html）

国債の発行のときは、政府が発行額面（仮に１００万円）に対する発行金利（現在はゼロ％付近）を決め、銀行の入札を募ります。その後、公社債市場で「１００万円額面・満期まで10年・発行金利０％」の国債が、たとえば98万円で売買が成立すると、金利（国債の利回り）は以下のように上がります。

【インフレやデフレと国債価格、および国債金利の関係】

国債の発行のときは、政府が発行額面（仮に１００万円）に対する発行金利（現在はゼロ％付近）を決めて、銀行の入札を募ります。その後、公社債市場で「１００万円額面・満期10年・発行金利０％」の国債が仮に98万円で売買が成立すると、金利（国債の利回り）は以下のように上がります。

①満期償還額１００万円－今日の流通価格98万円＝２万円

10年間の金利2万円÷10年＝1年の金利は2000円
②1年の金利2000円÷市場での購入価格98万円＝年利0・20％
↓結果として、発行金利0％の10年債の金利が0・2％に上昇した。

金融市場でインフレ予想が生じて金利の上昇が期待されるようになると、保有が損になる低金利の国債の売り手が多くなって流通価格が下がり、金融市場の国債の金利は上がります。

逆に金融市場でインフレ予想が下がり、下がったインフレ率またはデフレ率より金利が高い国債の人気が高くなると、国債の買いが売りより増えます。国債をもつと、「国債金利（3％）－期待インフレ率（1％）＝利益（2％）」が出るからです。その結果、債券市場での流通価格が上がり、国債の金利は下がります。

インフレ期待、金利、国債価格の関連のメカニズムは、以上で確認できるでしょう。債券市場での金利決定の仕組みを知らず、「金利は日銀が決めている」と考えているエコノミストも意外に多いように思っています。日銀の前副総裁だったマネタリストの岩田規久男氏も「債券市場の実態については、あまり知らなかった」と述べています。

〔**公定歩合と国債の金利**〕1990年代から先進国の金利は、
・80年代までの公定歩合（中央銀行が民間銀行に貸すときの短期金利）ではなく、
・債券市場での国債の売買価格で、日々変動しながら決まっています。
金融市場がインフレ期待になると、債券市場で投資家集合が決めている金利が上がって、インフレでの通貨価値率の下落を補うようになります。3％の期待インフレなら、1年後の通貨価値（購買力）は3％下がると予想されるので、3％の金利で通貨の価値下落を補うということが、その原理です。

その反対に物価が下がるデフレ期待のときは、通貨の価値がデフレ率の分上がるので国債価格は上がって、債券市場の金利はインフレのときと逆に下がります。

中央銀行は、債券市場で売買がもっとも多い最大のプレーヤーです。しかし中央銀行だけによって、国債の価格と金利が決まっているわけではありません。日銀がインフレのなかでも国債を買い続ければ、国債価格は下がらず金利は上がらないというMMTの通説に反しているのが「債券市場の現実」です。

GDP比で世界一多い日本の国債

日本政府には、GDP比で世界一大きな約1100兆円の国債残があります（インフレ率が低いため国債の平均金利は0・6％程度と低い）。長短の国債の平均満期は8年です。1年に満期が来る「1100兆円÷8年＝137兆円」の借換債の発行が難渋して、返済できなくなると、デフォルトします。

政府の一般会計の税収は68・8兆円しかありません（2020年度）。消費税を10％に上げても一般会計の支払いに32・7兆円足りないのです（予算101・5兆円）。1年に満期が来る137

兆円の国債を返済する収入力は、政府にないのです。

実際は、どうしているのかというと、137兆円の国債を「借換債」として発行し続け、それを「銀行と日銀」に売ってきました。

1100兆円に増えた国債で満期が来た分の全部が借換債の発行になるので、既発国債が減ることはない。平常年でも1990年から30年間、財政赤字が続いています。借換債に追加される赤字国債は、33兆円〜37兆円／年くらい増えてきました。それが30年たまって1100兆円の国債残になったのです。

1年間の国債発行には、借換債の約137兆円と、その年度の一般会計の赤字分が加わります。2020年度の一般会計では101・5兆円の財政支出に対し32・7兆円が赤字です。20年度（21年3月まで）の国債総発行額の予算は、「137兆円＋32・7兆円＝169・7兆円≒170兆円」と大きい。1年に170兆円の国債を、「日銀＋銀行（＋生損保）＋海外投資家）」が毎年、買ってきたのです。

借換債の分は政府からの現金の返済（137兆円）があるので、銀行（生損保を含む）＋日銀による、新しい資金での買い増しではありません。このため政府とメディアは、20年度の国債発行は32・7兆円としています。実際は170兆円／年の発行であり「銀行（生損保を含む）＋日銀」が新しく買ってきました。この国債買いのため、政府は破産していないのです。「銀行＋日銀」が「インフレになったので金利がマイナスからゼロ％の国債を170兆円は買えない。金利からの収益がないと、われわれが赤字になって3年で破産する」と言い始めたときが財政の破産です。ゼロ金利国債を民間銀行が買わなくなるのは、金融市場の期待インフレ率が3%くらいに高まったときです。

このとき政府がゼロ金利国債を発行しても、市場で買われる価格が「額面100万円（満期10年）×（1+1・3）＝77万円」に下がって、利回りは年率3%に上がります。

負債証券である国債は、10年後の満期に額面の100万円が返済されます（この先10年間デフォルトがなければ）。その国債を、債券市場で、他の銀行から77万円で買うと、10年では「23万円÷77万円＝30%」の利回りです。ゼロ%国債の発行金利でも、価格が77%に下がれば、利回りは1年3%（10年で30%）に上がるのです（単純化のため単利での計算：実際は複利ですが3%では大差はない）。

以上は、平常年のことです。コロナショックのあと、ふたつの問題が加わりました。

［**今回の問題1**］政府はコロナショック対策として、新たに225兆円の総事業費を出すことが決まりました。そのうち真水（企業と世帯への補助金）が57・6兆円（GDPの約11%）です。これは新規の国債発行増加になります。あとの167・4兆円は、特例の無担保・無利子がほとんどである貸付金です。この枠も100%消化されれば、総事業費として225兆円の新規発行が加わって、「通常年の170兆円＋コロナ対策費225兆円＝395兆円」のかつてない超大型発行になるでしょう。

コロナ対策費の国債発行が2年にわたるなら、

・2020年度が通常年の170兆円＋225兆円×50％＝282・5兆円。

・2021年度が通常年の170兆円＋225兆円×50％＝282・5兆円。

コロナ対策の貸付金167・4兆円の予算枠は、100％は消化されないとは思っていますが、それにしても、280兆円に近い国債発行が2年は続くでしょう。

銀行には、ゼロ金利の特例のコロナ国債を含む280兆円を買い受ける余裕はまったくありません。新たな国債は、ほとんどが日銀の買い受けるしか方法はないのです。

米国、EUを含む世界の167か国でも、GDPの10％から20％の赤字国債の発行、中央銀行の買い受けで共通しています。世界が「横並び」で行うので、財務省理財局は「280兆円の国債をどう売るか」という財源の確保を検討していません。

日本のコロナ対策費と通常の年財政赤字を合計すると、国債の当年度の発行額は最大280兆円になります。これを円滑に金利を上げず発行できるかどうか、財務省でも検討がされてなく、「日銀が買えばいいだろう」としているのでしょう。表向きは財務大臣が否定しているMMTが、今回は明らかに財務省の政策になっています。

〔**今回の問題2**〕市場の金利を決めるのは、金融市場が予想する物価の上昇率です。20年と21年は需要の縮少のためデフレでしょう。コロナショックによる都市封鎖と、封鎖が解除されても社会的距離をとる生活習慣から、民間需要（個人消費＋住宅建設＋民間設備投資）が減少して、経済は「供給力∨民間需要」になって、世界的に物価が低下するデフレになると予想されます。

デフレの場合、市場の金利はゼロ％付近に下がります。市場がゼロ金利なら、中央銀行が買い受けても、中央銀行が大きな損をして、資本を食いつくす債務超過になる恐れはないでしょう。

問題は、「2年半減ってきた需要が回復する22年末や、23年から想定されるマイルドなインフレ（2％から3％程度）」です。「市場の均衡金利＝期待物価上昇率（仮に2％）＋期待GDP成長率（仮に1％）＝3％」です（22年末の日本の想定ケース）。

22年夏に新型コロナが世界的に収束したと仮定すれば、

・22年半ばからは、10％から20％減っていた民間需要が回復に向かい、
・「供給力∧回復した需要」になって、物価が2％から3％は上がる可能性が高い。

このとき市場の国債の金利（銀行間売買）は3％に向かって上がり、「1300兆円の国債をもつ日銀と銀行の合計で、1300兆円×0・27＝351兆円の含み損」が生じます。日銀がゼロ金利で国債を買っても、市場の金利は3％に向かって上がるからです。

国債も3％の付近の発行金利でないと、新規の発行はできない。銀行が入札しない国債は発行できないのです。政府が3％の金利をつけて国債を発行すれば、利払いは数年で「1300兆円×3％＝39兆円（現在の6・5倍）」になります。利払いのための新規国債発行が1年に33兆円増えます。0％から1％の低金利国債をムリヤリ発行すれば、市場の金利は「3％↓4％↓6％

↓10%」と、物価上昇とは関係なく、短期（6か月）で上がっていくでしょう（ギリシャの事例）。

このとき政府は、①国債発行をなくすか、②発行額を抑制しなければならなくなって、国債からの収入に頼ってきた政府財政は、現在のアルゼンチンのようにデフォルトに向かいます。実際には国債の金利が1％に上がっても、平均満期が8年の1300兆円の既発国債が100兆円は下落するので、国債をもつ金融市場と財務省で大騒ぎになるでしょう。


金融と経済は多くの要因が入り組んだ「複雑系」です。将来のことは、株価予想とおなじように確率でしかいえない。直観的にいって、早ければ2022年末、おそくとも23年に財政が破産に向かう確率は70％と見ています。

ただし22年から2％のインフレにはならず、物価上昇がゼロ％台を続けるなら（30％の可能性）は、0％の国債発行もできるので財政破産は先送りされるでしょう。これは、「先送りされるだけ」であり、なくなるのではない。日本の政府負債は財政が赤字のため、毎年増え続けるからです。物価が2％から3％上がる時期がきて、金利が2％から3％に上がると、日本の財政は新興国のように破産します。

今回のコロナショックから、日本の財政はほぼ永久に黒字へ転換しないことが明らかになったので、財政破産は「それがいつかという時期の問題があるだけ」です。財政が黒字にならないかぎり、将来の破産は決まっているからです。コロナ対策費の225兆円（税収の3・5年分の赤字）

を出すことにより、破産の時期が3年は近づいたといえるでしょう。

日本の国債の所有者は90%が国内

国債の残高がGDPの2倍（1100兆円：コロナショック前）と、GDP比で世界一多いのが日本です。2010年代の米国並みの2%という低い期待インフレ率になっても、市場の金利は上昇し、政府財政が破産に向かいます。

国債残が大きな政府が金利上昇によって破産に向かうことは、過去200年で何回も繰り返されてきたことです。日本では第二次世界大戦後が政府の破産でした。（『国家は破綻する』：カーメン・M・ラインハート&ケネス・S・ロゴフ：2009年）

2%や3%のマイルドではあっても、期待インフレ率から金利が上がることが（=既発国債価格が下がること）、ゼロ金利付近の1100兆円の国債にとって問題です。なおゼロ金利の国債が額面価格で売れる状態は、国債に生じたバブル価格でしょう。

20年、21年に下がるGDPが2022年末から一転して回復するとき（GDPは前年比プラス成長=需要の回復）は、経済原理から市場の期待金利は上がらざるを得ません。

市場の期待金利が3%に上がると、額面から約27%も下がった国債の時価評価により、

①約600兆円の国債をもっている金融機関（銀行+生保+証券会社+海外金融機関）と、

②500兆円の国債をもつ日銀も資産（所有債券）の含み損から債務超過になり、実質的に

破産します。

金融機関の破産とは、企業のような銀行取引の停止処分ではなく、支払い用の現金が不足し、預金と送金、銀行間債務の支払い（決済）ができなくなることです。

【日銀の資本は引当金を入れても7兆円と極めて少ない】

金融市場での金利上昇から国債価格が下落したとき、500兆円で国債を買ってきた日銀の自己資本の7兆円（総負債の1.1%）は簡単に飛びます。

しかし日銀は、どんなに債務超過になっても支払いができます。足りない円を自分で発行できるからです。日銀による通貨の発行では紙幣の増刷は少なく、実際は日銀内に銀行がもつ当座預金口座に数値を書き込むだけです。これは紙幣の発行と合わせて、日銀の負債の増加です。銀行預金が預金の所有者の企業や世帯からの、銀行の負債であることとおなじです。国債の下落からの日銀の債務超過とは円安になって、この通貨の発行（日銀の負債の増加）が行いにくくなっていくことです。

ここが重要ですが、金融市場での期待インフレ率2%、実質期待GDP成長1%から、

①国債の金利が3%に上昇し、500兆円の日銀保有国債価格が23%下落（含み損116兆円）して、

②日銀が債務超過になったことを、海外の金融機関とヘッジファンドが知れば、

③「円と円国債の先物」を外為市場で売りあびせるように変わることです。

先物の売り（現在の価格での売り）では国債価格が下がるときに、限月の清算買い（下がった価格での買い）によって利益が出ます。国際的な金融投資家の投資は現物の売買より、先物の売買と、先物に類似するオプションCFD（Contract For Difference）の証拠金取引がはるかに多い。通貨と金利の先物・スワップ・オプション取引は世界の銀行の店頭で行われています。その契約総額は540兆ドル（5京9400兆円）もあります（19年6月）。

債務超過が内外に明らかになって日銀の対外信用が下がると、円と円国債の先物売りからの円安と、円国債の下落になっていくでしょう。

金融先物の売買は現物取引より大きい

先物売りは、円や円国債の現物をもっていなくてもNY、ロンドン、シンガポール、香港の債券市場でいくらでも行えます。海外の金融機関がもっていない国債も債券市場での「先物売り」が、いくらでもできます。先物売りに似た「空売り《からうり》」は、現物の証券を証券会社から借りて売るものです。先物と同じように、下がるとき利益が出ます。上がるときは損が出ます。

「海外は、円国債は少ししかもっていないから、円国債を売り浴びせることはできない」という通説は、デリバティブに属する先物が多い世界の債券市場を見ていないことからの間違いです。株と国債では、金額の大きくなった先物の売買が債券の価格を先導して動かしています。

1990年代の「デリバティブも生んだ金融の工学化（エンジニアリング）」の進展とともに、先物の売買が、現物の売買に対して何倍にも増えてきたからです。

通貨でも、FX（外為証拠金取引）は先物の売買と同じ内容です。輸出入の企業は、ほぼ全部が為替（ドル）の先物予約をしています。国債や金の取引でも、現物の売買より先物が多い。

ある米国系ヘッジファンドの運用責任者は、「日銀が買ってきた国債価格と株が下がって債務超過になったときは、円の暴落に賭ける大きなチャンスだ。円と国債の先物売り、日本株の先物売りを大量に仕掛ける」といっています。

世界の国債、通貨、株、債券の先物売り、売りオプションは、証券会社のコンピュータ画面で必要な証拠金を出せば、今日から行えます。金融取引は電子化され、世界が相互につながっています。MMT（現代貨幣論）は、金融取引の電子化と大衆化も無視しています。どこかの国の国債を売るときも、国債をもっている必要はない。世界の国債ももう紙ではなく、20年くらい前からは電子データになっているのはご存知でしょうか。先物の売買も一層容易になったのです。

元本資金が300兆円のヘッジファンド、そして欧州と原油の中東に多い数百兆円のSWF（国家ファンド）が行っているのは、デリバティブである先物・オプションの売買です。先物と証拠金取引は自動的にレバレッジがかかります。梃子《てこ》が語源のレバレッジは証券会社に証拠金をいれて、その10倍から30倍の取引をすることです。

穏やかな5倍のレバレッジでも、総運用額が3000兆円には膨らんでいるでしょう。「600兆円×5回転＝3000兆円」のマネーパワーです。

マネーは、日銀当座預金のように415兆円（20年6月10日：営業毎旬報告）があっても、動かず滞留していれば、マネーのパワーになりません。それが投資に振り向けられて、株・債券・国債を激しく売買するとき「マネーパワー」になります（マネーパワー＝金額×回転速度）。

先物売りが殺到すれば、日銀の債務超過からの、①大きな円安、②金利の上昇、③国債の暴落が3つ同時に来て、日銀と政府の同時破産になっていきます。

海外からの円と円国債の先物売りで、20％以上の円安になると、輸入物価が上がり（ユニクロの衣料、ニトリの家具、カロリーの60％を輸入している食品：つまり衣食住の商品と、エネルギー・資源の価格）、国内の物価が上がるため、インフレ率にあわせて金利も上がっていき、政府は金利の低い国債の発行ができなくなっていくからです。「市場の期待金利≒インフレ率」です。

3％の期待インフレになると、現金100万円の1年後の価値（NPV：割引現在価値）は、「100万円×（1－期待インフレ3％）＝97万円」に下がります。インフレで減価するマネーの価値を補うため、金利を3％（3万円）つけないと100万円を貸す銀行、あるいは100万円の額面の国債を買う銀行はなくなるのです。
・10年後の満期に、100万円が償還される額面100万円の国債は、

・流通価格（債券市場で売られる価格）が77万円に下がると、
・額面に対する発行金利が0％でも、買った77万円に対して1年に3％の利回りになります。
債券市場で売買される社債やCP（コマーシャル・ペーパー）もおなじです。国債、社債、CPは市場で売買される流通価格が変わることにより利回りが変化します。価格が下がれば、金利は上がります。逆に価格が上がると金利は下がります。

Q02 インフレになっても日銀がゼロ金利国債を買い続ければ、金利は上がらないという説

インフレになっても、日銀がゼロ金利の国債を買い続ければ、金利は上がらないという説もあります。つまり、インフレのなかでも金利はゼロを続けることができるから、国債価格は下がらないというものです。これについてどう思いますか。

A

まず債務市場の金利をふたつに分けて考える必要があります。

①日銀が国債を買う価格で決めている国債の利回り

②金融市場のインフレ予想で上がる投資家の期待金利

日銀が国債を買って下げるのは、国債の利回りです。民間金融市場の期待金利はインフレが収まらないかぎり、下がりません。

なお2022年末から100%の確率で、2%のインフレになるといっているわけではありません。複雑系の経済のなかでも要因が複雑な、未来のインフレの可能性は要素総合の直観から確率でしかいえません。2022年末からのインフレの確率は70%と見ています。世界の新型コロナの収束の時期（本書では22年夏と仮定）もからむので確率でしかいえないのです。世界的なインフレになるのは、新型コロナが2022年夏に収束と仮定した22年の秋・冬からと想定しています。新型コロナが22年夏より長期化すれば、GDPの需要回復とインフレも先送りされます。

日本も2018年までの米国並みの2%程度の物価上昇になります。2022年のGDPは21年比で5%は増えて、この時期に2年間ゼロ%だった市場の期待金利は低くても3%に上がるでしょう。

期待金利が3%に上がると、22年には1300兆円余に増えているゼロ金利の国債の流通価格は、「1300兆円×｛(1＋0%×平均残存期間8年）÷（1＋期待金利3%×平均残存期間8年）｝＝1300×1÷1・24＝1048兆円」に下がります。

国債をもっている日銀と銀行に合計で252兆円の含み損が生じ、両方を債務超過にします。

日銀を含む日本の全金融機関の中核的自己資本は100兆円に達していないからです。米国、欧州でも150兆円レベルでしょう。中核的自己資本とは、株や利益剰余金などの返済不要のものです。

債務超過によって日銀、銀行、政府が同時破産

債務超過が大きくなった日銀は、信用創造（＝円という負債の増発）によって政府のゼロ金利の国債を買うことはできなくなります。そこで政府財政はデフォルトに向かうでしょう。債務超過は損失が資本を上回る状態です。国債を売らなくても含み損が生じると、銀行間の信用は低下します。銀行にとって金利が上がったときに国債を売った場合の実現損と保有国債の含み損は、銀行間の融資取引の信用でおなじ効果をもつのです。

そのとき日銀、銀行、政府の3つが同時に破産します。以上から、GDPの2・6倍の国債残に増えた政府財政は低金利やゼロ金利国債の発行難から、返済のデフォルト、モラトリアム（返済の延長）に向かうと予想しています。

残高が1300兆円に増えるゼロ金利の国債は、債券市場で3％の期待金利に上がるだけで、19・4％流通価格が下がるからです（2022年の想定残高は1300兆円余：長短国債の平均残存期間は8年）。

【債券市場で国債は満期を待たず激しく売買されている】

長短の国債は債券市場（わが国では公社債市場）で、実際は1年に20回転（平均保有期間が18日）という短い期間で売買されています。市場の国債投資家がいだく期待金利の変化を、20回も売買される国債価格として反映しているのです。

「政府に忠実な日本の銀行や生保は価格が下がっても国債を満期前に売らず、額面の100％が政府から償還される満期までもつだろう」と仮定しているのは、コンピュータ画面の債券市場を見ないエコノミストだけでしょう。財務省の理財局は債券市場の実相を知っているはずですが。

日本証券業協会で公社債の売買額を見ると、2020年4月は1744兆円です。この1100兆円の残高の国債が1か月に1・7回売買されています。1年では12倍の20回。このうち外国人の売買が727兆円と大きい。日本では海外の円国債保有は8％と少ない。海外からの売りで国債価格が下がり、金利が上がることはないという、政府・エコノミストの通説は嘘であることがわかります。

海外のファンドの円国債の保有額は100兆円程度（保有シェア8％）ですが、その7倍を1か月という短い期間で回転売買しています。海外の売買シェアは42％と大きい。売買額から見れば、42％の国債を海外がもっていることとおなじです。（公社債市場：日本証券業協会の統計 http://www.jsda.or.jp/shiryoshitsu/toukei/tentoubaibai/index.html）

期待インフレ率2％になったなかで、日銀が新規発行債を金利ゼロ％で買い続けたとします。

民間銀行（生損保を含む）は、国債残の45％（500兆円）をもっています。海外の金融機関は8％（約100兆円）です。民間銀行の間の債券市場では、残高600兆円の国債が平均保有期間18日で激しく売買されています。既発国債の流通価格と金利は、債券市場で決まります。

期待金利の上昇という25年ぶりの事態

「期待物価上昇率（2％）＋期待実質GDP成長率（1％）＝均衡金利（3％）」に上がったとき、国債の市場でどんなことが起こるでしょうか。銀行の債券部を想定しシミュレーションします。

平均残存期間8年の長短国債を、たとえば10兆円もつA銀行では、「金融市場での均衡金利が3％に向かって徐々にではあっても数か月の短期で上がっていく」と予想するように変わります。そうなると「A行の保有国債10兆円×（1＋0％金利×8年）÷（1＋期待金利3％×8年）＝10×1÷1・24≒8・1兆円」にまで、流通価格（時価）が低下するという予想が生じます。10兆円に対して1・9兆円（19％）の損です。これは、A行の中核的自己資本を消してしまう金額です。その含み損を投資家はすぐに知ることになるので、銀行の株価も現在の20％以下の倒産水準に暴落するでしょう。

国債を10兆円くらいもつ他の民間銀行や生保はどうするでしょう。今まで債券市場の平均に近く、1年に17回、国債を売買してきました。これを完全にやめて、発行額面の10兆円が返済される8年後の満期まで、もち続けるか？

いや……それはダメだ。市場の金利が3％に上がった場合、ゼロ金利国債の8年後の10兆円を期待金利で割り引いた現在価値（NPV：Net Present Value）は、

「10兆円÷（1＋3％×8年）＝10÷1・24≒8・1兆円の価値」にしかならない。

2％のマイルドなインフレになって金融市場の均衡金利が3％に上がると、満期が来る8年後に返済されて戻って来る10兆円の現金は、割引現在価値で8・1兆円に減価している。NPVによる計算がこれです。8年後の10兆円÷（1＋3％×8）＝10÷1・24≒8・1兆円の現在価値です（単純化のため単利の計算。3％の金利では単利と複利では2・6％違う）。

平均8年満期の10兆円の国債を、あと8年売らずにもち続け、政府から10兆円の償還があっても8年後には1・9兆円の実質損をしている。この損を避けるには、どうしたらいいか。

国債の金利は一度に3％に上がるわけではない。0・3％→0・5％→0・8％→1・1％と、1週や2週の階段で上がっていきます。債券市場での期待金利が0・3％のとき売り払えば、

10兆円÷（1＋0・3％×8年）＝10÷1・024≒9・8兆円

……2000億円の損で収まる。

目立たないように1000億円×100個に分散し、五月雨《さみだれ》で全部を売っておこう。市場では1日に85兆円という大きな国債の売買があるので、1回に1000億円を売っても目立たないだろう。はいってきた現金9・8兆円で、世界の市場から0・3％の利回りになった国債を買う。

銀行の債券部でこういう決定になるでしょうか。待て……よく考えると、これも変だ。

　市場の期待金利が0・3%のとき売って、乗り換えた国債の金利は0・3%である。0・3%の国債で残存期間がおなじ8年になる。GDPの名目成長が3%なら、市場の期待金利はいずれ3%に向かうから、期待金利は週間で0・5%、0・8%……と上がるだろう。期待金利が0・5%のとき売れば、0・3%の国債は1・5%安くしか売れない。損をすることは、おなじだ。

　一度損をしても10兆円全部の国債を市場の期待金利が0・3%のときに売り払って、国債は買わず、現金にしておかねばならない。現金なら期待金利が3%に上がると、たとえば9・8兆円の貸付金として3%で運用ができる可能性が高いから（1年の金利2940億円）、1年で2000億円の損は回復できる。

　日本の金利が2か月後に3%なら、5%には上がる米国債を買ってもいい。円とドルは同時の金融危機で下落するから、ドル安で大きな為替差損をすることもないだろう。

　10兆円÷（1÷0・3%×8年）＝100÷1・024≒9・8兆円……2000億円の損で収まる。自己資本の2兆円は残る…という本部での、熱い議論を重ねた決定でしょう。

　金利と将来のマネーのNPVを計算するのが仕事である銀行マンは、この計算は得意でしょう。

【**合成の誤謬**】ひとつの銀行という「ミクロの経済」では、市場の期待金利が0・3%の週に、10兆円の国債を売り払って、あとで運用ができる現金に替えておくという決定は正しい。しかし物価が2%、実質GDPの成長が1%に上がると、全部の銀行が、「おなじ予想計算（NPV）」

をするはずです。「銀行の全体システムでのマクロ経済」の結果では、日本の民間銀行（＋生損保）がもつ500兆円、海外金融機関とファンドがもつ100兆円の国債全部が一斉に売られることに向かうでしょう。銀行や生保が自分の利益に忠実ならば……。

売られる国債は約1か月で日銀が全部を買うことになる

日銀は日本の民間銀行（＋生損保）がもつ500兆円、海外金融機関とファンドがもつ100兆円の国債を、1か月くらいで全部金利0％で、つまり額面価格で買わなければならなくなります。

これが可能でしょうか。可能でないときは、国債の金利は高騰し、価格は暴落します。可能だとすると、以下の状況が起こるでしょう。

①日銀が国債を買うときの金利は0％です。日銀は、国債の発行総額1300兆円を全部買うことになっていきます（2022年末～2023年）。

②物価上昇2％を含む、名目GDPの期待成長率が3％に上がっていくと、銀行の貸出金利も現在の0・6％から3％に向かって徐々に上がってきます。変動住宅ローン金利の上昇もおなじです。日本の金利は、日銀が買う国債金利と民間銀行の金利に乖離《かいり》がある2本立てになります。

【日銀の含み損は252兆円】

このとき日銀は一行で、「1300兆円×（1+0％×8年）÷（1+市場の期待金利3％×8年）＝1300×1÷1・24≒1048兆円」の評価により、252兆円の含み損をかかえます。

自己資本が7兆円しかない日銀は、36回破産です。ただし日銀は政府とおなじように破産しても、倒産（金融機能がなくなること）はしません。自分で支払い用の円を増発できるからです。使用額無制限で請求がないクレジットカードを日銀は付与されていることとおなじです。

1970年代の欧州での米ドルのように、商店が円の受け取りを拒否しないかぎり、日銀券（日銀のクレジットマネー）の増発は有効です。この時点では、まだ政府も日銀もMMTが主張するように、破産しません。ところが、ここから次の決定的な問題が起こってきます。

日銀が国債と株の時価で債務超過になれば、海外投資家は市場の金利から必ず知ることになります。

これを知った海外の金融機関とファンドの、

①円の先物売り、

②通貨の売りオプション（プット・オプション）、

③円国債の先物売り、

④国債のプット・オプションが始まるときから、日銀の破産が起こります。

最終的には、

・円安と国債の暴落が同時化し、
・日銀も、銀行が一斉に売る国債の全量の買い受けることができなくなり、
・新規の国債が発行できなくなった政府財政は、破産に向かっていくでしょう。

通貨先物（またはFX）やオプションが大量に売られ通貨安になって金利が上がることと、その国の国債先物が売られて市場の流通価格が下がることは、金融面ではおなじことです。大阪証券取引所では、国債先物の売買は20年6月で110兆円です（年間では約12倍）。先物・オプション・スワップは、全部がデリバティブに属します。世界の金融市場の通貨と金利のデリバティブの契約額（取引額）は、大証の540倍に相当する540兆ドルです（5京9400兆円：19年6月）。

金融工学が増えた1990年代から、デリバティブが国債の価格、金利、株価を先導して動かしています。デリバティブでは海外投資家（ファンドと金融機関）が、その通貨や国債をもたなくでも、カウンターパーティ（相手銀行）との間で売買が実行できます。われわれは、現物の売買よりはるかに大きなデリバティブ取引の存在を知って、モニターしておく必要があります。金融危機はデリバティブ市場から起こって、現物の市場に瞬間で反映していくからです（裁定取引が金融先物と現物の価格を一致させています。BIS：https://stats.bis.org/statx/srs/table/d5.1?f=pdf）

Q03 コロナ後のデフレのあと、インフレに向かう根拠は？

なるほど、株ＥＴＦ（上場投信）や国債の下落からの日銀の債務超過、またはインフレになって期待金利が上がると、海外からの「円とゼロ金利国債の先物売りと円売り」があって大きな円安になっていくのですね。円国債は90％を国内で消化している。海外は少ししかもたないから、売り浴びせられて下がることはないとしているＭＭＴと政府系エコノミストの誤りがわかりました。

ところで、22年または23年から、日本も２％の期待インフレに向かうという根拠は何でしょうか？

コロナ終息のあとの米国や欧州での需要回復によるインフレはわかるのですが、もっとも深いデフレ先進国の日本でもインフレになるのでしょうか。

「市場の均衡金利＝期待物価上昇率＋実質ＧＤＰの期待成長率」が金利の上昇と国債価格の下落の根拠ですから、投資家のインフレ期待が肝心に思えます。

また政府が破産すれば、ハイパーインフレになるというグループもありますが、そうなるのでしょうか。

A 質問には、ふたつの問いが含まれています。まず2023年から70％の確率で起こる可能性があると想定している、日本の2％インフレです。もう一点は、財政破産のあと、円の大増発から物価が10倍、100倍と上がっていくハイパーインフレです。（注）日本のハイパーインフレは財政が破産してもないとは思っていますが、念のために示します。なおハイパーインフレとは、3年で物価が2倍以上になることです。

マネーの増発が年率2％のインフレを招かなかった理由

2013年4月から、2％のインフレを目標にして行われた異次元緩和の総額は350兆円です。この結果は、銀行が国債の代金をうけとって日銀にあずけている「当座預金」が415兆円に増えただけで（20年6月12日：日銀営業毎旬報告）、2％のインフレは7年間、達成できていません。415兆円のゼロ金利預金が日銀内の当座預金に眠っているのです。

消費税が2％上がったのに20年4月の物価上昇率は0・2％であり（総合：総務省統計局）、コロナショック後は逆にデフレの傾向が出ています。

図1は、1988年から2017年までの30年間の消費者物価上昇率です。日本は1998年の金融危機の時期からデフレ傾向を示しています。

物価が1％以上に上がったのは、①リーマン危機前のゼロ金利の時期と、②消費税が5％から

図1　日本の消費物価上昇率(1988～2017)

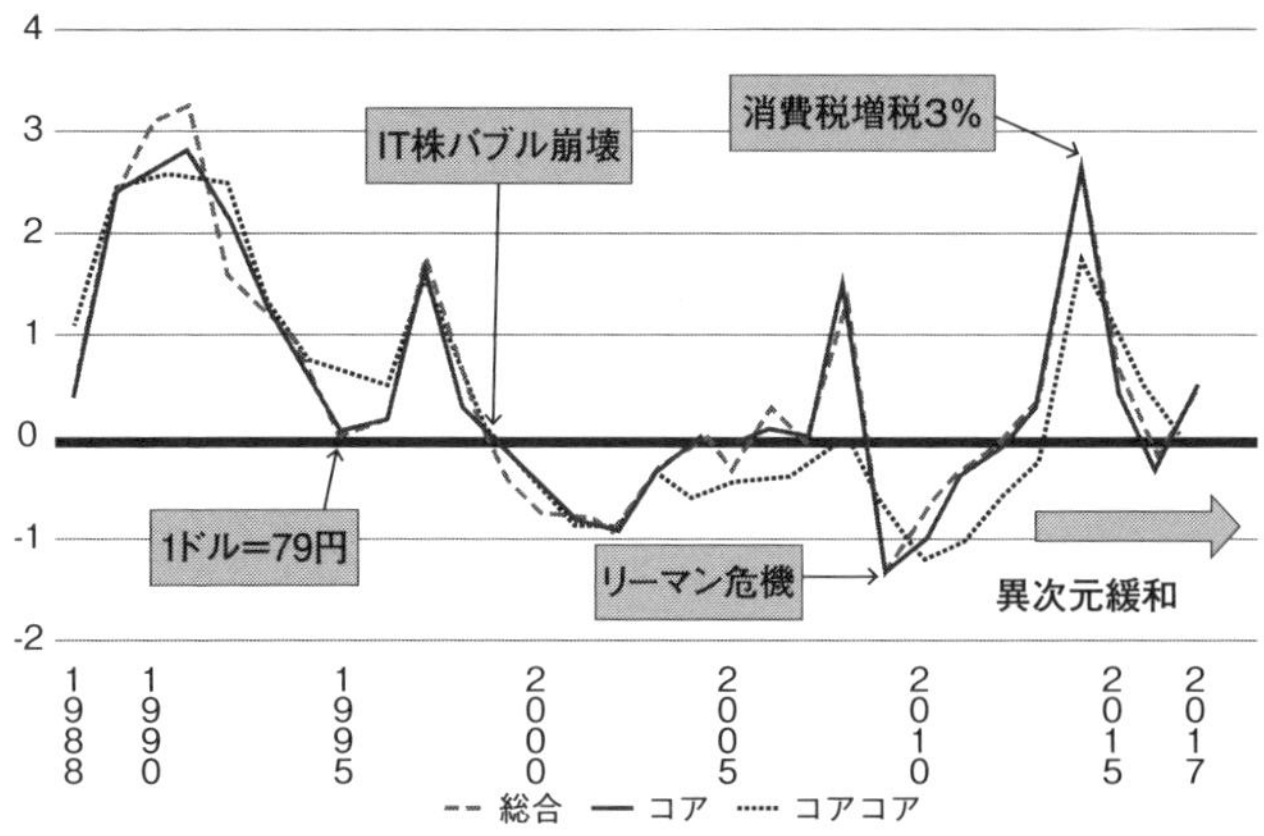

(出所)総務省『消費者物価指数』より作成

8%に上がった2014年でした。あとはほぼマイナスの基調です。

13年4月に始まったインフレ2%を目標にした異次元緩和は、日銀と政府の脱デフレ宣言にもかかわらず、7年後のいまも物価は上がっていません。マネタリストの元祖シカゴ学派のフリードマンが「インフレは貨幣現象」だとして、この説が異次元緩和実行の根拠になったのです。しかし日本では、日銀が国債を買ってマネーを増発してもインフレは起こらなかったのです。19年10月に消費税を2%増税したあとの20年1月の物価上昇も、消費税が加われば1・5%は上がるはずなのに、前年比で0・7%でした(食品は2%増税から除外)。むしろ実体の物価は下がっています。

フリードマンの説に反して7年間の異次元緩和でも物価が上がらなかったのには、ふたつの理由があります。

〔**理由1**〕銀行の貸出金利は0・7％程度とゼロ金利に近くても、銀行からの借入の増加は平均年率で2・5％程度であり、総借入は471兆円だったことです（19年12月）。1年に2・5％の借入残の増加は異次元緩和の前とおなじであり、異次元緩和をしても増えなかったのです。これは400兆円余の日銀当座預金が銀行の貸付金増加にならず、マネーパワー（ハイパワードマネー）にならなかったことを示しています（金額×回転速度＝マネーパワー）。

企業と世帯の借入の増加は、企業の設備投資、世帯の住宅ローンと車などの消費者ローンの増加になってGDPの需要（設備投資と商品需要）を増やします。ところが、この借入が増えなかったのです。銀行借入が増えないとマネーサプライ（企業と世帯の総預金）は増えず、インフレにはならない。異次元緩和で増えたのは、銀行が日銀にもつ当座預金（ベースマネー415兆円）だけであり、国民と企業の総預金（マネーサプライ：1423兆円：20年5月）は、円の増発という理由では増えていません。

企業と世帯の銀行からの借入の増加により、マネーサプライ（企業と世帯の預金の総量）が増えないと、フィッシャーの等式、「M（マネーサプライ）×V（マネーの回転率＝流通速度）＝P（物価上昇）×T（実質GDP増加）」は働かず、インフレにはならない。（注）日銀はマネーサプライをマネーストックと言い換えています。両者の中身はおなじです。（日銀のマネーストック統計　https://www.boj.or.jp/statistics/money/ms/ms2005.pdf）

理由は2000年代からの高齢化によって「将来のGDP増加は1%程度」と、経営者が予想したことでした。

定年退職後の世帯では、1人当たりの商品購入額が減ることもデフレの原因です。とりわけ衣料品の購買は退職後、2分の1に減ります。仕事での外出や街に出かける機会が減ると、女性も衣料支出を減らします。65歳以上がいる世帯数は2071万世帯になり、全世帯5300万の39%に増えています（2010年）。食品の需要額は変わりませんが、家計支出の衣料と住関連商品、そして電子商品の購買は減ります。

商品の需要数が増えないため、企業の設備投資と、価格が下がる平均的な住宅の購入は減って、世帯の住宅ローンの増加も起こらず、銀行借入の増加は2%台にとどまっていたのです。

大都市部で8000万円以上の高層コンドミニアムの価格が上がったのは、株価の上昇と中国からの買いが原因でした。株価が上がると1年半か2年後から高級住宅の価格が上がるのは、世界的に共通です。株が下がると、1、2年後から住宅価格が下がるのも共通です。

インフレは、売上額の増加になる企業と、負債の大きな政府にとってはいいことでしょう。しかし、世帯にとっては都合の悪いことです。日銀が国債を500兆円（残高1100兆円の45%）買い上げた異次元緩和によって株価と不動産は上げましたが、インフレ達成の目的と照らしたとき「それは一体何だったのか?」という結果です。

〔**理由2**〕物価が上がらなかったもうひとつの理由は、①2014年の消費税の増税3%、②

2019年10月から消費税の増税2％です（このときは食品を除外）。合計で5％の消費税増税は、物価を5％上げる要素です。世帯の所得が減っているなかで価格を5％上げれば、売上は大きく減るでしょう。

平均の世帯所得が減っていることを知っている日本のメーカーと小売業は、消費税の増税分（合計5％）の価格を上げることはなく、原価の合理化に取り組んで一部しか転嫁しなかったのです。なお消費税で上がった物価は需要超過で価格が上がる、好ましいインフレではない（図1の2014年の物価3％上昇）。この物価の上昇は、金利を上げません。投資の資金需要と住宅ローンも減らすため、逆に金利を下げます。

以上の2点が、異次元緩和でのマネーの増発が日銀目標の年率2％のインフレを招かなかった理由です。

2013年のあと物価は、過去15年のマイナス圏をわずかに脱したとは見えますが、中身では、2014年4月＋3％、2019年10月＋2％の消費税増税という要素以外はなかったのです。

政府もすっかり2％のインフレ目標をいわなくなり、「デフレは脱した」と言い替えています。政府は他のことでも失敗は認めず、政策の結果を自画自賛する癖をもっています。異次元緩和は日銀が国債を500兆円買うことで金利を下げ、政府の財政破産は防ぎました（先送りしました）が、物価を2％に上げる効果はなかったのです。

Q04

異次元緩和でも上がらなかった物価がなぜ2022年からインフレになるのか？

重ねて訊ねます。13年から7年も続いている異次元緩和（約350兆円の円の増発）でも2％のインフレにならなかったのに、なぜ今回は2022年末からインフレになるのか、ということです。22年は、コロナ対策として企業が借りた借金の返済が始まる時期のようにも思えますけれど。

A 20年、21年は需要減によるデフレ、コロナ後回復の22、23年は、コロナ対策費の総額225兆円も加わって需要が回復し、インフレになるからです。

新型コロナによる外出自粛は、企業売上（＝民需）を1年間でおよそ20％減らします。下請けのすそ野が広い世界企業のトヨタ（海外売上が70％）は、2021年3月期の売上をコロナが20年12月に収束しても20％減としています。失業での所得減の影響と、車への需要動機が下がるからです。民需の8割経済です。

現在、食品需要は食品スーパーで前年比10％から15％くらい増えていますが、理由は飲食店での外食、学校給食、観光での食事がなくなったことです。1人の食品の総需要が増加しているのではなく一定量です（成人男女で平均２２００Kカロリー／日）。

小売業の売上で後述するように、百貨店、衣料、家具、家電等の売上は減っています。２０２０年とコロナの第二波があったときの21年は、「商品供給力＞需要」になるので、供給される商品に余りができ、物価が下がるデフレ傾向になるでしょう。需要が減った原油価格の低下は、そのシンボルです。料亭や料理店用だった高級食材も下がっています。

消費税が２％上がったあとの20年４月の消費者物価上昇の＋０・２％に、すでに物価下落が表れています。これは19年10月の消費税の２％増税のあとですから、普通なら食品以外の消費者物価に消費税２％が加わって、１・５％くらい平均物価が上昇しなければならない。ところがそれがないからです。２％の消費税を抜いた実体の物価（全商品の総合）は、マイナス１・５％のデフレになっているでしょう（20年４月）。

新型コロナが収束したのち、インフレに向かう

新型コロナの第二波を想定したときの21年と22年の夏までは、商品需要の減少から物価が下がるデフレでしょう。

21年夏に延期された東京オリンピックも南半球のパンデミックのため、開催は無理でしょう。無観客ならオリンピック以外と合わせたインバウンド消費４・８兆円（総小売額の約４％）もない。需要の減少はデフレを招きます。つまり22年の春まではデフレです。

本書では新型コロナは22年の夏ころ収束すると仮定しています。ワクチンか、または集団免疫の獲得によってです。そのあとは、2年間減ってきた需要が回復していきます。

政府は企業に対して無利子・無利息の借入金と、返済の要らない劣後債を2年間で120兆円くらい投入します。このマネー増加が設備投資と雇用の回復を促し、22年から商品需要が19年の水準に回復するでしょう（下がったGDPの回復は商品需要の増加のことです）。22年には返済が始まりますが、まだ一部です。2年のデフレで収縮したあとの、物価リバウンドという要素も加わります。

2022年からは、総事業費225兆円の財政支出によって増えるマネーサプライが働き、2年間減った設備投資のなかで「商品供給力＜需要」になっていきます。日本とおなじGDP比（2年で20％）の財政拡大をする北半球の先進国の世界（30億人）は、インフレに向かうでしょう。

不動産価格での不幸な前例は震災後の人口が4％減っている福島県です。2011年の3・11の東日本大震災のときの原発のシビアアクシデントで、コロナではなく放射能で汚染され、住まいに戻ることができなくなりました。人口が大きく減る県では普通、地価は下がり続けます。しかし政府と東電が補助金を出したため、3年後からマネーが動き、2014年からは不動産が上がり始め、2020年までには13年比で21％上がり続けています（住宅地の地価）。7年間の上昇の平均年率は2・8％です。公示地価を毎年1月に経済データとしてながめるとき、「あぁ、あれだった」と思うのです。原因はもちろん違います。コロナで補助金と貸付金が合計で225兆円支給されたあとは、経済的には類似したことが物価で起こると見ています。新型コロナも命と健康にかかわる不幸な社会現象です。不動産も事業の廃業が増える3年間下がったあとの4年目からは、福島のように上がるかもしれません。日本も米国並みの2％程度の物価上昇になり、2022年のGDPは21年比で5％は増え、7年間ゼロ％だった期待金利が3％に向かうと見ています。

市場の期待金利が3％に上がると、平均がゼロ金利の既発国債の流通価格は、

①「1300兆円×｛(1＋0％×平均残存期間8年)÷(1＋期待金利3％×平均残存期間8年)｝＝1300兆円×1÷1・24＝1048兆円」に下がり、

②国債をもつ日銀と銀行に合計で252兆円の含み損が生じ、両方を債務超過にします。日銀と銀行は信用を失って政府のゼロ金利の国債を買えなくなっていき、政府財政が破産に向かうのです。

そのとき日銀、銀行、政府の3つが同時に破産します。GDPの2・6倍の国債残に増えた政府財政は、Q1で述べたように国債の発行難から政府は返済のデフォルト、またはモラトリアム(返済の延長)に向かうと予想しています。

ゼロ金利の国債(2022年の想定残高は1300兆円余：長短国債の平均残存期間は8年)は、金融市場で3％の期待金利に上がるだけで、19・4％(保有者の252兆円の損)も流通価格が下がるからです。ゼロ金利国債は、ゼロ％以下に金利は下がりにくく、マイナスになってもマイナス

０・５％が下限でしょう。ゼロ金利国債を10年間で見れば、金利が正常化し価格が下がる可能性に偏った債券なのです。価格が上がる可能性は低く、下がる確率は高いのがゼロ金利国債です。実は日銀がうまくゼロ金利国債を作ってきたことが、危機を招く原因になるのです。

Q05 MMTについての論評

２年前から世界で流行しているMMT（現代貨幣論）を引用し、中央銀行が赤字国債を買い取れば、政府の借金は減るから財政破産するわけがないといわれます。GDPに対する国債残が世界一大きな日本でとりわけ声高ですが、どう考えますか。

MMTはどこかが間違っているのでしょうか。通貨論として正しいものですか。

本書ではMMTと逆のことが述べられているように思えますので。MMTは国民を幸せにすると聞いていますけれど。れいわ新撰組の山本太郎氏もそういって、大幅減税を唱えています。

A この問いには、まだ誰もまともには答えていません。ＭＭＴが暗黙に前提としているモデルからの本格的な批判が必要です。

ＭＭＴでは、政府が財政を拡大しても、中央銀行が国債を買い取れば金利の上昇はなく、ＧＤＰを成長させる。３％や４％以上のインフレになったときは、中央銀行が国債を売ってマネー発行量を減らせばインフレは収まるとしています。

ＭＭＴは政府紙幣の発行を推奨？

政府のＢ／Ｓ（バランスシート）と、中央銀行のＢ／Ｓ（複式簿記）で見ます。コロナショック対策の総事業費２２５兆円を事例にします。ＭＭＴの財政拡大は、以下の方法で実行されます。

〔国債を発行する政府〕

借り方		貸し方	
総事業費	２２５兆円	国債発行	２２５兆円

〔国債を買う日銀〕

借り方		貸し方	
国債購入	２２５兆円	通貨発行	２２５兆円

〔統合政府のＢ／Ｓ〕

政府と日銀を合併し、ＭＭＴがいう「統合政府」で見ると、政府の国債発行と日銀の国債購入は、統合政府内の内部取引ですから、Ｂ／Ｓでは相殺されます。統合政府のバランスシート（Ｂ／Ｓ）は以下になります。

借り方	貸し方（負債）
総事業費　２２５兆円	通貨発行　２２５兆円

以上の意味は、

①政府の財政赤字の総事業費２２５兆円が、

②日銀の負債である通貨の発行（マネタリーベース）の２２５兆円に振り替わったということです。

２２５兆円の国債（政府の負債）は消えたわけではありません。２２５兆円の日銀当座預金口座の通貨になっただけです。日銀にとって通貨は返済の義務はないものの、決済日のない小切手とおなじく負債があることに変わりはない。日銀は政府に統合されて消え、統合政府が通貨を発行したことになります。「負債証券の国債が消え、代わりに日銀当座預金の無利子の円になった」のです。

統合政府は通貨発行によって、赤字の財政支出と公共投資を賄《まかな》うことができます。赤字財政に対応するのが、ＭＭＴがいうところの「現代貨幣」です。現代貨幣ではなかった「政府紙幣」について書きます。

〔**太政官札でのインフレから、日銀が設立された**〕明治の初期、まだ産業が興こらず、税制も整っていなかった政府は、西郷軍との西南戦争（1877年：明治10年の内戦）のとき、武器と兵士を調達するために「太政官札（単位は両）」を発行しました。これが政府紙幣です。この政府紙幣は4800万両、現代の円で4兆8000億円に相当します（1両≒10万円）。政府紙幣の太政官札は、兵器の工場、軍人と動員された兵士に支払われたので、マネーサプライ（企業と世帯と紙幣）の増加になりました。国債を日銀が買えば、国債を売った銀行の日銀当座預金の増加になります。これと違って財政支出の紙幣の場合は、銀行を経由せず直接、企業と世帯の預金と現金になるのです。当時は預金は少なかったので、現金が増えたのです。

他方、GDPのなかの主な生産物だったコメの収穫量はおなじだったので、「M（マネーサプライの増加）×V（マネーの回転率）＝P（物価の3倍への上昇）×T（実質GDPはおなじ）」から3倍に上がるインフレになってしまいました。他の物価も年率32％上がり、食料を買えない国民が「打ちこわし」の暴動を起こしました。

その後、明治政府は、GDPに対して過剰になった4800万両の太政官札が民間で流通したままではインフレがひどくなると考えます。近代銀行を作った欧州のロスチャイルド家の支配人（レオン・セイ）に松方正義を面会させ、教えを請います。ロスチャイルド家は、英国債を買い占めることで大英銀行（BOE）の大株主になっていました。その教えを元に1882年（明治15年）

に三井銀行為替方を母体にして、英国から借りた1億円の資本金で「日本銀行」を作ったのです。

松方正義総裁の日本銀行は、日本で豊富だった銀本位の1円を発行し、旧太政官札2両と新1円を交換させて、通貨量を2分の1に減らし、インフレを収めました。当時の金本位の1円は外為では1ドルでした。15年後の1897年からは、日清戦争の賠償金765トン（英国金貨）を得て、銀本位を金本位制にしたのです。以上がインフレで消えた日本の政府紙幣である太政官札の歴史的な事実です。

マネーサプライの増加によるインフレは、企業と世帯がもつ通貨量（マネーサプライ）を減らせば、その後しばらくして収まります。MMT論は「現代貨幣」といいながら、太政官札とおなじ政府紙幣の発行を推奨しています。政府紙幣は本質では、中世のマネーとおなじです。江戸時代に幕府の勘定方は政府紙幣の藩札を、大名も地域通貨の藩札を過剰に発行し、定期的にインフレを起こしていました。

商品の供給に対する需要の超過から、インフレが起こります。需要はマネーの支出で行われます。江戸時代の政府貨幣は、小判の金の含有量を減らす改鋳として増加していました。含有量を2分の1に減らす改鋳で、1両の小判を2両にできるからです。使われる通貨量（マネーサプライ）が2倍に増えると、2年や3年後には需要の超過から大きなインフレになっていきます。

〔**政府紙幣**〕政府紙幣は抑制が効かなくなり、最終的には過剰発行になってインフレを起こし、国民を苦しめてきました。20世紀の初頭から主要国では、近代の中央銀行が通貨を発行する機関として、政府から形式上は独立した機関として作られました。MMT（現代貨幣論）が中世の政府紙幣を「現代貨幣（Modern Money）」という理由がわかりません。

MMTは変動相場のデリバティブ金融と通貨の先物売買を無視

MMTの間違いは、モデル（経済理論の前提）に現実の金融（マネーの流れ）として漏れがあることからも来ています。経済学は理論化のとき、抽象化したモデルを使います。

特に通貨高が期待されて買われた通貨が上がり、逆に売りが超過した通貨は下がるという「変動相場による通貨交換」の国際的なデリバティブ取引がMMTモデルから漏れています。

MMTは一国通貨論です。このため外貨規制がある中国（一国金融）では、政府紙幣が成り立ちます。しかし外貨交換が自由な日本、米国、欧州では長期に成り立ちません。

MMTが主張するように財政支出を政府紙幣で行うと、国債を銀行が買うようには貯蓄で買わないため、GDPに対してマネーサプライが過剰発行になります。財政支出の増加は、国民の預金とGDPを増やしますが、同時にインフレも起こします。

【インフレ率、金利、通貨レートの国際的な関係】

他国よりインフレ率が高く金利が低いと、通貨交換が自由な現代では、その通貨は売られて下がります。通貨が下がると、輸入物価が上がり、インフレが加速されるでしょう。金利は、「期待物価上昇率（仮に4％）＋GDPの実質成長率（仮に2％）＝6％」を均衡点として上がっていきます。

MMTは3％や4％くらいのインフレになったときは、中央銀行が買ってきた国債を銀行に売って、通貨（政府紙幣）の発行量を減らせば、インフレは収まるとしています。

しかしこのとき、GDP比の国債が世界一多い日本では、別の問題が生じます。2023年にGDPの2・6倍（1350兆円）の国債残になる日本では、金利が3％に上がると、10年債の流通価格が「1÷1・3＝0・77％」に下がります。このため、10兆円の国債を買っている銀行では2・31兆円の損失が出て、債務超過から預金者からの信用を失い、預金の支払い、債務の返済ができず、破産状態になります。銀行信用の低下から、預金の取りつけが起こるからです。

〔**日銀が債務超過になると、超円安になる**〕国債を500兆円買って「MMT貨幣（政府紙幣の発行）」を実行してきた日銀も、国債の価格下落（＝金利の上昇）から債務超過になります。債務超過になると、円安を予想するようになった海外投資家（金融機関＋ファンド）から、「円と国債の先物」が大量に売られて、円のレートは暴落するでしょう。

その半年あとくらいからは超円安から輸入物価が高騰し、4％のインフレを収めるどころか、国内の物価は6％、10％……と上がるようになってしまいます。

円安でのインフレは、ふたつの要因から起こります。

①輸入商品が高くなって、輸入の数量が減り、国内需要に対して不足すること。

②輸入商品の減少を埋める国内商品が需要超過になり、価格が上がること。

こうした円安は物価を上げるだけで、所得は増やさないので国民経済にとってよくないのです。MMTがいう「4%のインフレになれば、日銀が国債を売って通貨を回収し、マネーを緊縮すればインフレは収まる」は以下の4つの要素を無視しています。

①コロナショック対策終了のあと、マネーの緊縮からの金利の上昇→既発国債（1350兆円）の流通価格の下落、

②流通価格が下がる既発国債をもつ中央銀行と銀行の債務超過、

③円と円国債の先物売りから通貨が下落して、輸入物価は高騰、

④日銀が国債を売ってマネーの緊縮をし、金利が上がっても円安からとまらない物価上昇（インフレの加速）。

MMTは、国債の残高が大きすぎる日本にとって架空の論でしょう。MMTはドルの金利が上がると対外デフォルトに向かう、対外純負債が10兆ドル（1100兆円）の米国と日本には適用できません。

政府紙幣のインフレは結局スタグフレーション

結局は、西南戦争の太政官札の過剰発行のあととおなじように、「物価は上がっても所得は増えず実質GDPも増えないスタグフレーション」になっていきます。不況のなかでの物価上昇を

「スタグフレーション」といいます。

普通、物価が3%から5%上がるときは、それ以上に所得が上がっていて景気はいい。ところが物価が上がるなかの不況である「スタグフレーション」では、物価が上がっても物価上昇率を引いた実質所得は増えないため、実質GDPが増えない不況になっていきます（1970年代から80年代の、二度の石油危機のあとの米国と欧州）。

1973年と79年の石油危機（原油価格12倍）からの物価上昇のあとに先進国で起こったのが、物価上昇を引いた実質所得が増えないスタグフレーションでした。

MMTに沿えば、通貨増発の効果が物価上昇として出るときになると、

・政府の財政は破産させない代わりに、銀行を破産させ、

・通貨を緊縮しても通貨安からのインフレが加わって「スタグフレーション」になるため、

国民にとって正しい通貨論ではないでしょう。

MMTを讃《たた》えて、政府に実践を迫るエコノミストが多いのは憂慮すべきことです。MMT派のエコノミストに洗脳されたように見える山本太郎氏のMMT実行論も誤りです。

MMT派に追従するエコノミストの方々、どうか本書に論争を挑んでください。麻生太郎財務大臣と財務省はコロナショック対策の225兆円の総事業費の財源をどこに求める予定でしょう。225兆円の国債を日銀が買い取るとき、反省していただきたいことがこれです。反省とは謝るのではなく、原因対策を考えて実行することです。

〔**ケインズの有効需要論は過剰な貯蓄を減らすこと**〕なおケインズが不況への対策として、政府の国債増発による公共事業の増加が有効としたのは、以下の理由からです。

①マクロの貯蓄（国民の総預金）の増加が供給に対して「有効需要＝消費＝可処分所得－貯蓄増加」を減らし、不況（供給＞需要）を起こす原因である。

②そのとき政府が国債を発行して貯蓄を吸収し、財政支出を大きくして有効に活用すれば、失業を生む不況と、金融危機をともなう恐慌は終わるとしたのです。

ケインズはMMTがいう、「中央銀行による国債の購入（＝政府紙幣の増刷）を推奨した」のではありません。不況の原因である過剰なマクロの貯蓄（総預金）を国債発行で吸収し、その貯蓄を公共事業として活用する短期的な方法を示したのです。長い年数を経た赤字国債の発行については、論述していません。

Q06 日銀のインフレ対策が生む金利上昇

仮に2022年末、または2023年ころから増えたマネーでインフレになるのなら、そのときは日銀が買ってきた国債を売ってマネーを回収すれば緊縮になり、インフレは収まっていくのではないでしょうか？　MMT論もこれを論じていますが、どう考えますか？

A 確かに日銀が買ってきた国債を銀行に売れば、銀行がもつ日銀当座預金は減って、マネー量は緊縮に向かい、マネー量の増加で起こったインフレは収まっていくでしょう。これは否定できません。しかし、そのとき別の大きな問題が起こります。

インフレを抑えるために買った国債はどうなるのか

政府が大量に国債を発行し、本来は上がるべき金利が2013年以来、ゼロ％やマイナスに張り付いてきたのは、日銀が異次元緩和として最初は年60兆円、次は年80兆円の枠で買い増してきたからです。日銀の「量的緩和」という異例の国債買いが10年債をゼロ金利、中短期債はマイナス金利に抑え、国債の価格は上げてきた理由です。

日銀が銀行が入札した価格より高く買うと表明しているので（これが日銀の利下げ政策です）、銀行は金利ゼロ％の国債に入札してきました。仮に日銀が入札価格より高く買い上げることがなかったら、国債価格は下がり、金利は高騰していたでしょう。

額面100万円、満期10年、金利0％の国債を日銀が銀行から101万円で買い上げれば、銀行には売った国債の1％（1万円）利益がはいります。この1万円は日銀の損になります。10年後に政府から額面の100万円しか償還しないので、日銀が買った101万円に対して1万円の損になるのです。「(マイナス1万円÷10年)÷日銀が買った101万円≒マイナス0・09%」です。日銀が1万円(1%)高く買ったことで、国債の発行金利の0%がマイナス0・09%に下がっています。このように日銀が国債を発行額面より高く買って、銀行に利益を与えて損を引き受けるのが、国債の買いによる金融緩和です。

インフレになって金利を上げるとき、または金融引き締めのときは、日銀は買ってきた国債を市場で売りますから、国債価格を下げて金利を上げる効果をもつのです。

国債を発行額面より高く買うことが、2%のインフレを起こすことを目的にした日銀の「ゼロ~マイナス金利の政策」の内容です。

さて、ここで問題です。

日銀がインフレになったあと、インフレを収めるために買ってきたゼロ%やマイナス金利の国債を債券市場で売ったら、どうなるでしょうか。

そもそも金利がゼロやマイナスの利回によって損をする国債を買う銀行が出るでしょうか? マネーの将来価値が下がっていくインフレになったとき、政府がいくら命令しても損をすることが決まっている国債を買う銀行はいないでしょう。

政府は、債券市場に命令できません。3%の期待インフレのなかで、どんなに命令しても国家総動員令の戦争中でないかぎり、銀行が金利ゼロの国債を買うことはないでしょう。

では日銀が売る国債の金利が何%なら、銀行と生損保が買うでしょうか? 最低でも、そのときの期待インフレ率に見合う3%でしょう。国債の利回りが3%に上がると、500兆円の国債をもつ金融機関、700兆円の国債をもつようになった日銀、100兆円の円の短期国債をもっている海外銀行は以下のような損をします(1300兆円の国債残は2023年を想定したもの)。長短の円国債の加重平均の満期は8年です。

1300兆円×(1+0%×8年)÷(1+期待金利3%×8年)
=1300兆円÷1.24=1048兆円

日本の銀行、日銀、海外銀行とファンドは、合計252兆円の含み損を抱えることになります。国債を満期まで売らずにもてば、政府が額面の100%を返済するから時価評価しなくてもいいとする、財務省が銀行に国債を買わせるためにつくった会計制度があります。

ところが銀行間の融資では、相手銀行の信用として保有国債の時価、所有株の時価、デリバティブの時価を含む「時価評価の自己資本」を常に見ています。債券や貸付金のリスク債券に対する自己資本比率が下がると、銀行は信用を失って銀行間の「レポ金融(日本のコールローン)」ができなくなります。レポ金融をできなくなることが、銀行の破産です。

リーマン危機はMBS(モーゲージ証券)が下がり、レポ金融が停止されたことから起こりました。FRBはレポ金融を復活させるため、60%に下がっていた銀行がもっているMBSを額面金額で買い上げ(FRBが損をかぶって)、現金を投入したのです。

民間銀行サイドは前年までは下がってきた物価が上がるようになり、金融市場の期待金利が上昇する気配（金融市場の空気）が出たとき、どう対応するでしょうか。自行の損を少なくする目的で、先を争って保有国債を売るでしょう。わが国の銀行が得意とする横並びから、「国債の売りも一斉」になるでしょう。売りが増えて買い手が減ると国債の流通価格はどんどん下がり、3か月で金利が高騰します。

これは2012年のギリシャで起こったことです。長期金利は3か月で30％に高騰し、長期国債の価格は70％下落しました。ユーロの中央銀行であるECB（本店ドイツ）は支援のためギリシャ国債を買い上げ、下がった価格を上げたのです。ECBは、経常収支が黒字のドイツ経済の信用を裏付けにした中央銀行です（ECBの設立1998年6月）。

〔結論〕 20年、21年のデフレのあと、22年末から想定されるインフレが続き、物価上昇が5％と高くなったとき、日銀はインフレを止めるための金融引き締め策、つまり買ってきた国債を売ることはできなくなるでしょう。市場の金利が上がるなかで日銀は、銀行と政府を破産させないために国債を買い続け、国債の下落損（100兆円以上）を一手に抱えるようになっていくのです。

MMTがいう高いインフレ率になったあとの中央銀行による国債売りは、金利を高騰させ国債を暴落させるため、実際に実行できません。日銀は国債の暴落で大きな債務超過になり、円は国内では信用されても海外投資家からの信用を失うからです。

このとき証券の売買で利益を求める海外投資家から①FXの円売りと、②円国債の先物売りが殺到します。日銀が円買いで抵抗しても、多勢に無勢になるのです（1997年のアジア通貨危機）。円は暴落して輸入物価が上がってインフレが加速して、金利は上がって国債も暴落し、再びインフレを加速させるようになっていきます。

これはアジア通貨危機となった米国系ヘッジファンド（リーダーはジョージ・ソロス）による、アジアの通貨先物売りのときに起こったことでした（1997年〜）。通貨危機のあと、アジア諸国（タイ、マレーシア、インドネシア、韓国）ではIMFの支援を受け、マネーの増発をやめて、インフレを収める緊縮経済にし、輸出を振興して外貨（米ドル）をためて蘇ったのです（1999年〜）。危機に正面から立ち向かえば、その後、短期で復活し、再び成長するという共通のパターンがここでも見えます。同時化する通貨と金融の危機は、中央銀行の通貨発行で将来に飛ばさず、正面から向き合えばチャンスでもあるのです。

以上が日銀の無制限の国債買いの方向をとり続けたときの、2023年からでしょう（確率70%）。想定される事態は1992年のポンド危機、1997年からのアジア通貨危機とおなじです。このふたつは、英国と東南アジアの事実上の財政破産でした。1998年に国債をデフォルトしたロシア危機も類似しています。

日本のように対外純債務がなくても、海外投資家からの先物売りがあるので、日本の物価が上がって期待金利が上がり、円安予想になると海外からおなじ売りが起こります。ラインハートがいったように「国家は破綻」します。それも「たびたび」。

このとき日本の銀行と生損保は苦し紛れに、もっている米国債と米国株、社債、デリバティブを売ります。このため米国金融と米政府も同時破産するでしょう。

MMT論者のいう「インフレになったときは、中央銀行が国債を売って金融を引き締めればいい」は日本に当てはまりません。理由はGDPの2・6倍の巨大な、しかもゼロ金利の既発国債があるため、それが下がって金利が上がり、国債をもつ銀行、日銀、発行する政府が同時に破産するからです。

MMTが適用できない国

MMTは、対外債権国の①ドイツ、②スイス、③そして自由には外貨が買えない（=自由な元売りができない）資本規制がある中国に有効でしょう。

しかし①対外純資産が341兆円あっても、政府の国債が1300兆円（2022年想定）と大きすぎる日本、②対外純債務が10兆ドル（110兆円）と大きい米国（対外負債37兆ドル：対外資産27兆ドル：2018年）、③対外純債務が多いフランスと英国には適用できません。

いや、いくらでも適用はできますが、中央銀行、銀行、政府は同時破産します。預金も引き出しができず、封鎖せざるを得なくなるのです。

MMTの有効性は各国の資産、負債の状況で異なります。ここを強調しておきます。結局は政府財政、日銀、銀行を破産させることになる日銀の無際限な円国債買いに、ある程度の歯止めをするためのものです。

なお日本がインフレになったときの2022年末から23年にかけての通貨投資では、「円売り／スイスフラン、またはフラン国債買い」が大きなチャンスになります。同時破産の可能性があるドルはダメです。1999年からドイツマルクはないのでユーロになりますが、財政赤字のフランス・イタリア・スペイン・ギリシャ・ポルトガルを含むのでユーロ買いもダメです。危機は資産作りのチャンスも生みます。

Q07 国家（政府財政）が破産したあとはどうなるのか？

国家の財政が破産したあとは、どうなるのでしょうか。預金封鎖は起こりますか？　所得はどうなるでしょう。

A 近いところでは、ギリシャが財政破産したときの状況が参考になるでしょう。ギリシャ政府は隠していた財政赤字が発覚して国債が売られ、金利が一時は30％に上がって破産しました（2010年〜12年）。ユーロでの追加の借金（国債の新規発行）ができなくなって、支払いができなくなったのです。この間借入金利の高騰から実質GDPは17％低下しています。コロナショックで今度は主力産業である観光の停止から破産するでしょう。

2012年のあとギリシャは次の削減を行い、財政の赤字を減らして一時は黒字にもっていきました。

①高所得だった公務員（国民の25％と多かった）**を減らして人件費を削減**
②現役時代の100％支給（所得代替率100％：日本は60％）**と高かった公的年金の削減**
③公的医療費の削減
④財政支出の全般にわたっての削減

株価と不動産が暴落したのは当然です。預金も封鎖されました。

個人の銀行預金は引き出し額の制限が行われ、1人が1日60ユーロ（7140円）まででした。生活費ギリギリです（1か月で1800ユーロ：21万円）。3年後に1か月5000ユーロ（60万円）まで引き出すことができるようなっています。海外へも1万ユーロ（119万円）持ち出しができますが、ひとり1か月60万円の引き出し制限は続いています。なお企業の支払い用の預金（当座、普通預金）に制限がありません。

富裕者は金、ビットコイン、ドルを買っています。世界通貨の金も買われて上がりました。仮想通貨でのインターネットでのタックスヘイブン（租税回避地）への逃避には、ぬけ道があります。

ギリシャでは、キプロス（タックスヘイブン）が有名です。国内の所得税率が10％から45％と高いからです。加えてギリシャの消費税は23％。米国は累進課税で所得額の10％から35％と低い。日本は5％から45％の累進課税です。フランスは11％から45％、ドイツは14％から45％、英国は20％から45％です。15％から20％の消費税を加えると、高額所得者の課税率は欧州では約60％になります。

富裕者のマネーが所得税ゼロのタックスヘイブン（世界に100か所）や新興国、15％の香港に逃げる理由は税率の高さです。

日本でも、これと類似した策がとられるでしょう。とらざるを得ません。国債による追加の借金ができなくなったとき、お金がない政府に選択肢はないのです。国債の新規発行ができないと、平常年の35兆円の財政赤字を続けることができず、100兆円の一般会計を35兆円（35％）は削減する必要が出ます。

財政の削減のなかで所得税も上がります。可能性では、コロナショックから回復し、下がっていたGDPと物価が上がり始め、物価とともに期待金利が上がっていく2023年から70％の確率と見ています。225兆円の財政支出と日銀による国債の買い取りを、すでに決定しています。つまり、2022年の財政はこうした破産の可能性が高まっています。

財政破産の原理

税収ではなく、国債1300兆円台（2023年の想定）、日銀の通貨の増発500兆円で経済・金融を運営してきた政府に「つけ」が回ってくるのが財政破産のあとです。借金で経営してきた企業が借金できなくなったときとおなじ状態です。

借金（国債・債券・銀行借り入れ）での支出は、将来の所得の「先食い」をすることです。信用を失い返済を迫られると、これがわかります。

「ほんとうだった。国債とは将来の国民の所得を食っていたものだ」とわかるのは金利が上がり、国債が発行できなくなったときです。以上は「原理的なこと」です。どの国も軍を出動して支払いを反故《ほご》（踏み倒し）にしないかぎり、この法則から逃れられないのです。

信用通貨のマネーの増発（コンピュータの数字叩き）では、GDPの商品生産（富）は増えません。日銀は通貨を増発しマネーの名目額は増やせますが、造幣局は衣食住の商品は作れません。商品生産が増えないと実質GDPは増えません。当たり前のことでしょう。国債残高がGDPの2倍以上ある日本にとって、MMTは通貨を下げて財政も破産させる罪つくりな学説でしょう。

Q08 2022年までの株価への見通し

なるほど、日銀がアフターコロナ3年目に起こる可能性が高いインフレを止めるため、金融引き締め策として国債を売れば、金利が上がって、国債をもつ日銀と銀行が債務超過になり、海外から円と国債の先物売りが起こって国債は暴落し、アジア通貨危機のように通貨安のなかで金利が高騰してしまうという予想ですね。

日銀が債務超過になると、国内ではなく海外からの円先物売りと円国債の先物売りで円安と金利が上昇するというのは新しい視点だと思います。思い起こすと、１９９８年のアジア通貨危機のときに財政破産、中央銀行の債務超過、通貨暴落、金利上昇が起こっていたのですね。原因は対外債務でしたが、通貨と国債の先物売りが多くなっている現代では、対外債務がなくても同じことになるということですね。

インフレのあとの金融引き締めで、金利が上がったあとにどうなるかは、ＭＭＴ論が述べていないことです。日銀が国債を売るようになって国債が暴落すれば、それをもつ日銀と銀行、発行する政府は確実に同時破産しますね。

ところで20年3月のコロナショックで40％くらい急落した世界の株価が、4月の米国のＮＹダウを先頭に上がっています。

高かった2月の水準の80％から90％の回復です（20年6月）。これから株価はどうなるでしょう。米国の投資家の60％くらいは、20年冬に第二波があれば、3月の一番底より下がるとしていますが、そのとおりでしょうか。予想してもらえませんか。

A 大問題の質問が続いていますね。基本的なことの質問は当方の好むところです。株価について基礎から本格的に述べるには、書籍なら二冊が必要になるでしょう。期待金利で決まる単純な国債価格より、株価を決める要因ははるかに複雑です。

経済と金融の要因からは複雑すぎて株価評価ができないので情報を価格に絞って、数種の期間の移動平均（あるいは加重移動平均）、標準偏差のボラティリティやボリンジャーバンドを組み合わせて売買している株式投資家が多いのです。

株価は予想将来純益の割引現在価値（ＰＥＲ理論）

まず株価の根拠から述べます。市場では売買されない「非上場株（日本で260万社）」の株価は「時価の純資産÷株数＝純資産方式の株価」です。相続税や贈与税の評価は、純資産方式と類似会社比例法を使って国税庁が行っています。売買の価格はないので1株の純資産を株価評価額としています。

市場で売買される株にも、純資産方式がPBR（Price Book Value Ratio）として残っています。資産の時価から負債を引いたものを純資産として、「純資産÷発行済み株数」（BPS）を株価の基準とするのがPBR（株価純資産倍率）です。

日経平均（大手225社の単純平均株価）のPBRは1・08倍です（20年6月12日）。5月15日まで1倍を割っていて0・96〜0・99倍でした。日本のPBRは、米国の3分の1付近と低い。

PBRが1倍未満や1・1倍以下だから、証券会社からは「日本の株価は米国（PBR3・3倍）にくらべて割安」とされています。米国は3・3倍、世界の平均PBRは2・2倍です（20年5月）。

・NYダウ（30社平均）のPBRは3・3倍と高い。
・欧州株のPBRも1・6倍、スイスのPBRも2・8倍と高い。
・インドも2・3倍です。
・ドイツは1・4倍と低いグループであり、イタリアが0・9倍と日本よりPBRが低い。

イタリアと日本のPBRが低い原因は何でしょうか？

市場（投資家の集合）が依怙贔屓《えこひいき》をし、正当な評価をしていないのでしょうか？　ここが株価評価の入り口です。PBRの違いの理由を考えてください。市場には「えこひいき」はありません。証券会社が買わせるために宣伝している「割安株」は存在しない。数％の利益を求め、世界の投資家（数億人）があらゆる情報を使って必死に株を売買しているからです。

株を実際に売買する投資家は自分のお金を使うので、売買をしていない評論家より真剣です。なぜ国別と企業別にPBRの2倍、3倍の差があるのでしょう。

上場株の評価は、現在までの結果である純資産方式ではなく、「将来の予想純益の割引現在価値（NPV）」で行われます。純益は税引き後の利益です。税引き後予想純益の将来の累計を「期待金利＋予想利益実現のリスク率」で割り引いたものが「理論価格」です。

理論価格とは、その価格の周辺を株価が波動するという意味のものです。

「期待金利＋予想利益実現のリスク率＝株式益回り」を6％と仮定すれば、株価時価総額は「1年後の予想純益÷（1＋0・06）＋2年後の予想純益÷（1＋0・06）の2乗＋3年後の予想純益÷（1＋0・06）の3乗＋4年後の予想純益÷（1＋0・06）の4乗……」と続く無限等比級数の総和になります。この総和は、数学的に「株価時価総額＝次期予想純益÷株式益回り0・06＝次期予想純益×PER16・67倍」と等しくなります。

企業が経営計画書として6か月サイクルで東証に出している「次期予想純益」が100億円の場合、PERが16・7倍（株式益回りが6％）のとき「100億円÷株式益回り0・06＝1666億円」がその会社の理論価値（時価総額）です。1億株を発行していれば、「1666億円÷1億株＝1666円」が理論株価です。この理論株価の周辺に、あるときは離れ、あるときは近づいて、その会社の株価があります。以上が「現代ファイナンス論」が示す株価の理論であり、これしかないのです。

現在、日経平均（2万2167円）の次期予想PERは18・1倍です（株式益回りは5・5%：20年6月12日）。次期予想純益の18・1倍（18・1年分）が東証1部の時価総額の584兆円ということでもあります。ただし、PBRは1・09倍と低い。

NYダウ（最大手30社）の予想PERは19・0倍です。株価が高い米国ナスダック（1256社）は38・9倍です。

①会社の予想純益が大きくなり、②期待金利が下がって、③将来の利益のリスクが減ると、「次期予想純益÷株式益回り＝次期予想純益×PER」は上がって、理論株価も上昇します。

ITベンチャー企業では、今は赤字なのに株価は高いことが頻繁に起こります。現在は赤字でも、将来の利益が大きくなると投資家から期待されているからです。2000年のアマゾンは物流倉庫への設備投資のため赤字でしたが、投資家は高い株価をつけていました。

次期予想PER（株価時価総額÷次期予想純益）が低い株価は、「将来利益の伸びは小さい」と投資家が見ています。このため日本株の予想PERは、米国株より低いことが続いています。

日本経済の実質GDPの将来成長率が1%付近と低く、日経平均225社の合計純益の大きな伸びが期待できないことが、日本株のPBRが米国の3分の1である理由です。ただし当方は、米国株は自社株買いという要因で30%から40%は高すぎると見ています。

【株価が上がるとき】

株価が上がるときは、①次期予想純益が高まる予想、②金利が下がる予想、③将来の利益実現のリスク率が下がる（＝純益が増加する）という3つのうちのいずれかが働いています。

ゼロ金利の続く日本の株価純資産倍率が高くなっても1倍付近と、世界平均の2・2倍にくらべて低いのは、「①次期予想純益、②将来の純益の予想増加率」への投資家の期待が米国株の2分の1くらい低いことが理由です。

平常年でも日本の実質GDPの期待成長率は、1％程度と低く（主因は3つ：高齢化、人口減、生産性の伸びの低さ）、GDPを作っている企業の将来純益の増加への期待値も低い。

米国では、合計の時価総額が約600兆円（日本株の株価時価総額とほぼ等しい）になっているGAFA（Google、Apple、フェイスブック、アマゾン）を筆頭に、今後10年間は利益を伸ばし続けると投資家集合が見ています。アマゾンのPERは、121・6倍と破格に高い（20年6月）。高い米国平均の6倍です。理由は「将来、大きな利益が期待できること」です。このため投資家はアマゾンを高い株価で買っています。中国には類似のアリババがあります（予想PERは37・6倍：20年6月）。

日本には楽天（時価総額1・4兆円、4半期利益は赤字でPERはマイナス）がありますが、純益の将来期待ではアマゾンやアリババとはくらべるべくもない。アマゾンの約100分1しかない楽天の時価総額は、日本の産業のデジタル化・オンライン化の遅れをシンボライズしています。

日本株のPBRが低い理由は、日本が2000年以降、「経済のデジタル化」という世界の潮流に遅れてきたことが主因です。ハードは作った。しかし世界的なアプリは作っていません。イタリアとドイツが株価純資産倍率で低いのも、産業のデジタル化の遅れである点で日本とおなじ原因です。米国が先頭、中国が2番目に立っています。米国では製造業は弱くても（商品貿易は赤字）、ITの社会と産業への利用（アプリケーション）が進んだのです。ここまでは株価の基礎理論です。

この基礎がわかっていないと、

①リーマン危機のあと、米国株がなぜバブルの水準（NYダウ：2万9400ドル：20年2月）まで上がってきたのか、

②なぜ3月のコロナショックで下がり、

③4月からのFRBの大量マネー投入で上がったのか、理論的にはわかりません。

買われたから上がった、売られたから下がったという、株価罫線論にしかならない。買われた理由、売られた理由を究明しなければならないでしょう。

なお6月12日には、「コロナショックの長期化をFRBが認めた」として、1800ドル急落しています（25日移動平均線）。この下げは、株価が今後どう向かうかに強く関係しています。

NYダウに追随する日経平均

それとNYダウに追随する日本株（特に225社の単純平均の日経平均）の動きです。ご存知かもしれませんが、東証の1日の売買高（3兆円平均）のうち70％（2・1兆円平均）は海外からの売買です。

海外とは、①租税回避地のタックスヘイブンからの米国系のヘッジファンド、②欧州の年金ファンドです。ファンドのほとんどは、所得税が無税のタックスヘイブンに本拠地を置いています。日本株を多く売買しているのは、個人投資家の投資信託であるヘッジファンドと、北欧と中東に多い年金ファンド（SWF：国家ファンド）です。ヘッジファンドに預託された元本資金は3兆ドル（330兆円）くらいですが、証拠金に対してレバレッジのかかる先物やオプションを売買していますから、投資マネーは3000兆円くらいに膨んでいます。

日本の機関投資家（生損保と銀行）は1998年の金融危機のあと、ずっと株を売り越しているので、株価を上げる存在感がありません。日本株の買い手としては証券会社の投資信託がありますが、ヘッジファンドの売買に右往左往することが多く、売買シェアも大きくない。なお日銀の株ETFの買いは、信託銀行に委託された買いになっています。

日経平均は東証の70％を売買している海外からの買いが超過すると上がり、売りが増えると下がります。海外からの売りで下がったとき買って底支えし、午後から上げているのが日銀の株

ETFの買いです（年間12兆円：1回2000億円）。この買いは、政府の株価介入です。日銀は買った株ETFを売っていません。保有高は30兆円に増えています。このため流通株を減らす自社株買いとおなじ株価の上昇効果をもっています。

日銀が買い続けてきた株ETFを売るとき日本株は少なくとも30％は暴落しますが、その時期は不明です。日銀は株買いの介入停止の時期を明らかにしていません。「いつまでも」は行えない。しかしやめる時期をいわないというより、いえない。株の暴落が怖いからです。

公的年金の基金160兆円を運用しているGPIF（年金積立金管理運用独立行政法人）の日本株の買いが40兆円（運用資産の25％枠）の限界に近づいたとき、日銀がGPIFからバトンを受けて買いを増やしたのです（2015年〜）。現在、GPIFと日銀の介入残高は合計で70兆円です（時価総額600兆円の12％：ETFだけでは50％）。これは国有銀行による中国株（上海総合）の買いとおなじ政府の介入です。

東証で15％くらいの売買をしているのは、個人投資家（700万人）です。「下がったときに買う逆張り」が多い。逆にヘッジファンドのプログラムの過半は、トレンドフォロー型です。トレンドフォロー型は、上げと下げも大きくする作用をもっています。

わが国の個人投資家はヘッジファンドが売って下がったとき、買いを入れるというお定まりのパターンです（逆張り）。米国人の個人は、日本人とは逆にトレンドフォローの売買が多い。

海外ヘッジファンドと国家ファンドからの買いが増えるのは、①NYダウが上がったとき、②

売りが増えるのはNYダウが下がったときです。このためNYダウが下がると、日経平均も連れて下がります。

日本株の変動に先行するのが米国株です。2000年代の日経平均は「NYダウの縮小コピー」です。このためNYダウを予想することが、日経平均の予想になります。世界の株価もおよそおなじです。

その理由は国際的な金融取引で米ドルが60%を占め、ドルでの株式売買が世界の株価を決めているからです。1980年代の後期は逆でした。1989年のピークで日本株の総時価が600兆円もあり（予想PERは80倍）、米国の1・5倍だったからです。当時、日本経済は投資家から世界ナンバーワンとされていました。

当時なら米国の全部の株を1・5回買うこともできたのです。地価でも皇居の地価だけで、カリフォルニア州が買えるくらいでしたから、世界史上最大のバブル不動産でした（1992年から醒めた幻想と夢）。

米国株に影響を受けない例外が中国です。中国は資本を自由化せず（外貨交換の制限）、海外からの株の売買も制限しています。米ドル圏とは別の世界であり、NYダウと違う動きです。中国の人民元は完全に政府通貨です。中国株（上海総合）は、政府通貨を増発する共産党にコントロールされています。

以上が、日本の株式市場売買の概観です。日経新聞はヘッジファンドを投機筋としていますが、この位置づけでは株価がわからなくなるでしょう。株価の売買は、会社を買うM&A以外すべてが利益を目的にした投機だからです。現物の売買以外の先物やオプションが多くなっているのに投機とすれば、分析の枠外になるからです。

ヘッジファンドのマネジャーから聞いたことを材料に記者が書いているので、仕方ありません。マネジャーは自分が売るとき、日本人に高く買わせるため、日経新聞に情報を流していることも多い。「投機筋は＊＊＊としている」という記事がそうです。記者の結論や社説では、「先行きの不透明感が高まった」というものが多く、上がる材料を偏重する傾向もあります。日本株は「割安」という論が多い。当方は、読んで数字を記憶するようにしています。事実である数字の傾向だけが未来を示すからです。論評はほとんど参考になりません。

リーマン危機のあとの米国株

リーマン危機のときは、2007年の1万4000ドルの高値から50%の7000ドルに下がったNYダウは、その後の11年で直線的に4・2倍に上がっています（20年2月）。年率平均14%の上昇です。原因は、FRBが金融機関に供給した4兆ドル（440兆円）のマネーです。

FRBの緩和マネーに由来する、2011年から2019年までのS&P500社の自社株買いは、「4兆ドル（440兆円）」に達しています。社債の発行によってドルを調達し、「コーポレートガバナンス（株主の経営支配）」として自社株買いが実行されました。

自社株買いは株価を上げるので、株主への配当とみなされ歓迎されたからです。社債という負債で、自社株が買われたことを記憶しておいてください。米国で自社株買いが増えたのは、1984年からでした。その目的は「乗っ取り」の防止ですが、現在は株価を上げることです。

図2に、S&P500社の自社株買いと自社株買いで上がったEPS（1株当たり純益）を示します。

自社株買いを行うと、市場の流通株が減ります（会社の金庫株になる）。分母の流通株数が減れば、株価の評価指標であるEPS（純益÷株数＝1株当たり純益）が上がります。純利益がおなじでも30％の自社株買いで、1株当たりのEPSは、「1÷0・7＝1・43」倍になり、株価評価はPER倍率がおなじであっても1・43倍になります。

EPSの上昇は「米国経済と企業業績は好調」という見かけ上の証《あかし》にもなっています。

この自社株買いが2011年から19年までの9年間、440兆円も行われたのが米国でした。米国株は「幻想の利益」で上がっていたことになります。これが「株価＝EPS（1株当たり純益）×PER」です。企業の利益が昨年とおなじでも、自社株買いすれば、市場の株数が減ってEPSは上がります。EPSが上がれば、PERは下がって株価は割安になり、投資家の買いがはいって上がります。2019年でもPERは22倍程度だったため、「米国株はバブル」と意識されることはありませんでした。逆に、もっと上がると見る投資家が60％だったのです。

加えて2017年にはトランプ大統領が、法人税を35％から21％に下げました。企業の税前の

図2　S&P500社の自社株買いとEPS（1株当たり当期純益の上昇）

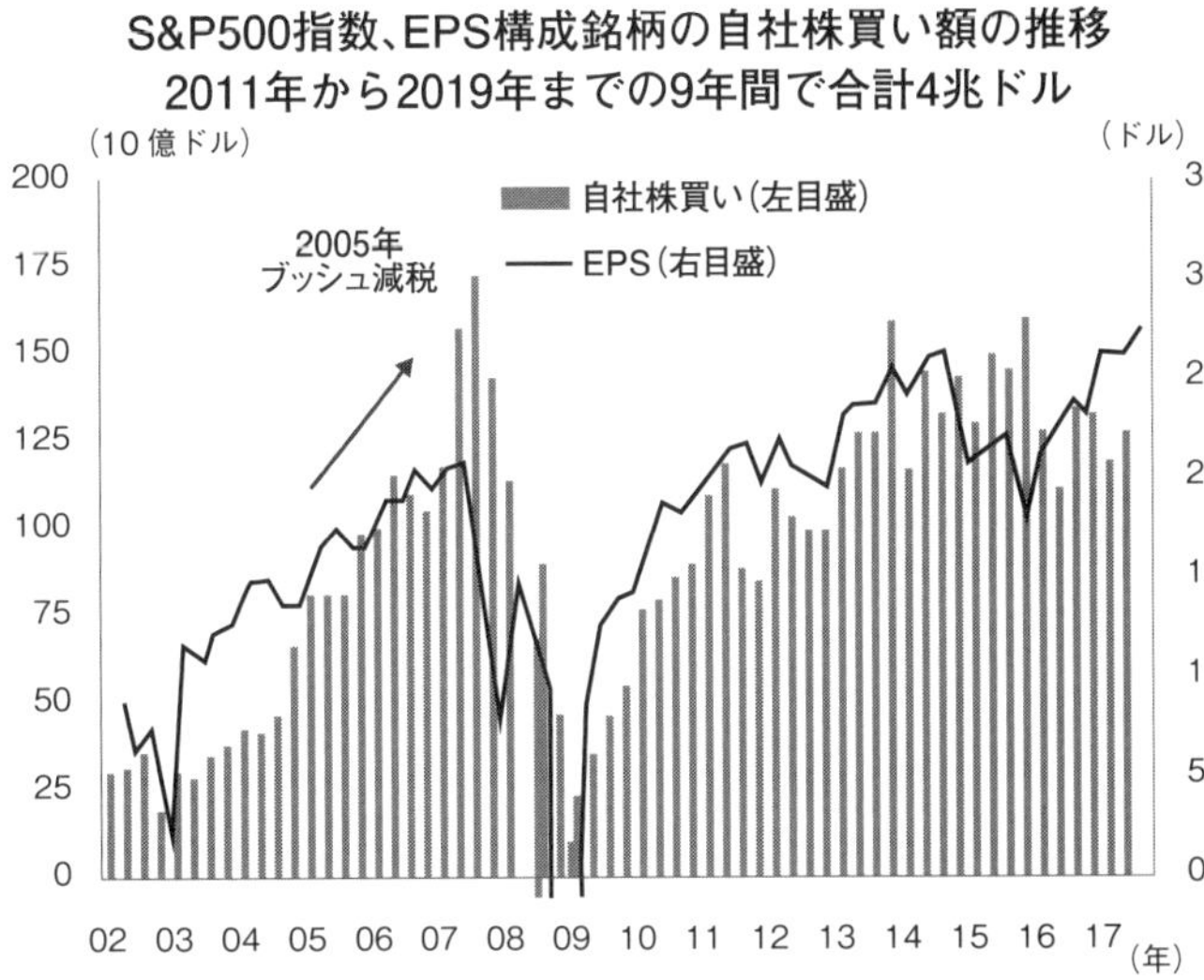

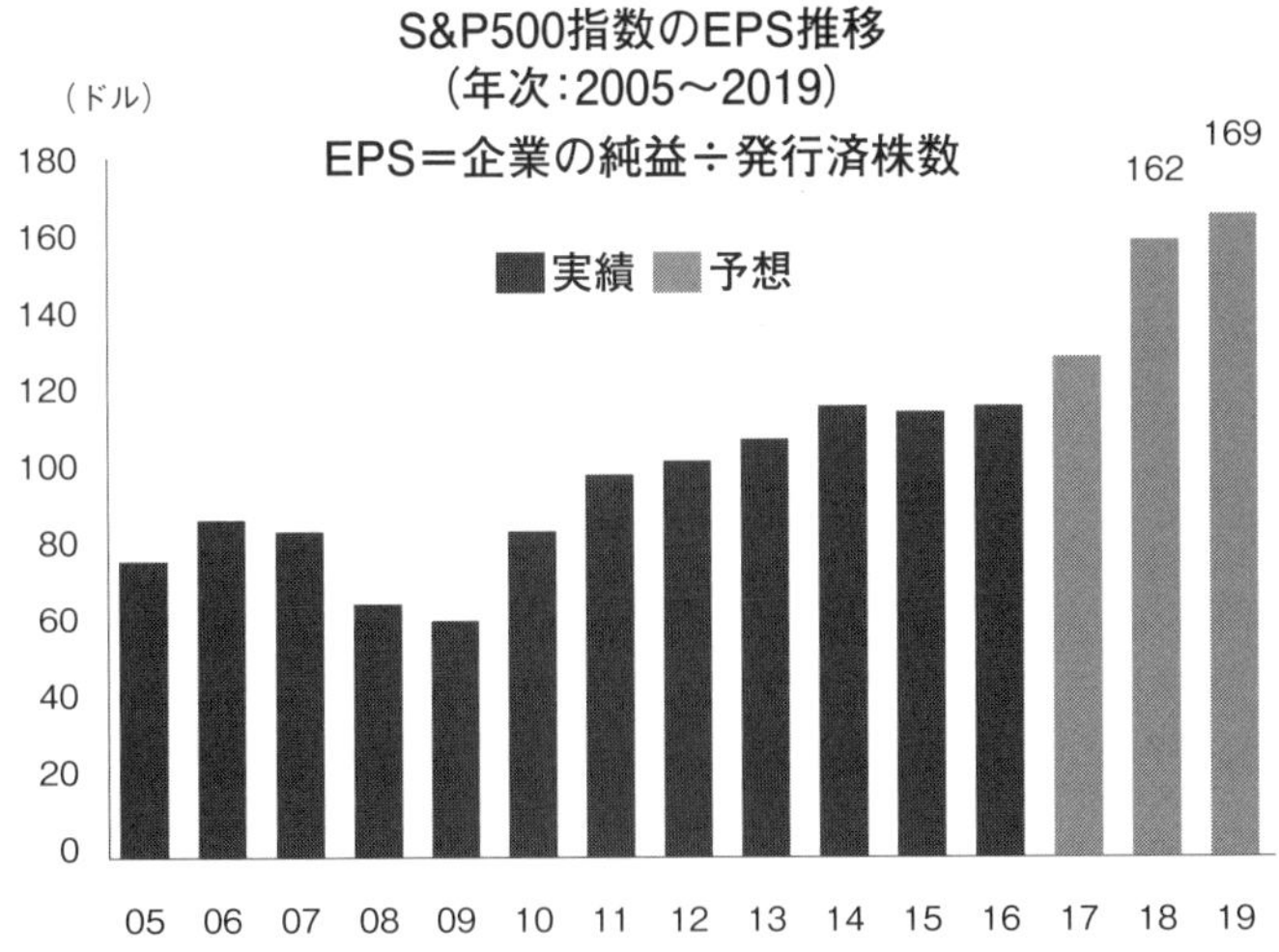

米国株は、リーマン危機のあと、2011年～18年の4兆ドル自社株買いを主因に上がったと言える。

経常利益が前年とおなじでも、この減税で「税引き後の純益」は「79％÷65％＝1・21倍」に増えます。EPSは1・21倍と大きくなり、投資家の買いを誘って株価が一層上げる材料になります。2018年の米国株上昇はトランプ減税によって演出されたのです。

自社株買いとトランプ減税が米国株の高さのふたつの理由でした。

2020年2月のNYダウ2万9400ドル（PER23倍）のほんとうは、440兆円の累積自社株買いとトランプ減税（法人税21％）による、合計50％くらいの金融バブルの株価だったのです。（注）大きな金融緩和のなかでも予想PERの妥当値（リーズナブルな値）は15倍と考えています。金融引き締めになると、11倍から12倍でしょう。

この認識に立てば、3月の米国株の38％下落は当然のものになります。

コロナがなくても、2020年に米国株の大きな下落の可能性が高いと当方は見ていたのです。

コロナ危機からの株価暴落と上昇

武漢で新型のコロナが猛威を振るっていた20年2月、トランプ大統領と米国民には危機感がありませんでした。1日で認識が変わったのは、イタリアでの蔓延が生じた20年2月下旬でした。3月11日までにイタリア国内で5万4000件のウイルス検査が実施され、1万2462人の感染者が見つかり、827人が死亡していました。これは米国に飛び火しました。NY州でロックダウンが開始されたのは、3月22日でした（NY州の感染数1万5000人：死者114人）。

このとき米国民と株価はリーマン危機後の金融バブル幻想から、醒めたように見えました。ロックダウンによる経済の停止は、2020年度の上場企業の合計利益を3分の1に減らすからです。自社株買いとトランプ減税が上げていた株価が剥《は》がれ落ちたのです（NYダウは35％下落：3月23日の一番底）。赤字の企業も膨大になるでしょう。（注）2020年1月‐3月期の日本の上場企業の合計利益は赤字でした。

暴落を直観した投資家は株価が下がるとき利益が出る①先物売り、②売りのオプション（プット・オプション）を仕掛けたのです。先物売り（先物価格で売り、限月に買い戻す契約）と、プット・オプション（契約した高い価格で売る権利）は相場が下がったときに買い戻しで利益が出るからです。

プット・オプションとは、金融商品を将来のある期日までに、そのときの市場価格に関係なく、あらかじめ決めた特定の価格（＝権利行使価格）で売る権利です。株価が下がったときも、証券会社に契約価格で売れるので利益が出ます。契約価格より上がったときは、買う権利を放棄します。保有株の下落のときの損を回避するヘッジになるものです。オプション料は保険料と見ればいいでしょう。証券会社が毎日決めているオプション料を払えば、いつでも買うことができます。

先物売りとプット・オプションは、投資家が株価が下がると予想するときに仕掛けます。

図3に2月半ばから3月23日までに35％下がったNYダウと、日経平均を示します。下落の速度は、リーマン危機を超えて、1929年の大恐慌の再現でした。1日に1000ドルから

図3　2020年6月までのNYダウと日経平均

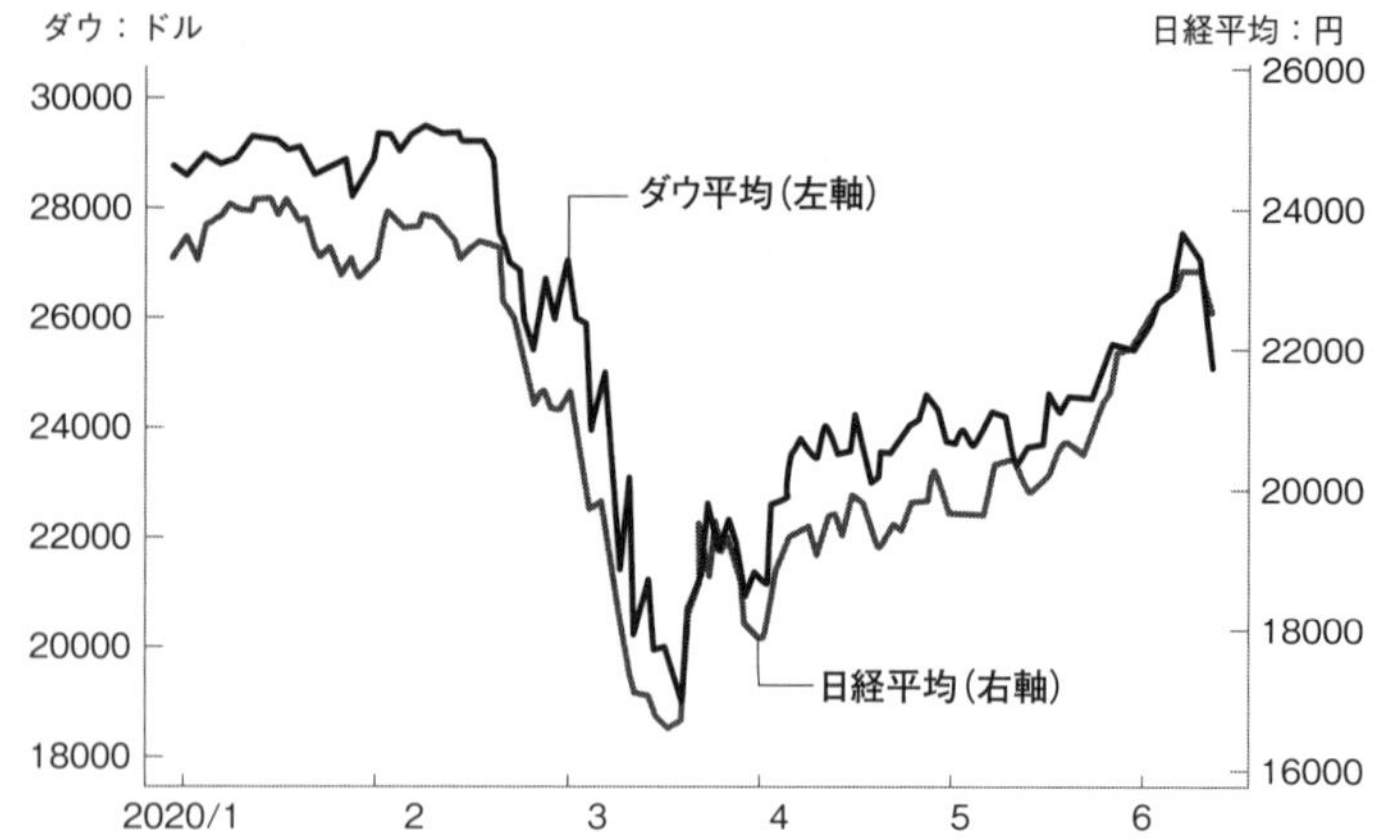

2000ドルも下がり、数回はストップ安になっていました。

　コロナショックからの暴落に驚いたFRBのパウエル議長は最初2回、合計1・5%の異例の利下げを行いました（3月3日マイナス0・5%、15日マイナス1・0%）。しかし暴落の佳境だった金融市場では、19年9月18日から6か月もドル不足が続いていたので、利下げには反応しなかったのです（借り入れには審査期間があり、ゆっくりした資金供給です）。

　株価が30%以上下がると、株担保で銀行と企業間および投資家間短期融資が行われている米国では、証拠金に穴があいて金融危機になっていきます。先物市場とレポ金融で、追い証（マージンコール）が必要になるからです。

　FRBは奈落に向かって下げているように見えた株価に対し、①3・3兆ドル（363兆円）という史上最大の国債買い、②企業の社債（長期資金調達）の買い、③ＣＰ（短期資金調達の手形）の買いを発動し、アクセル全開で銀行と企業に現金を供給したのです。

この3・3兆ドルの緊急マネーによりＮＹダウは、3月23日の1万8590ドルを底にして反発しました。一番底は、2万8400ドルから9810ドル（35％）下げていました。

株価は、市場での売買の日次変動からL字型の直線の横ばいでいくことはない。下がらないときは、罫線から短期の底と見る投資家の買いがはいって上げます。

3月23日からの反騰は、ふたつの要因で生じました。

①要因1：ＦＲＢが金融機関に投入した3・3兆ドルのマネーの余剰部分が割安になったと見た株の買いに向かったこと。金融機関と企業の預金口座には、フリーなドルが1・86倍に増えていたからです（5月までで3・3兆ドル増加：363兆円）。

②要因2：平均では3か月を限月（反対売買の期限日）とする、

・「先物売りの、買い戻し（利益確定の買い）」と、

・ヘッジファンドが権利を買っていた「プット・オプションでの買い戻し（先物とおなじ利益確定の買い）」がはいったこと。

この①と②の要因から4月から5月の米国市場では、買いが売りを上回ることになったのです。日経平均もＮＹダウに追随し、同時に上がりました。

これは、「6か月後（20年12月）のファンダメンタルズである企業業績のV字回復」を予想した

買いではない。すべてが悪化していた経済指標と企業利益とは無関係なテクニカルな買いです。

急性症状のように悪化した企業のファンダメンタルズ（売上と利益）と無関係に株式での買いが売りを超過すれば、株価は上がります。6月8日までのNYダウは2万7570ドルへと、2月の2万8400ドルに対して97％回復したのです。6月末の株価は再びバブルの水準に戻っています。

古い時代からの格言「膨大な資金をもつ政府には抵抗するな」を投資家は守り、売りから一転して買いに出動したのです。政府・FRBによる緊急かつ巨大なマネー供給で、株を買い戻す原資になる現金が豊かになっていたからです。

テレワークとオンラインの買い物で利用が増え、業績が向上したGAFAは暴落前の株価をすでに超えています。GAFAとIT新興企業のナスダックの株価は1万20ポイントに上がり、暴落前の9750ポイントを超えたのです（6月8日：2000年のIT株バブルの2倍）。伝統産業は、ロックダウンで売上が消えました。GAFAとIT関連企業は真逆でした。

図3でわかるように、今回も日経平均はNYダウの縮小コピーでした。株価では日経平均を買うことは、NYダウと買うことと変わらない。NYダウを買うことも、日経平均を買うことと近い。個別銘柄の株は当然、この範疇ではない。しかし株価指数は類似の動きをします。

ところが6月12日（金曜日）に再び異変が起こりました。

FRBの「2021年、2022年もゼロ金利を続ける」という表明を投資家は「コロナは

２０２２年になっても収まらない」と解釈し、大きな売りがはいってＮＹダウは1日で１８００ドル下げました。これは6月8日までの買いが、「コロナの年内の収束」を想定していたことを示すものです。２０２０年は、コロナショックが株価を動かします。

〔**6か月先の織り込み**〕投資家はおよそ6か月先の経済と金融の予想される状況を「いま起こったものとして織り込んで」、言い替えれば予想した6か月先が実現したと仮定して、今日の売買を行っています（3か月先のこともあります）。

　これが、今日の株価は6か月先の経済・金融を織り込んでいるとされることです。3か月から6か月先の次期純益の予想を企業が発表した日に、その次期純益が実現したとして今日の売買を行われているのです。この織り込みのため、3か月後の決算利益が好調で実現しても、次の期の予想が思わしくないとき株価は下げます。

　北部イタリアに新型コロナが上陸し、まだ企業業績が落ちていない3月初旬に米国の投資家は3か月、6か月先の企業業績を予想して織り込み、3月の株価暴落（38％）としたのです。

　ＦＲＢの利下げのときもおなじです。ＦＲＢが利下げをすると発表した日から上がることが多くあります。実際に利下げがされたあとは逆になって、「もう次の利下げはない」として下げることがほとんどです。これが織り込みです。

　多くの投資家が織り込みをするので、株価は投資家集合が3か月から6か月くらい先を予想した結果を今日の株価にしています。

投資家が株を売買する目的は会社の経営への関与ではなく、売買の価格差の利益以外ではない。利益を得るには「他のひとより早く6か月先を予想して買うか売るか」をしなければならない。そのときの未来情報になるものが、3か月〜6か月先のファンダメンタルズになる、企業純益と金融の予想です。

〈**FRBがゼロ金金利の長期化を表明**〉投資家は6月12日のFRBの発表を「コロナは2021年も収まらない→6か月先も企業業績は悪い」として売ったのです。これがNYダウが1日で1800ドルという史上4番目の下げをした理由でしょう。

根底の理由は、投資家集合がコロナのあと株価の急速な回復に確信をもってはいなかったことです。ただし、ここまでは消えて記憶になった過去です。「過去の説明は貨車になってついてくる」。メディアやエコノミストの論評もこれです。

質問の要求は、「米国の投資家の60％くらいは20年冬に第二波があれば、3月の一番底（NYダウ1万8600ドル）より下がるとしていますが、そのとおりでしょうか。予想してもらえませんか」です。これは確率的な仮定に基づく必要があります。

今後の株価予想

政府・FRBは、今回の支援金を自社株買いに使わないようにと指導しています。「将来の税金を株主配当と経営者報酬の積み増し」に使うのは、支援の趣旨に反するからです。「自社株買いによる株価上昇」は、政府・FRBの支援がある20年、21年は小さく見ておいていい。これから1年の中短期の株価は4つのケースでしょう。

〔**ケース1**〕第一波より大きな第二波があり、大統領選挙（11月3日）の前後に再ロックダウンがあると、NYダウは一番底に近づくでしょう。一番底並みであり、それより大きく、たとえば50％下げになることはないと見ています。

・政府、FRBが金融機関と企業に3・3兆ドルのドルをすでに注いでいて、そこからの株買いがあること、

・「経験済みの二度目のショック」への心理の反応は、最初の衝撃より鈍くなることからです。第一波より大きな第二波になる確率は20％でしょう。

〔**ケース2**〕第二波が、第一波並みであるときも、①とほとんどおなじでしょう。これもおよそ一番底の再現です。この確率は30％と見ます。

〔**ケース3**〕第二波が第一波の半分くらいに小さいとき株価は下げず、30％くらいのボラティリティ（S&P500のVIX）の幅での、変動になっていくでしょう。確率は20％でしょうか。

〔**ケース4**〕感染が少なくなり第二波がなくなっていくと、金融相場の株価は上昇します。この確率は20％でしょう。

ケース1から4のいずれの場合も日本と同期したタイミングで、

・**22年末からの物価上昇、**
・**金利上昇、**
・**米国債の下落から、**

米国の対外デフォルトが懸念されるようになり、今度は金融危機の要因からリーマン危機とおなじような株価50％下げに向かうでしょう。金融危機は長引くからです。

以上が2022年（102週）までの当方の予想です。予想は人間の観念であるという本質をもち、すべて個人的なものです。客観的な予想は、新しい要因が出て消えていく複雑系の株価では原理的にあり得ません。金融機関、証券の関係者が雑誌などでわざわざ「個人的な見解」と断るのは変な習慣です。

・**短期売買は行ってもいい**と思います。下落も上昇も先物とオプションの売買から利益にできる可能性があるからです。
・**長期のバイ&ホールドは危険**と考えています。

2022年後半からの米国株価下落は事前に初期インフレ傾向の発現と、ゼロ金利からの金利の上昇でわかりますから、そのとき売ってしまって円の現金にしておくことです。
次の買いの機会は2022年冬からの財政破産のときです。新たな資産作りになる「底値買いのチャンス」として来ます。

長期的にいえば、世界は中国と米国ではっきり見える「ＡＩ産業革命」が発火点になった、経済の成長期に向かっているからです。ＩＴ化に遅れ、高齢化と人口減の空気が支配している日本では、経済・金融・マネーのデジタル化とＡＩ産業革命が見えません。

アベノミクスは、異次元緩和によって既存産業と官僚の既得権益の温存を果たし、世界で進んでいるデジタル技術イノベーションを見えにくくしてしまったのです。戦後の経済没落した英国に似ています。既存産業の保護は、新しい企業が担うイノベーションの抑圧にもなります。

「まぁ戦後の英国の没落程度なら、それでもいいか」とも思ってしまいますが、数年あと、１人当たり賃金で世界26位の韓国（３３２万円）に22位の日本（４４９万円）が追い抜かれるとしたら、どうでしょうか。

経済の果実とは企業所得、個人所得、資産増加以外にないのです。スイス、ノルウェー、マカオの世帯所得は日本の２倍です。ヒスパニックが多い米国でも１・５倍です。

Q09 米国の対外純負債と日本の対外純資産の今後はどうなるのか？

聞き慣れない「米国の対外デフォルト」とは、アメリカが海外からの借金を返済しなくなることですか。それって、どうなることをいうのでしょう。

米国の経常収支の赤字すら問題視されていませんが、どういうことでしょうか。国民は、米国の経常収支が赤字（輸入と所得支払いの超過）だから、日本からの輸出と対外資産が増えると聞かされています。米国の赤字は日本のためにいいことだというのです。

A 米国は日本と逆に、対外総負債37兆ドル（4070兆円）、対外資産27兆ドル（2970兆円）で、対外純負債が10兆ドル（1100兆円）の国です。1100兆円を海外から借りています。ただし米国は基軸通貨国であるため、対外負債がドル建てという特権があります。日本を先頭に海外が米国から買っている国債、債券、株、デリバティブはすべてドル建てです。このため米国はドルの金利が5%くらいに上がると、1年の海外への利払いが1・85兆ドル（203兆円）に増えて、利払いによって対外負債が一層増える過程になっていきます。

2019年には5395億ドル（59兆円）だった米国の経常収支の赤字が2兆ドル（220兆円）

に膨らんで、その支払いのために国債の発行が増加し、国債の金利が高騰するという「対外債務国の破産過程」にはいっていきます。企業や個人とおなじように利払いのための借金が増えていく過程が、最後に支払いができなくなる破産です。

2023年には世界的なインフレによる金利の上昇から、米国は対外負債と国債のデフォルトを余儀なくされるでしょう。現在、アルゼンチンで起こっていることです(20年5月23日から)。

基軸通貨国がもつ特権

ただし海外からの負債がドル建てという米国の対外デフォルトは、基軸通貨国であるため「ドルの切り下げ」という形になります。支払い不能やモラトリアム(返済期限の延長)をとらずとも、対外債務の価値を減らすことができるからです。これが負債の50%の踏み倒しである「2分の1へのドル切り下げ」です。高級にいえばドル切り下げ、実態は借金の2分の1のデフォルト、日常語で踏み倒しです。

世界一の軍事力をもっているため、この踏み倒しができます。日本やイタリアには、できない。もともと戦後世界がドルを基軸通貨にしたのは、「工業力+金準備制+軍事力」の総合パワーを世界が認めたからです。戦前の金為替制のポンド基軸通貨特権を失った英国の戦後没落が、このとき始まりました。金為替制とは金貨の代わりに、金準備性の紙幣を発行し国際通貨にすることです。明治期の日英同盟(1902年~23年)の日本は、英国のポンド紙幣を金とおなじものとして受け取っていました。

国際通貨として使われる基軸通貨国の米国は、

・対外負債がドル建て、

・対外資産は現地通貨建てという特権をもっています。

米国がもつ日本株（約100兆円）は円建てです。

ドルという外貨で借りる新興国とは、逆です。中国も2兆ドルの対外負債国です。

米国は、プラザ合意（1985年）のように、ドルの2分の1への切り下げという武器をもっています。プラザホテルでの為替合意も、米国の貿易赤字と対外債務の増加を原因とする国際協調でした。このドル切り下げで損をしたのは、貿易黒字のドルを外貨準備として貯めていた日本とドイツ、得をしたのが米国です。為替の調整は富の移転を行う経済戦争です。

1971年のニクソン大統領の金・ドル交換停止も、ドル紙幣との交換では金を渡さないという一方的な宣言でしたから、「米国の金デフォルト＝本質はドルの切り下げ」でした。米国は戦後2度、ドルのデフォルトをしています。その後、金の裏付けを失ったドルは、1ドル360円から250円台（1980年代）に下がったのです。90年代は150円から79円でした。2000年代は140円から76円、アベノミクス円安の2015年からは120円から105円です。債務国の通貨であるドルは、数十年の長期では下落する通貨です。

トランプは対外負債と米国債をデフォルトしかねない

トランプが強制する国際協調でドルが2分の1に切り下がっても、対外負債の37兆ドルはそのままです。一方、対外資産の27兆ドル（2970兆円）は、切り下がったドルにとって2倍の54兆ドルの価値になります。米国は一夜で、「対外資産54兆ドル－対外債務37兆ドル＝17兆ドル」の対外純債権国に変わります。これが世界が外貨準備として貯めている基軸通貨に備わる武器です。世界の中央銀行のドル準備は13兆ドル（1430兆円）ですが、これも半分の価値になります。

再選の可能性があるトランプ大統領は、世界の不動産・ホテル・リゾートを買ってきた借金王です。不動産価格の下落のとき、3回会社を破産させてきたので悪知恵があります。

不動産が下がって破産が多く出た1929年～33年の大恐慌の経験から、米国では銀行の融資に連帯保証人の制度が禁止されています。有限責任制度の会社の破産は、借金の踏み倒しになります。会社の借金は日本の中小企業とは違い、個人におよびません。なお日本でも上場大企業では、経営者個人の保証はないことが多い。

逆に対外資産1018兆円（9・3兆ドル）、対外負債676兆円、対外純資産341兆円の日本が、「2分の1へのドル切り下げ＝2倍への円高」から壊滅的な打撃を受けます。

その理由は、ドル建て対外資産が現在の1018兆円（1ドル＝110円）から1ドル＝55円では、半分の509兆円の価値に減るからです。2倍のドル安／円高で米国債や株が円にとっては

2分の1に下がることは了解できるでしょう。

日本の対外負債の676兆円は海外からの投資（日本株、国債、債券、不動産）です。これは円建てですから、金額は676兆円のままで減りません。

ドル建ての資産をもつ日本の銀行・生保・損保、海外生産の企業、そしてドル準備をもつ政府が合計で509兆円の資産を失って、銀行と海外生産の企業は回復できない損を蒙《こうむ》ります。

「ドル切り下げによる日本から米国への富の転移」は、ドル建ての対外資産が1018兆円の日本にとって円国債の暴落と財政破産並みの経済的な災害になるでしょう。

「対外純債務10兆ドルと大きな米国の得（550兆円）≒対外総資産1018兆円の日本の損（509兆円）」です。借金の多い武士が幕府の「徳政令」で得をし、代わりに貸した商人が破産した江戸時代の戯画とおなじです。徳政令は踏み倒しの合法化です。

米国ではこの徳政令が負債の超過企業に対する「チャプター・イレブン（会社更生法）」として合法化されています。裁判所が負債のカットを命じ、新たな出資者を探すのです。経営者はクビになって株は無価値になりますが、法人は資産とともに残ります。ドルの協調切り下げは、米国という国家に対するチャプター・イレブンです。

ドイツ政府は破産間際のドイツ銀行に対し「ベイルイン（損失の株主負担）」として、これを考えているでしょう。「ベイルアウト」は政府からの銀行救済です。欧州では、ユーロ（19か国）の富裕者のドイツ国民がベイルアウトを嫌っています。日米はベイルインの発想です。

中国では、もともと社会主義銀行（モノバンク：国有銀行）の支配者が共産党政府です。「銀行＋理財商品」からの総融資（2000兆円）の20％と想定できる不良債権の認定もしていません。なお中国では人民元（毛沢東の肖像画）の偽札が20％は出回っているとされます。電子マネーへの移行が進んだ理由がこれです。中国の商店には、偽札リスクがあったのです。

Q10 政府が財政破産する前後の投資（投機）はどうなるのか？

財政破産や対外デフォルトが間近になると、その国の株価は暴落すると思います。国債をデフォルトしたアルゼンチンでは、1日で株価40％が下がったということです。財政破産や対外デフォルトのとき、またはそのあと株式投資はどうなるでしょうか。

A 端的にいえば、コロナショックのあとに株の底値買いのチャンスが訪れます。そのときのために、株は売り払って現金にして機会を待つことです。

歴史でいえば、ロスチャイルド家は、戦争のあとのバブル崩壊や19世紀資本主義の恐慌のとき、株と国債を底値で買って資産を膨らませています。これとおなじ方法です。

政府の財政破産、あるいはその可能性が濃くなったときは、銀行預金の引き出し制限が行われることがあります。本書で述べたギリシャがそれでした。その気配があれば、株を売って得た現金は、①仮想通貨に換えておく、②金に換えておく、③絶対に破産しない国家スイスのスイスフランを買っておくことが推奨されます。③のスイスフランの預金、スイスフラン国債、社債、金のポートフォリオ（分散投資）がもっともいいでしょう。なおスイスフラン建ての預金は、日本のMUFGでも行うことができます。

下げ相場のチャンスを逃さない

財政破産や米国の対外デフォルト（ドルの切り下げ）は、事前にそのタイミングを知ることができます。株価のおよそ1か月間での底値もわかります。商業用不動産と住宅も、現在の田舎の邸宅のように捨て値に下がります。そのときは、あり金をはたいて株（日経平均、TOPIX、ダウ、S&P500の指数株）や不動産を買っておけばいいのです。既存産業が潰れたあと、世界はAIを利用する産業の生産性革命に向かうことはすでに決定していますから、1人当たり生産性が上がり、GDPも次元の違う成長の時期に向かいます。

恐慌は毎回、戦後のように「資産家と所得富裕者を世代交代」させていきます。恐慌は冷静に見れば、経済が内包する強制的な新陳代謝の機能です。日本の2000年代は政府（経産省）が失業を出さないためにゾンビ企業を救済してきたので（海外紙だけが指摘しています）、新陳代謝がなく、成長が低くなったのです。

理由は、救済のコストが全体に広がるからです。企業寿命30年（1世代の社長）は、近代資本主義の原則でした。1990年からの現代資本主義では政府からの救済が行われ、不良債権霧のように拡散させ、GDPの成長を低下させせました（この指摘は日本では皆無ですが海外の経済紙では行われています）。リーマン危機の金融機関も政府とFRBが支援せず、破産させておけば、その後の金融バブルというコストを生むこともなかった（救済された米国金融ではこの論は皆無です）。

以上、冷静な経済合理の視点に立つと、ロスチャイルド家の当主のように、恐慌を待つ感覚が生じるでしょう。シェークスピアが『ベニスの商人』で描いた、冷たい目をもっているのがユダヤ人のロスチャイルド家と、現代の富豪ウォーレン・バフェットです。ベネチアとイタリアの金融では、今もユダヤ人富豪が多くいます。米国投資銀行の資本家であり、FRBの資本も投資銀行を経由してもっているロスチャイルド家（世界金融の奥の院）の運用部隊がヘッジファンドであり、いまは90歳のジョージ・ソロス（ユダヤ人）はそのうちの1人でもありました。

通貨・株の暴落のとき

ジョージ・ソロスはアベノミスク円安（政府方針）の円の先物売りで、1000億円の利益を得ています。1ドル＝80円のとき円先物を売って1ドルで120円を買い戻すと、1ドルに対し

40円（40％）の利益が出るからです。

なおここで書いているドル切り下げの前にドル先物を円で買って、その後に売れば、おなじ利益が得られます。金融の利益のチャンスは、下げるときも上がるときもあります。

肝心なことは「半年先の予想」です。ドル債をもつ金融機関も、日本の対外資産を壊滅的に減らす米国のドル切り下げを甘受することはありません。10億ドル、100億ドルの先物売りで反抗すればいい。ドルが下がる利益を得ればいいのです。

プラザ合意のとき、銀行の貸付担当だった友人に100万ドルの外貨ローン（インパクトローン）を打診し、担保は円預金を差し入れるが……と申し入れたことがあります。回答は、「通貨投機の資金は、出せないんですよ」ということでした。実現していれば、無資本で約1億円の利益でした（あとの祭り）。

いまなら最大25倍のレバレッジ（信用乗数）がかかるFX（外為証拠金取引）があります。インターネットから申し込みできます。400万円の証拠金で最大90万ドルの売買。通貨、株価、金利、国債価格が大きく動くとき「予想」の価値は高くなります。

多くの場合一方向に動く下げ相場のときは、富裕になるチャンスが転がっています。3月の暴落のあと、インターネット証券の口座開設申し込みに証券会社が対応できないくらい増加しています。

歴史では、恐慌と大きな下げ相場が富裕者の世代を交代させてきました。株式の短期利益は、「保有株が下がるロングの損＝先物売りのショートの利益」だからです。先物や差金取引（ＣＦＤ）は、世界中からインターネットで簡単にできるようになっています。こうしたインフラこそが変化を促すのです。

Q11 これから有利な長期投資は何か？

株価の長期バイ＆ホールドが資産を減らす危険が大きいなら、長期で有利な投資はどこにあるのでしょうか。

A 複雑系の経済・金融的な未来は、不確かであり確率的なものです。しかしそのなかでも、経済の基礎的な決定要因になる人口構成の変化のように、30年先までの未来が決定しているものがあります。アフターコロナとして決定した未来は、世界１６７か国の中央銀行が２年あるいは3年、信用通貨の増刷をし続けることです。しかも歴史上最大に。中央銀行のマネーが政府紙幣になってしまうくらいの「マネーの増発」が決定しています。

図4　米国のマネーサプライと金価格の長期比較(1975〜2019)

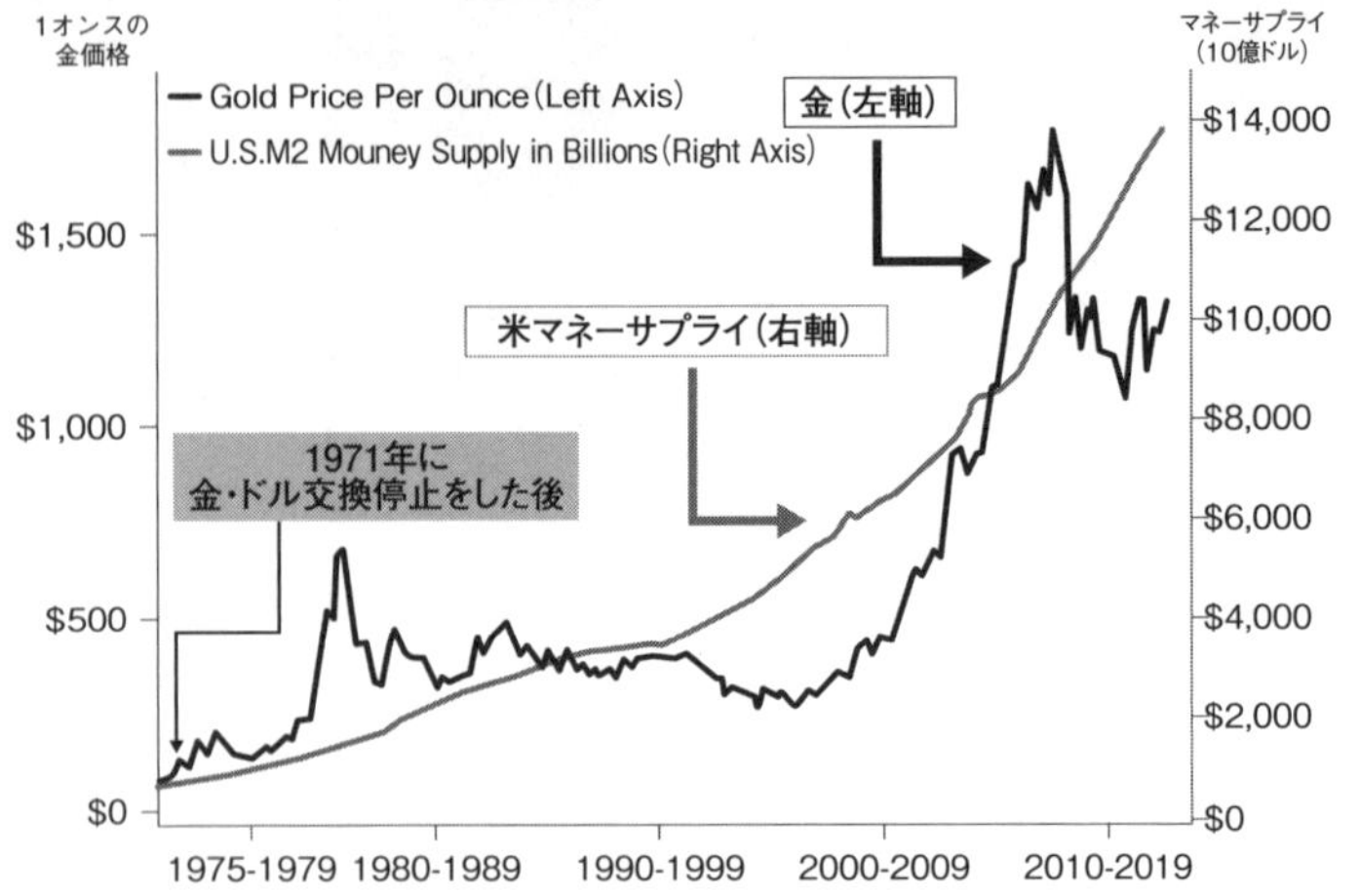

Pest performance does not guarantee future results. Source Bloomberg, U.S. Global Investors

金の出番がやって来た！

これまで著作ごとに1章を使い、信用通貨の価値の下落と、それぞれの時点からの金価格の長期トレンドでの上昇を数値の根拠を示し描いてきました。コロナショック対策としてどこまでも増える方向が決まった（未来が3月に確定した）世界の信用通貨に対し、いま「金」の出番が来ているように見えます。

本書では図4として、「金価格の長期での本質」を表す1枚のグラフを掲載します。

米国のマネーサプライ（M2：世帯と企業の預金＋現金）と、1オンスの金価格の相関グラフです。元のデータはFRBが作っています。ここでは1972年（金・ドル交換停止後）から2019年までを載せました。

これでわかるように増加してきた米国のマネー

サプライと長期では正比例して、金価格は1971年の1オンス35ドルの公定価格から2019年末の1400ドル（左軸）に上がっています。48年間で40倍（年率平均8・0％上昇）です。（注）20年6月21日は、そこから321ドル上がって1721ドルです（1月から6月までに23％上昇しています）。

一方、FRBのドル増刷が元になるマネーサプライも、2019年の14兆ドル（1540兆円）にまで46倍になっているのです。年率の平均では、金価格とおなじ8・5％です。金価格は、「長期では民間のドル預金＋紙幣の総量（＝マネーサプライ）と正確に比例して上がってきた」といえます。短期では比例していない時期もありますが、長期では一致しています。

金の先物価格はNYとシカゴの市場で米ドル建てで決まり、日本の金の現物価格には「ドル／円」のレートで変換し、消費税の10％と金商社の小売りマージン（1％程度：在庫保管料に相当）を加えたものです。金ETF（金証券：上場投信）は、株とおなじように消費税がかかりません。証券である先物はドルベースで米国とおなじ価格です。

金価格が長期では米国のマネーサプライの増加と一致してきたのは、投資家と世界の中央銀行がリーマン危機のあとの2010年から、「金をドルの反通貨」と見ていることが理由です。

信用通貨のドルは、いくらでも増刷できます。しかしFRBは金を生産することはできません。金の地上の在庫は総量で18万トン（プール3杯分）しかないとされ、1年の生産量は携帯電話などを溶かしたリサイクルの1000トンを入れても4300トンくらいが限界です（1年に在庫の2・3％が増える勘定）。

また世界の金鉱山は年々枯渇していて、コストが合って採掘が可能な金は世界中で5万トンとされています。1年に平均3300トンが現在の採掘量ですが、このままでは15年で枯渇します。金鉱石1トンからとれる金が3グラムから5グラムに減っているため、世界の産金コストの平均は1オンス1300ドルと高くなっています（管理費を含む）。現在、世界一の金生産は南ア（7位）、ロシア（3位）、米国（4位）、豪州（2位）ではなく中国です（426トン：2017年）。

地金の金の増加は、1年に地上の金の在庫（個人、金商人、鉱山、宝飾品、電子部品）の2・3%という限界があります。一方、信用通貨のドルは年間8・5%増えてきました。このため中央銀行からドルの反通貨とみなされるようになった金が年平均8%上がったのです。マネーサプライの発行量の増加と金価格の長期上昇は、今後も正比例すると断言ができます。

新興国の通貨信用は低い

新興国の中央銀行は自国の国債の信用が低いので、「基軸通貨の米ドルとゴールド」を準備通貨（信用通貨の担保）にして、その準備通貨額に対応する金額の信用通貨を発行しています。その最大手国が1994年から経済を開放した中国です。

あまり知られていないことですが、中国は経済を開放した1994年以来、米ドルを準備通貨として人民元を発行しています。中国の国債は、国際的な信用が低いからです。その証拠に金利が5%と高くても、海外から中国の国債を買う投資家はいません。円国債、米国債、ユーロ債は海外でも信用がありますが、人民元国債は世界からの信用は低い。

中国が海外から輸入するには人民元でドルを買って、ドルで支払わねばならない。「人民元でドルを買う」ことは「人民元売り／ドル買い」です。元を外貨と交換するには、国際的な信用の低い中国国債では人民元の担保としては足りない。このため人民銀行は貿易黒字で得た米ドルの外貨準備（3・1兆ドル：330兆円：2020年）を担保にして、元の外貨との交換性を確保したのです。これは海外との輸出入を解禁した1994年からでした（鎖国の開放：5つの経済特区は、長崎の出島を大きくしたものでした）。

ドルを自国の通貨発行の準備通貨にしているのは、実は中国だけではない。サウジ、ロシア、アジア・中東にも多くあります。目的は「輸入代金の決済」です。新興国に輸出する国は、代金としてドルしか受けとらないからです。輸入代金の支払いのときは、「ドル買い／自国通貨売り」をしなければならない。自国通貨を売るには、国際的な「通貨の交換性」が必要です。これが国債信用の低い新興国がドルを準備通貨にして、ドルを担保に自国通貨を発行する理由です。

日本の企業も中国に輸出するときは人民元を受け取らず、ドルを要求します。あなた自身もロシアのルーブルや人民元では、商品を売ることはしないでしょう。銀行でルーブルや元を円に交換しても（ルーブル買い、元買い）、リスクをカバーする高い手数料をとられます。元やルーブルの円への交換は拒否されることも多い。交換されても、交換手数料は闇レートのようにバカ高い。

世界の通貨でいくらでも自由に外貨と交換できる「ハードカレンシー」は、①米ドル、②

ユーロ、③円、④英国ポンド、⑤スイスフラン、⑥豪州ドル、⑦カナダドルの7か国の通貨だけです。普通の時期は、これらは安定した為替レートの範囲で動いています（何らかの危機のときは大きく動きます）。

GDPが世界2位で2016年からIMFの準備通貨にされていても、人民元は自由には交換できません。他の新興国190か国の通貨も当然、外貨との自由な交換ができません。世界の外為銀行が新興国通貨の在庫をもたず、ごく限定した交換にしか応じないからです。現在の円だけから世界の信用通貨を見ていると、新興国の通貨は見えません。

円も、日本が一流国として世界に認められていなかった1970年代までは、「円と外貨との交換の制限」があったのです。当方が1980年ころはじめてグアムに行ったとき、個人では5万円がドルとの交換リミットでした。4日の滞在で5万円しかなかった。安宿に泊まることとしかできません。食後の1ドル（当時のレートは250円）のコーヒーを頼むのに、財布を確かめる勇気が必要でした。クレジットカードはもっていなかった。約50年前のセピア色の過去です。

金・ドル交換停止のあと、中央銀行の金放出

「金・ドルの交換」が米国から一方的に停止された1971年から2010年までの40年間、世界の中央銀行は1年に400トンから500トンの金を放出していました。中央銀行から40年間

で1万6000トンから2万トンが民間に流れたのです。この金の放出が、2010年までの金価格を大きく上げなかった原因です。金価格も当然、需要と供給の関係で価格が決まります。

前掲図4に示したように1980年から2010年までの30年間、金価格は米ドルのマネーサプライの直線的な増加より低いところにありました。これがマネーサプライを追いかけて大きく上がったのは、2010年からです。上昇の原因は、2010年まで金を売ってきた世界の中央銀行が合計で600トンの買いに転じたことでした。400トンの金の放出から平均500トンの買いに転換すれば、金市場では地金の900トンが不足します。需要に対する金供給の不足が、2010年からの価格を上げたのです。2010年から世界の中央銀行でもっとも多く金を買ったのは中国です。

なぜ新興国の中央銀行がリーマン危機（米国の金融危機＝ドル危機）のあと、世界中から金を買い集めたのか。理由がわかりますか？　ふたつの要因があります。

①新興国の中央銀行は、ドルと金を信用通貨の価値の裏付けになる準備通貨として保有していること。

②米国の金融危機（リーマン危機）とはドル危機でもあります。FRBはこのとき3回のQE（量的緩和）として、信用通貨のドルを4兆ドル増刷したのです。この増発によってドルの1単位の「絶対価値＝1単位の基本の購買力」は下がったのです。

GDPに対しての通貨の増発量が、その通貨の絶対価値の基本を決めるものです。実質GDP

の増加が2%、マネーサプライの増加が8%の場合、マネーサプライ1単位の基本購買力は、「1・02÷1・08＝94%」に下がっています。しかしこの「絶対価値＝1単位の基本の購買力」の変化は相対的な為替レートでは見えにくい。

円とドルがそれぞれのGDPに対し、おなじ割合で増刷されると、「ドル／円」の基本的な交換レートは変化がないように見えるからです。増刷できる信用通貨の間の為替レートは、異なる通貨の間の「相対価値」しか示しません。お互いの価値の尺度は、ゴムのように伸び縮みしています。これが1971年の金・ドルの交換停止のあと、スミソニアン体制崩壊の1973年からの「変動相場」です。1973年まで各国の通貨は、金と公定価格で交換ができるドルを中心にする「固定相場」でした。固定相場では、金とドルが通貨の絶対尺度でした。

次の図5に変動相場体制でのドル、円、ユーロ、人民元（1994年から）「実質実効レート」を示しています（作成元は日銀）。

「ドル／円」の通貨ペアでのレートは、ドルと円の相対的な交換レートしか表しません。聞き慣れないひとが多いかもしれない図の「実質実効レート」は、世界の通貨バスケットの加重平均に対して各々の物価上昇率を加味し、2010年を100として各国の通貨レートの指数がどう推移してきたかを示すものです。

「実質実効レート」からは、世界の通貨平均に対して、その国の通貨の実効価値が高くなったか、安くなったかの推移がわかります。グラフはそれぞれの通貨、購買力という通貨価値を高めているかどうかを世界の通貨平均に対して示しているのです。具体的には、A国の通貨が世界の通貨平均に対して価値が高まったか、価値を減少させたかということです。

GDPに対するマネーサプライの増加の度合いも、実質実効レートから見えます。

①中央銀行と銀行からのマネーサプライの供給度合いがGDPに対して大きな通貨は、実質実効レートが下がり、

②マネーサプライの増加の度合いがGDPに対して小さな通貨は、実質実効レートが上がります。

つまり増発量の大きな通貨が1単位の実質実効価値を下げるのです。これが通貨安の本質です。

アベノミクスとして日銀が異次元緩和を行い、GDPの80%に相当する400兆円が増発された円は、図5の実質実効レートで2013年の105から2年後の15年には70へと34%下げています。400兆円増発した円1単位の価値が、世界の通貨平均に対して34%下がったことを示すのです。

①米ドルを見ると、2002年が130くらいと高く、2010年には95付近へと0・73倍に下がっています。

②一方、人民元は2004年の83から2015年には130へと1・56倍に上がっています。この間、1ドルの実効実質価値は1元に対して「0・73÷1・56＝0・47倍」に下がったのです。

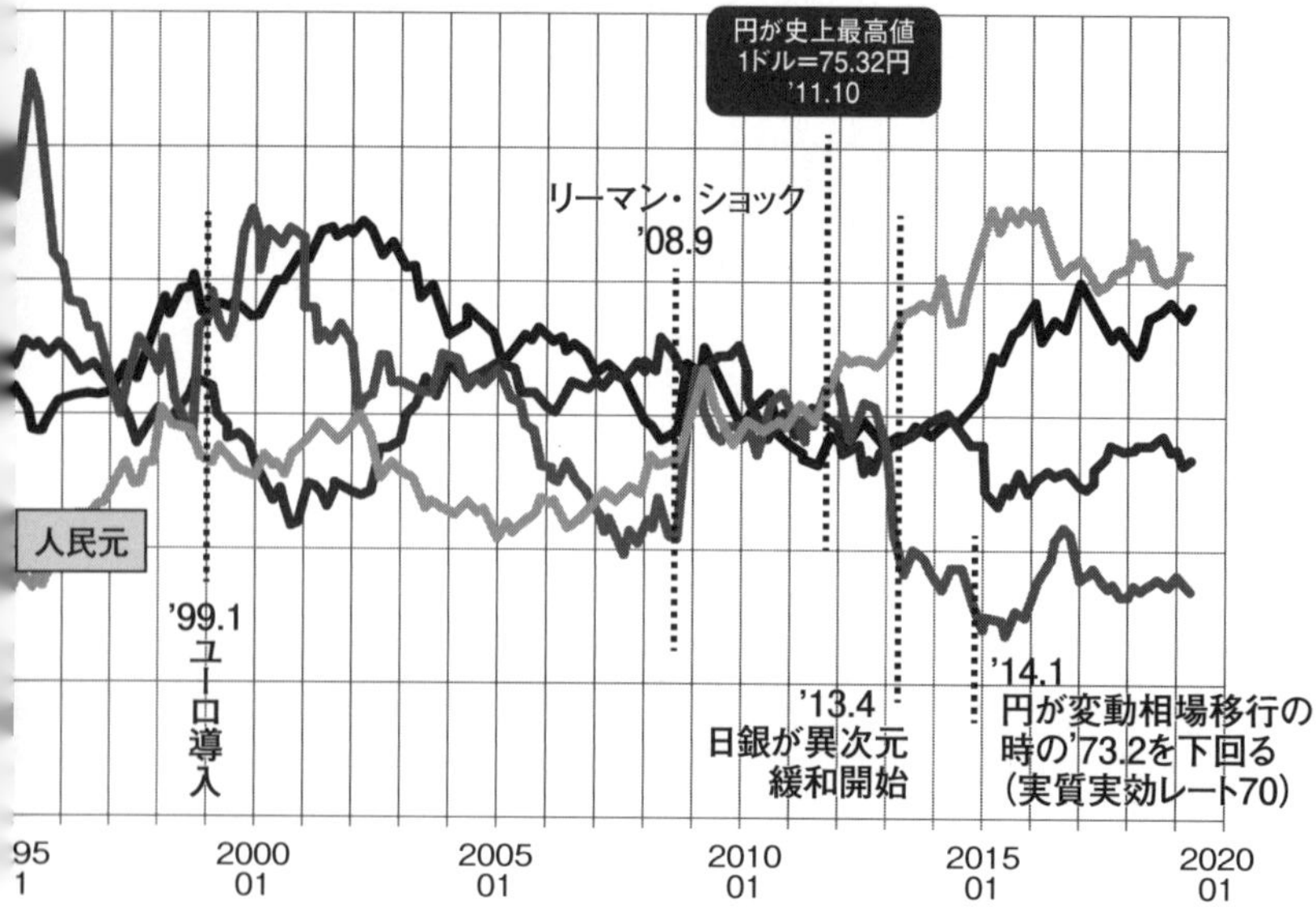

（資料）BIS（国際決済銀行）HP、毎日新聞2014.12.19（年表事項）

人民銀行はドルを準備通貨（信用の担保）として、政府紙幣の人民元を発行しています。ところが準備通貨のドルが人民元に対して0・47倍に下がっています。おなじ金額のドルを準備通貨にしていると、100%の準備率なら人民元の発行を47%に減らさねばならない。これは実行できることではない。人民銀行が人民元の発行量を47%に減らせば、強烈な金融引き締めになり、マネー不足からデフレ型の恐慌になるからです。総預金が半分に減った企業と世帯を想定すれば、購買力が2分の1になることがわかるでしょう。

図5　ドル・ユーロ・円・人民元の「実質実効レート」

実質為替レートの推移（日本・米国・ユーロ圏・中国）　（2019年4月まで）

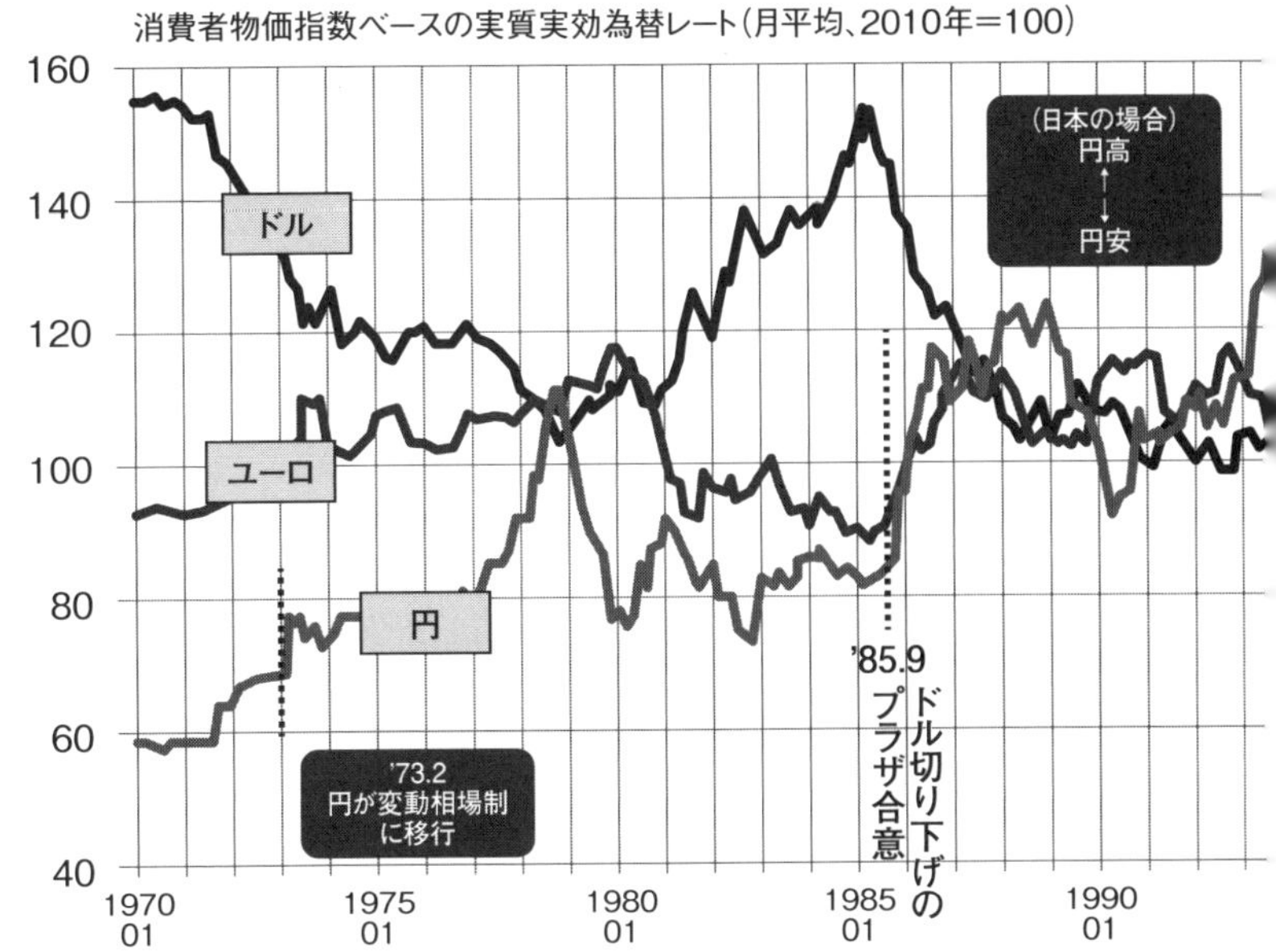

（注）対象バスケットはブロードベース（58か国）。ただし1993年以前はナローベース（27か国、中国を含まず）に接続。

実質実効レートが人民元に対して47%に下がった米ドルに対し、2000年から逆に約3倍の価格に上がったのが金です（前掲図4）。そこで人民銀行は下がったドルを補うものとして、リーマン危機のあとの2010年から下がるドルの代わりに金を買って金準備を増やしてきたのでしょう。

人民銀行の公式バランスシートには、この金の買い増しは出ていません（1年に1000トンくらいを輸入し、国内で400トン以上を生産）。しかし人民銀行は国有銀行であり、政府が資本をもっています。政府が金保有を増やせば、人民銀行が金を増やしたこととおなじです。

中国政府は、なぜ2010年から金を1000トン（世界の産金量の4分の1）輸入してきたのか、その目的を一切明言しません。政府が金を買うのには目的があります。中国政府の政策では、政府がいわないことにこそ重要な意味が隠れています。（注）中国は世界一の産金国ですが、金の輸出は厳重に禁じています。

中国の金輸入のデータが示すのは、
・人民元の準備通貨のドルが人民元に対して47％に下がって担保不足になるので、
・政府が金を買ってドルの相対価値の低下を補ったことです。
中国政府の「金買い」の目的は、ドルの下落に反比例して価格が上がる性質がある金を米ドルの下落を補う準備通貨にするためでしょう。2010年からの金価格は、中国を先頭にドル準備で自国通貨を発行してきた新興国の金買いによって上がったのです。2010年には1オンス（31・1グラム）が1050ドルだった金価格は、3年後の2013年に1800ドル（1・7倍）へと上がっています。

ドル基軸通貨体制に反対する中国

中国は世界でただ1か国、ドル基軸通貨体制に対して正式に不満を漏らし、「国籍のある通貨ドルではなく、無国籍のIMFのSDRを国際通貨に」と2009年のG20（20か国蔵相会議）

で正式に提案しています（当時の周小川人民銀行総裁）。

外貨準備として貿易の黒字から3兆ドルも貯めたドルの下落に困っていたからです。日本政府・日銀・民間銀行は、ドル以外の基軸通貨は想像すらしたことがないくらい、米国に飼い馴らされています。中国とロシア、そして世界の新興国はその点が違います。長期では3分の1に下落してきた米ドルに不満をもっているのです。

ドイツは1985年のプラザ合意から、ドイツがもつドル外貨準備が2分の1に下がって損をしたあと、1990年からEU諸国に10年をかけて諄々《じゅんじゅん》と呼びかけ、「欧州諸国間の貿易にアメリカの米ドルを使うのは変なことではないか」として19か国で地域統一通貨ユーロを発足させています（1999年）。ドイツの政策にはいつも反対するフランスも、このときは賛成しました。

欧州は、1999年から英国とスイスを除いて「ドル圏」から離脱したのです。ドイツに資金援助を無心する経済力が弱い南欧（イタリア、スペイン、ポルトガル、ギリシャ）が混じったユーロと、赤字国の通貨であるドルをスイスは格下の通貨と見ています。英国はもともとドルの分家です。

1000兆円以上の対外資産をドル建てで所持してしまった日本には、通貨戦略が皆無です。憲法も米国が押しつけたこの国では、政府だけでなく、国民と民間銀行もドル基軸通貨が永遠に続くと見ているのでしょう。

米国が対外債務を事実上デフォルトし、ドルが切り下げられれば、79年間のドル基軸は終わっていくでしょう（2023年ころから、その可能性が生じています：後述）。

現在のドルは英ポンドが通貨の価値を維持できず、基軸通貨ではなくなった戦後に似ています。戦後の英ポンドは1ポンド＝1000円でした。今日は135円です。79年間で7・4分の1に下がっています。

戦後の1ドルは360円でした。79年で3分の1に下がっている幻想の通貨がドルです。あと半分下がると、英国のポンドとおよそおなじ6分の1です。6分1の相対価値に下がったドルは軍事力を背景にする政治力が世界一であっても、もっとも価値が高いものでなければならない基軸通貨ではあり得ません。どこまでもドル基軸を支持するのは日本・英国・カナダ・豪州と、アメリカの裏庭の中南米だけでしょう。

世界の通貨は5G通信での固定レートの仮想通貨化をはらみながら、

①ドル圏（米国＋日本＋英国＋豪州＋南北アメリカ：40％）、
②ユーロ圏（ユーロ＋東欧＋中東＋ロシア：30％）、
③人民元圏（中国＋アジア＋シルクロード＋アフリカ：30％）

の三極に向かっているように見えるのです。

戦後79年のドル基軸体制は長すぎます。元大蔵大臣で世界的な構想をもち、戦後ドル基軸を決めたブレトンウッズ会議（1944年）の英国代表ケインズが生きていたら、どう考えるでしょう。ケインズは無国籍通貨のバンコールを提案したのです。国籍があると、ドルのようにその国の財政と経常収支で交換レートが動くからです。

無国籍の国際通貨はIMFの通貨バスケットSDR（特別引き出し金）のようなものです。1SDRはいま162円です。世界の政府と中央銀行間の通貨です。

通貨は人工のものであり、①価値保存、②決済、④価値の尺度の3機能があり、偽造ができず、人々が通貨と認めれば何でもいい。国籍と資産の根拠がないビットコイン（暗号資産）から、マネーの本質的な機能が世界中のひとに理解できたことでしょう。

「政府や中央銀行が発行しなくても、1単位の価値を下げない発行量の規律があれば、通貨になり得る」これが仮想通貨が証明したことでした。フェイスブックの「リブラ」、アマゾンやグーグルが発行するものでもいい。トヨタ、ソニー、NTT、JRが発行してもいいのです。リーマン危機のあとドル、円、ユーロは、同時に発行の規律を失ってしまいました。

2020年のコロナショックは電子マネーを発行する銀行までを作る戦略的な構想力があれば、インターネット時代の新しい通貨の歴史を作るかもしれません。通信に手を出しているソフトバンクは通貨構想をもっていないでしょうか。世界の銀行はゼロ金利で利益を失い、政府の支援に頼るようになっています。

20年というスパンで見たとき、既存の銀行のビジネスモデルには将来がありません。ゼロ金利で赤字化し、支店を閉じている銀行からうかがえることです。電子マネーの財布の機能をもち、金庫の役割も果たす携帯電話は、マネーのテクノロジー・イノベーションの起爆剤になっていく

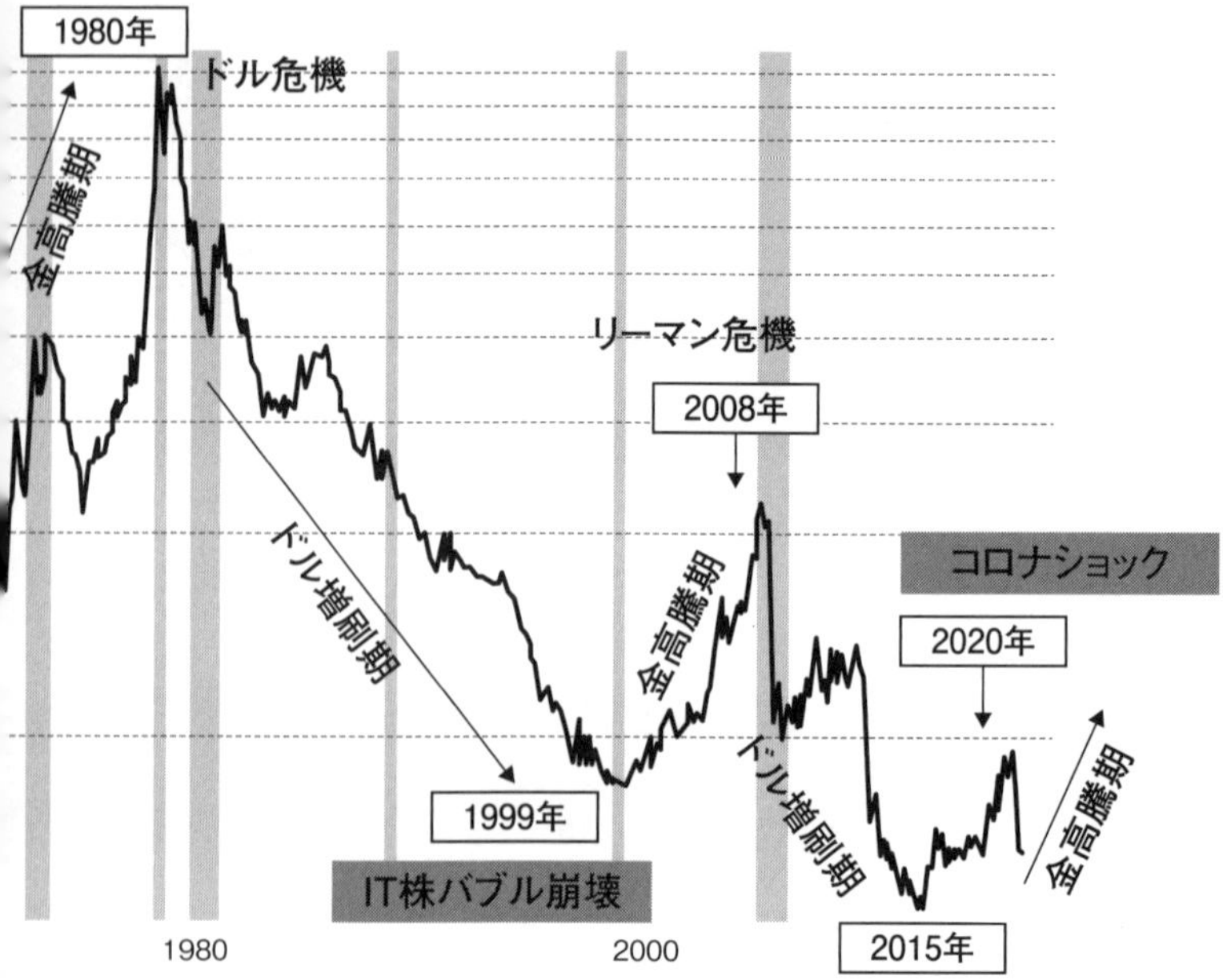

でしょう。

金レシオで見るドル1単位に対する金価格

図6はFRBが作っている「金価格÷マネタリーベースの発行高＝金／マネタリーベースレシオ：GMR」の107年の推移グラフです。ほとんどの人が見たことがないものでしょう。このグラフの意味も、「信用通貨の本質」への省察がないと、わからないかもしれません。

「マネタリーベース」は中央銀行が、国債・債券を買って銀行に発行した通貨額です。中央銀行の当座預金の口座にある金利ゼロの預金（所有者

図6　GMR：金／マネタリーベースレシオ（1913年〜2020年3月）

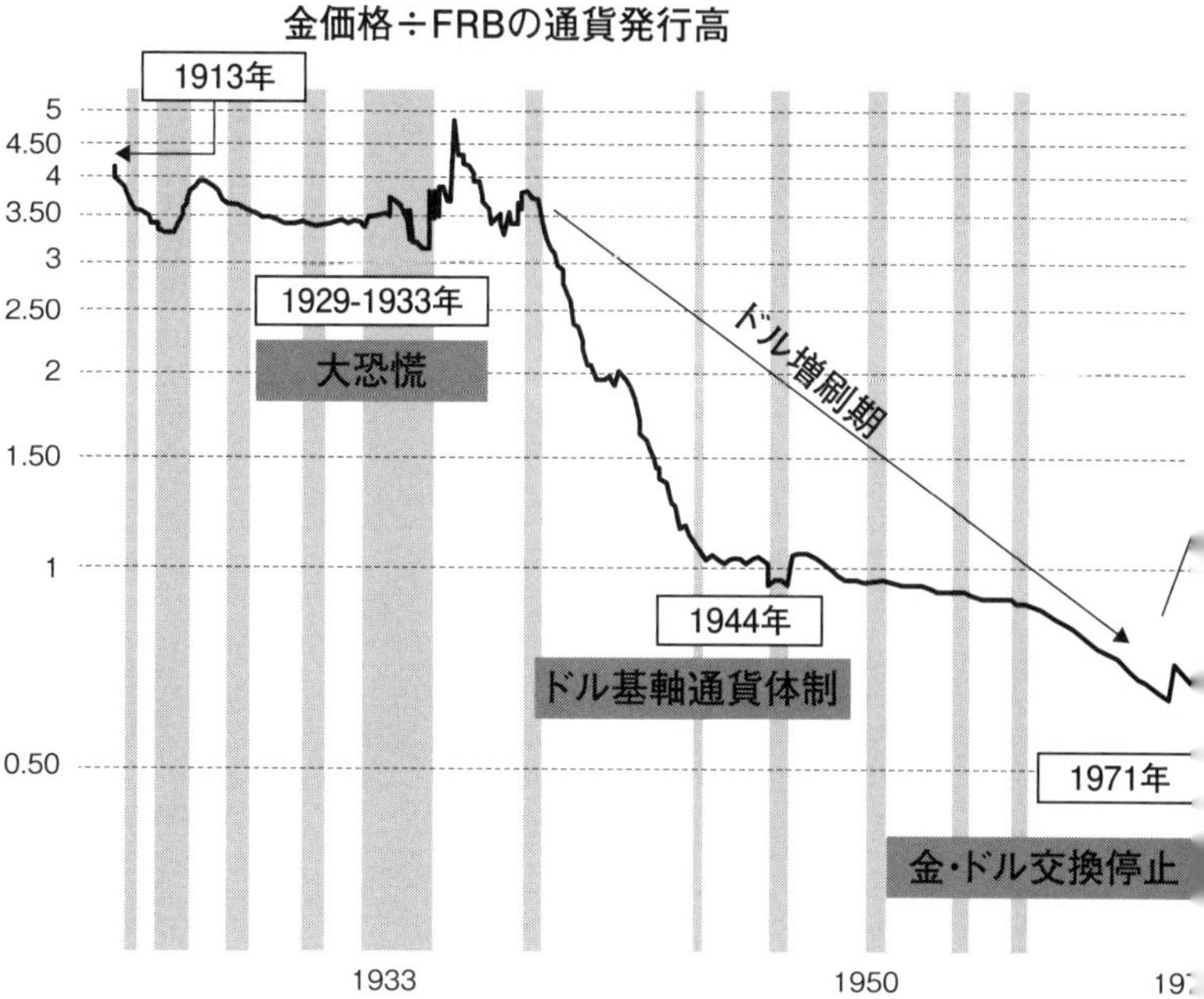

は銀行）、および現金紙幣からなるものです。当座預金は銀行間、および中央銀行と銀行の決済に使われる口座です。

ＦＲＢがドル・金本位制として設立された１９１３年から現在まで１０７年です。そのＦＲＢが、金価格と信用通貨になったドルを対照しているのは興味深い。金価格を上げてきたのは、ほかならぬＦＲＢのドルの増発ですから。

現時点では１オンス（31・1グラム）が１７００ドル台と高く見えても、１００年のドル増発のトレンドであるＧＭＲの金レシオに照らせば、破格に安いことを示すためでしょうか（円では１グラムが６５００円台）。

ＦＲＢの目的と意図は不明です。グラフは公開されています。何らかの意図がないとは思えないのです。https://www.macrotrends.net/2485/gold-to-monetary-base-ratio

「金価格÷マネタリーベースの発行高」が金レシオです。ＦＲＢが増発を続けてきたドルの量に対して、このＧＭＲでの「金価格レシオ」が十分に上がらなかったときは、右肩下がりのグラフになります。上がったときは、右肩上がりです。

【第一期：１９３３年から１９７１年】 １９３３年の大恐慌の末期から１９７１年の金・ドル交換停止の時期まで、金の価格はＦＲＢが決める「公定価格」として固定されていました（22ドル〜35ドル）。一方、ドルは毎年、増刷されていました。この１００年間、ＦＲＢのマネタリーベースが減った年はマレです。マネタリーベースを絞ると、金利を上げるより強い金融の引き締めになり、物価は下がって失業が増え、不況になるからです。

ドルの継続的な増発のため、図のＧＭＲの金レシオは１９３３年の３・50から、71年の０・５まで７分の１に下がっています。１９７１年まで、金はＦＲＢの公定価格（ＦＲＢがドルで売買する価格）で固定されていました。一方でＦＲＢは、マネタリーベースを増やし続けたからです。金価格に対して７倍のマネタリーベースになったことをＧＭＲのグラフが示しています。

【第二期：金・ドル交換停止のあと「金レシオ」と金価格が高騰：１９７１年から１９８０年】

1971年の「金ドル交換停止」は転換点でした。増発したドルを金と交換する要求がフランス・ドイツ両国から増えたから行われたものです。2万4000トンあったFRBの金準備が枯渇の恐れがあったため、当時のニクソン大統領が突然、金・ドルの交換を停止する大統領令を出したのです。

1973年からはドルは金から切り離された信用通貨になり、金は市場の売買でその日の価格が決まる自由価格になって買いが増えて高騰します。7年後の1980年には、FRBが増やし続けたマネタリーベースに対し、GMRの金レシオは0・50から4・5まで9倍に上がっています。マネタリーベースに対する金価格が9倍に上がったという意味です。1980年の実際の金価格は、1オンス＝800ドルに高騰しました（31・1グラム：金貨1枚分）。1971年には35ドルだった金の市場価格は9年間で23倍に上がったのです。

ところが1980年の金価格高騰のあと1999年までの20年、金レシオは4・50から0・4まで下落しています。金価格は800ドルから300ドル付近に下がったのです。

【第三期：「金レシオ」と金価格がともに下落した20年：1980年から1999年】 ドルは引き続き増刷されています。なぜ金レシオが80年代から90年代の20年間で11分の1に低下したのか？

金に対する米ドルの絶対価値が11倍に上がったのか？　そんなはずはない。FRBはドルを増刷し、マネタリーベースは20年間、増えていたからです。

「金・ドルの交換停止」をしたあとの70年代は、ドルの価値が急落した時代でした。外貨としてドルしか見ていなかった日本からは、何が起こっているかわからなかった。しかしヨーロッパでは店舗がドルの受け取りを拒否するくらいだったのです。ドルの価値が下がっていたからです。ドルの価値（購買力）を保証していた金と切り離されたドルは、国際通貨（基軸通貨）の位置を事実上、滑り落ちていました（1971年～1980年）。

このとき米国に特権をもたらすドル基軸通貨を維持するため、FRBは戦略的な方法を採用します。1973年から自由価格になった金は、市場の需要と供給で価格が決まります。金価格が800ドルと高い水準を続ければ、ドルが信用されなくなっていく。FRBは金を下落させるため、市場に金を供給する方法をとったのです。しかし1万トン以下に減ったFRBの金はもう減らせない（2019年のFRBの金保有は8133トン：WGCの統計）。FRBはブリオンバンクにリースしました（金の販売を許可された銀行、米国の投資銀行に多い）。

金の売買を行うブリオンバンクは、FRBからリースされた金を市場に供給する。その供給により、金価格を下げることがFRBの目的でした。

【1980年代の反ゴールドキャンペーン：金価格の暴落】金価格を下げる戦略をFRBは密かに「反ゴールドキャンペーン」としていました。金をもつ英国とスイスの中央銀行も加わって、

市場に金を放出したのです（ロスチャイルド家のエージェント、フェルディナント・リップスの記述に基づく。抄訳『いまなぜ金復活なのか』：原著Gold War）。

1981年から98年まで18年間、「反ゴールドキャンペーン」が続きました。その結果、98年の金価格は1オンスが294ドル、1980年のピークの1オンス800ドルから2・7分の1に下がったのです。当時の金融市場では、「金は死んでしまった。生き返ることはない」といわれ、99％の投資家は見向きもしなくなっていたのです。

図6でマネタリーベース（FRBの当座預金＋紙幣発行高）の金額に対する金レシオ、つまり「金価格÷マネタリーベース」を見ると、1980年の4・5から1999年には0・4まで11分の1に下がっています。1980年代から90年代は金に対するドルの価値が上がり、「米ドルは世界で一強の基軸通貨」に復活したのです。ただし90年代の最終の1999年に欧州ではドイツとフランスの信用をバックに、ドル圏からの離脱を意味する19か国のユーロが開始されています。

ユーロの結成は、EU（27か国）のうち19か国がドル基軸通貨圏から脱出したことを意味します。関税がゼロの域内自由貿易で、労働の移動も自由にしたEUのGDPは19兆ドルで米国の86％です。ユーロがない時代は、フランスとドイツもドルを使って貿易していて、米ドルの下落で損をしていました。

【第四期：軛《くびき》を解かれた金価格の上昇：1999年から2008年】 1999年には、主要国の中央銀行が「金の放出は1年400トン以下に制限する」という協定を結びました（ワシントン合意）。99年までの金レシオの20年続いた暴落は、米国FRBが主導した中央銀行の金放出によって果たされていたからです。金価格は1オンス＝290ドル台に下がっていました。

一般には知られていない「ワシントン合意」は、奇妙な宣言です。

「金は、信用通貨の価値を担保する準備通貨として重要である。このため中央銀行の金の放出は、合計で1年400トン以下に制限することに合意する」

1980年から99年の20年間、金価格を下げたのは、中央銀行の金放出でした。米欧の主要な中央銀行がもつ金は、2万トンも減ってしまった。金価格は1オンス＝290ドル台（当時の円では1グラムが約1000円）と十分に下がった。今後、金の復活はないだろう。ここで金の放出をやめることにするという合意です。

ところが金には宝飾用、工業用、投資用ゴールドバーとして、市場で一定量の需要があります（1年に約4000トン）。中央銀行からの放出が減ると、ロンドンとNYの金市場では「需要＞供給」になり、価格が上がります。これが図6にあるワシントン合意のあとのGMRの金レシオ0・4から1・2までの、3倍の金価格の上昇です。

【第五期：リーマン危機後のドル危機で金価格は上昇：2008年から2015年】 2008年はリーマン危機でした。FRBは銀行危機への対策として、当座預金のマネタリーベースを4兆ドル（440兆円）に増やしました。このためマネタリーベースを分母にした金レシオは1・2から0・2まで6分の1に下がっています。ただし現実の金価格は1オンス＝800ドルから1923ドルにまで、3年間で2・4倍に上がっています（11年9月）。

2・4倍の上昇は、1年に400トンという「ワシントン合意（1999年）」の上限枠です。2008年まで金を売ってきた中央銀行がリーマン危機のあと、2010年から逆に合計で400トンの買い越しに転じたことがもっとも大きな要因として働きました。

プラス・マイナスでは、金市場に1年800トンの供給が減ったことになります。金を買ったのは1位中国、2位ロシアの新興国、米ドルを準備通貨にしている中央銀行のグループです。2010年から始まった新興国の政府・中央銀行の1年平均400トンの金買いは、2019年も続いています。

この2011年の1923ドルが、2020年6月までのドルベースでの最高値です（6月19日現在の国際卸価格は1730ドル：1グラムの小売価格は日本では6527円）。

2020年以降の金価格を予想する上でたいせつなことは図6に見るように、

・リーマン危機での銀行救済のために増刷されたマネタリーベース（FRB当座預金：4兆ドル）に対して、

・金レシオは、逆に6分の1に下がっていることです。

（注）金レシオ下落の主因は、米国に特権をもたらしているドル基軸通貨体制を守りたいＦＲＢの裏からの主導で投資銀行とヘッジファンドが金証券の金ＥＴＦ（上場投信）を１２０６トンも売り越したことでした（２０１３年、２０１４年、２０１５年）。市場への供給が１２０６トン増えて、価格が18％下がったのです。

イメージでいえば、6分の1の体積に圧縮されたバネや空気のように「リバウンドする金価格上昇のエネルギーを極限に近くまでためている状態」が現在であるのです。ＦＲＢが主導した投資銀行とファンドが実行した金ＥＴＦの１２０６トンの売り越しが終わった２０１５年から金価格は上がり始めました。

今後、金価格は一気に上がっていく

20年6月の金1オンス＝１７３０ドルは、高いように見えます（円では1グラム＝６５２７円）。しかしそれは、過去の1グラム＝１０００円台や２０００円台（２００５年）の記憶との比較です。未来は見えない。人間は過去の記憶で評価するしかないからです（これが価格罫線のグラフ）。

数年後の未来からは、

・コロナショックでリーマン危機以上に増刷されるドルと世界の通貨に対し、

・２０２０年の6月の金価格1グラム＝６５２７円は「破格に安い水準」と認識しなければ

ならないでしょう。

FRBによるドルの増刷量（FRBの当座預金＋ドル紙幣）とくらべれば、どれくらい金が安いかが金レシオの〔**金価格÷（FRBの当座預金＋ドル紙幣）**〕でわかります。現実にはどこにもない金の未来価格の可能性を見るため、図6を掲載したのです。

1980年の金レシオ4・5に対して金価格1グラム＝6500円台の高値と比べても、2020年の金レシオ0・5は、その9分の1と極端に安い。

〔**補注：市場の特性は50％：50％**〕金や株の相場商品の価格は、安いと思って売るひとの金額が50％、高いと思って買う投資家の金額が50％という、市場の売買の均衡点で作られたものです。

したがって株でも金でも国債でも、ある時点では常に、「上がると考える投資家が50％、下がると思う投資家が50％」です。これが55％：45％になると価格が上がり、逆に45％：55％になると下がります。つまり市場には「いつも反対の見方が約50％はある」のです。いや、なければならない。反対の見方がないと売買ができず、気配値だけになるからです。金価格についても、自分が得た情報から「上がらない」と考えている投資家は50％でしょう。

【第六期：今後の金価格の可能性：2015年から】 図6の金レシオでの、1980年並みの金価格は、現在の9倍の1オンス＝1万5570ドルになります。「ドル／円」のレートがおなじなら、1グラムが5万8000円です。1キログラムのバーなら1本で5800万円、10キログラムで5・8億円になります。

これも図6から読みとれるように、金価格が右肩上がりになった3回（1971年、1999年、2015年）は、8年間から9年間で一気に上げています（2015年からの上げは、まだ十分なところに来ていません）。以上は「金÷マネタリーベース」の金レシオから、特別の思い入れがなくても見えることでしょう。

しかし今後の数年で、現在の9倍の価格である1オンス＝1万5000ドル（10％の消費税が加わる円での小売価格では1グラム＝5万8000円）に上がる可能性があると聞いて、荒唐無稽《こうとうむけい》と感じる読者は多いでしょう。感じなければ変です。価格を要素から分析して書いている当人ですら**「1オンス1万5000ドルは高すぎるのではないか」**（現在の約9倍）と感じています。

ここで過去90年のNYダウを調べます。大恐慌のあとの1933年が底値の42ドルでした。その後の約90年で2020年2月の2万8000ドル台まで、666倍に上がっています。世界の不動産価格指数も、株と並ぶ金融投資の対象なので類似しているはずです。

一方で、大恐慌の末期だった1933年の公定価格1オンス＝22ドルだった金が、2024年や25年に1万5000ドル台に上がっても681倍です。

驚くべきことに、

・約90年で666倍に上がったNYダウと、

・2025年に681倍になる可能性がある金価格は、

90年スパンの長期で見ると、おなじ上がり方です。

つまり金融商品の価格としては、横並びです。現在のマネタリーベースの量からは、いまから9倍に上がっても金価格が破格に高いわけではない。

金融経済の中心にある株価は、FRBが上げることに努めてきました。しかし金価格の上昇は、ドル基軸を弱体化する材料になると考え、金ドル交換停止の1971年からの高騰したのち、FRBは金価格を抑圧する政策をとり続けています。株価との比較で金価格が1オンス＝1万5000ドル（1グラム＝5万8000円）に上がるのは不思議ではなく、合理的でしょう。

もちろん相場商品の価格の動きは、上げも下げも直線ではありません。3か月から6か月の短期では長期では上げるトレンドであっても、下げることも多い。

理由は、

①上げたときの金先物買いの数か月あとの限月までの売り戻し（金の売り）と、

②高値での利益確定のための換金売りがあるからです。

このため金融商品の全部の相場は長期で上げるときも下げるときも、短期価格の罫線ではノコギリの歯のようにジグザグと動くのです。NYダウの最近の推移を見てもわかるでしょう。価格の短期波動は、全部の金融商品（株、債券、国債、金、デリバティブ）に共通な特性です。

株の先物売買とは違い、金では3か月や6か月の短期売買をお勧めしません。短期では下がることも50％の確率だからです。金を買うときは長期（5年）のバイ＆ホールドが適当でしょう。

2020年からの金価格は、コロナショックがこれからわれわれに与えてくれる恩寵《おんちょう》に思えます。

個人投資家、GPIF、かんぽ生命、郵貯、政府、日銀、銀行、生損保も日米の株、国債、通貨のポートフォリオを減らして、いまから金を株価や国債の下落ヘッジとして買っておけばいいのです。そうすれば年金基金の破産、金融機関の破産、個人の資産の減少を避けることができ、資産余剰も生じるでしょう。

いままで述べてきたように、あらゆる危機は既存のものの臨界点（量的な増加が質の変化になる地点）で生じます。そのとき次の世代の戦略に、アフターコロナのチャンスが生じるでしょう。

第2部

一変する
アフターコロナの
世界

(1) 新型コロナの特性

先月から第一波が収束したとして、封鎖の解除に向かう国が多くなっています。しかし世界では、今日1日で16万人の感染と過去最高です（6月19日）。南北アメリカでの感染が増え、WHO（世界保健機関）は「危険な新局面にはいった」と発表しました。北京市は再び非常事態を宣言し、フロリダ州では新規感染が3270人と過去最高です（6月21日）。

日々数値が変化している進行形の感染数や死亡数と、不確定な新型コロナの性格を、書き上げてから出版まで1か月はかかる書籍で示すのは不適当であることは承知しています。本書では、敢《あ》えてこれを行っています。可能なかぎりの数値を示す目的は、科学は測定と数値という本質をもつこと、伝わることを曖昧《あいまい》にする形容詞と副詞を減らすことからです。

SARSと新型コロナの比較

新型コロナは、病名ではCOVID-19、ウイルス名はSARS-CoV-2とされています。SARSと冠されていることからわかるように18年前の02年11月16日、広東省で発生し、アジアとカナダを含む世界32の地域に広がったSARS（重症急性呼吸器症候群）との類似が報告されています。SARSの感染者は8273人でした。致死率は9・6%と新型コロナの2倍くらい高かった（死亡者916人）。新型コロナの致死率は世界平均で5%付近です（20年6月時点）。SARSに対しても、まだ安全性と有効性が確立されたワクチンはなく、確立した治療法は今もなく、対症療法だけです。自覚されるのは高熱、呼吸困難、息切れ、乾性の咳《せき》です。これは新型コロナとおなじです。感染も飛沫感染と接触感染であり、おなじです。

SARSでは感染した人の多くが発症したので隔離が容易でした。ほとんどの感染者が隔離されたため、8か月後に終息しました（WHO：03年7月）。SARSもウイルスをもつ野生動物（コウモリ、ハクビシン、タヌキ、ネズミ）を食べたとされる人が感染し、人から人の感染が始まったとされていますが、どの動物か、感染源の特定はまだ行われていません。

最初の感染の時期も定かではない新型コロナでは、無症状が多く、80%が軽症とされます。ほとんどの人に発症があったSARSと違い、無症状の人からも感染することから、社会心理的な恐怖を呼ぶものになっています。この点で新型コロナがやっかいなものになり、都市封鎖が行われる理由です。都市封鎖は経済を停止させ、売上と所得を消して恐慌並みの失業まで生みます。過去100年で、大恐慌は1929年から33年、リーマン危機が2008年からでした。

【ワクチンと治療薬がまだない】

ウイルスを不活性にする「中和抗体」を作るワクチンと有効な治療薬がないウイルス感染症で

は、野蛮な「隔離」のほかに対策がありません。2019年11月半ばに発生したとされる新型コロナでも、武漢では強制隔離によって新規感染を減らし、5月初旬に封鎖を解除しています。

2019年の秋（9月や10月）から中国で感染が始まっていたという説もあります。感染源の特定がないので不明なことが8か月後のいまも多い。

武漢では簡易隔離病棟を2週間で作り、発症者を収容しました。病院からあふれ、自宅療養する人には人権も無視した厳重な外出禁止を強いています。この隔離により、初期発生から5か月後の4月に封じ込め、5月には封鎖を解いたのです。本書では「収束」は新規の確認感染数が大きく減っていくこと（10万人当たり0・5人等の日本基準）、「終息」は新しい感染がなくなることの意味で用います。新型コロナは地上から消えることはないので終息はありません。

有効なワクチンが開発されるか、自然に集団免疫が作られて世界の70億人の60％に中和抗体ができたときが終息です。ただしSARS‐CoV‐2のウイルスが毎年流行るインフルエンザのように変異したときは、この限りではありません。

RNAを操作した人工ウイルスだったとする説はSARSのときもあり、現在もこの説は消えていません。新型コロナでも武漢のウイルス研究所（研究員266名）から漏洩したという説があり、調査と立証をめぐって米国と中国が争っています。

しかし仮に政府や軍が関与しているなら、公式に明らかになることはないのです。調査したウイルス学者以外は証拠をもち得ないので、水掛け論で終わります。本書では、新型コロナの人工説に触れずに論を進めます。人工説、コウモリ説のいずれも証拠がまだないからです。

人口当たりの感染者数と死者数が桁はずれに少ない中国

世界中のTVで感染数を報じ、医師が解説し、キャスターが注意を呼び掛けています。感染の広がりを評価するのにもっとも重要な指標は、「人口当たりの確認感染者数と死者数」です。

図7で人口100万人当たりのPCR検査による確認感染数を示します（20年5月30日時点）。データはECDC（欧州疾病予防管理センター）のものです。グラフを一見すれば、ほとんどの人が驚くか、疑問をもつでしょう。発生地の中国ではもっとも確認感染者が少なく、100万人当たり58人と米国の92分の1です。

中国政府が感染者数のデータをコントロールしていたとしても、この少なさは異常です。中国についで感染爆発が起こった韓国でも、100万人当たりで223人と少ない。日本は中国の2・2倍、韓国の約半分に位置し、100万人当たり131人です（累計の確認感染者数は1万6650人）。総じてアジアでは、米欧の10分の1以下の確認感染率です。

人口100万人当たりの感染数が多いのは米国（5348人）、英国（4018人）、イタリア（3841人）、ロシア（2717人）、サウジアラビア（2395人）、カナダ（2389人）、フランス（2292人）、ドイツ（2166人）、トルコ（1933人）、世界平均773人です。

新型コロナが第一波の猛威を振るったのは米国、欧州、そして中東です。米国は、都市封鎖を

図7　主要国の人口100万人当たり累積確認感染者数（人）：20年5月30日　（欧州ECDC）

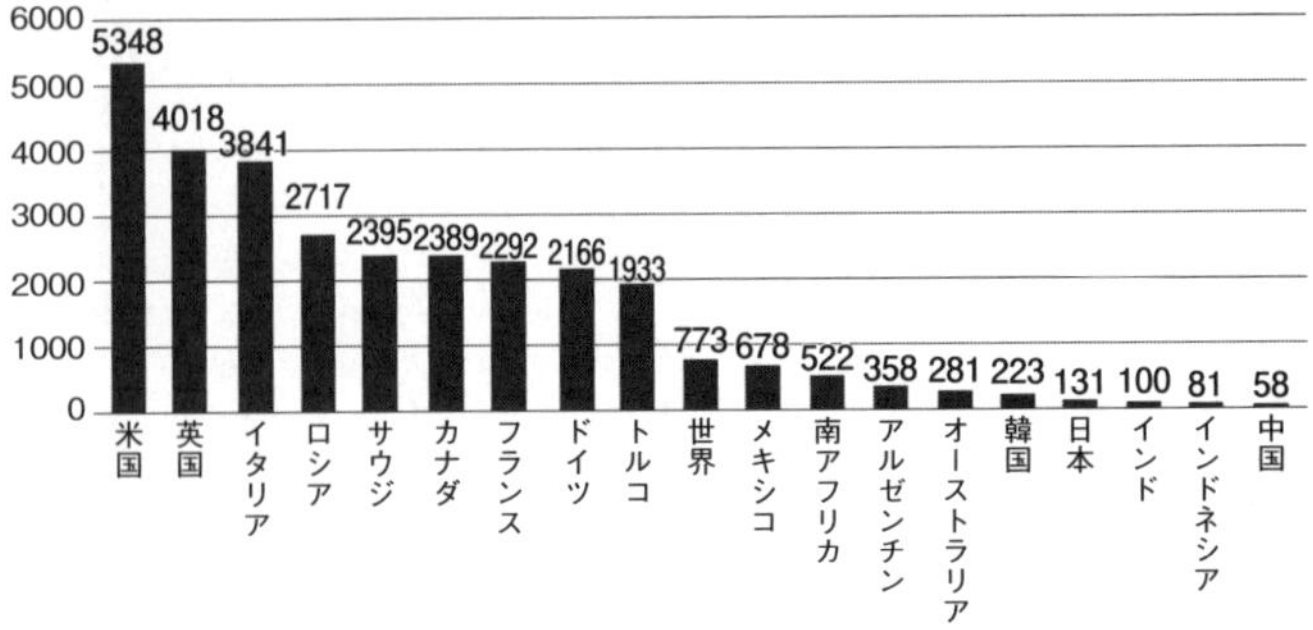

米欧が100万人当たり2000人以上（米国は5348人と中国の92倍）と多く、中国を含むアジアは200人以下。人口当たりの感染数では、比較が意味をもたないくらい大きな開きがあります。

解いても収束といえません。新規の感染数は、22州で前週比46％で増加しているからです（20年6月初旬）。

冬に向かっているブラジルでは感染数は米国に次ぐ98万人にのぼり、死者数は4万156人という（6月19日）。北半球の夏には、季節が逆の南米（人口4・2億人）、アフリカ（同12・2億人）が問題になります。

感染を減らす公衆衛生の水準が米欧に比べて、アジアが平均で上とは思えません。人口密度は高く、人との接触回数はアジアが多いはずです。なぜ米国と欧州で人口当たり感染が10倍以上多いのか。SARS-CoV-2がC型に変異したウイルスにより、感染力が高まったのかもしれないといわれますが、不明です。

米欧とアジアの違いは、今後の感染を予想するのに無視できません。感染する人が増えてきた第二波、第三波でも同じ傾向が続くと予想されるからです。公表される数値に疑念はあっても、中国が世界で最初に「新型コロナ克服宣言」をしたのは、100万人当たりの確認感染数が58人であり、米国の100分の1と少なかったからでしょう。100倍もの差は、アジア型と欧米型という「ウイルスの違い」がないと生じないはずです。

【当初は早期収束と思われていた】

20年の2月まで、当方もSARSのように短期で収束するかと考えていました。3月5日から2万9400ドルから1万8600ドル（3月23日）まで記録的な37％の暴落を示したNYダウも、大半の投資家と同じように数か月後（20年6月）にはV字回復するかもしれないと見ていたのです（株価だけは、実体経済と乖離して90％V字回復していますが）。

しかし症状が出るため、隔離が容易だったSARSと新型コロナは違っていました。約80％が軽症で終わり、20％が重症化する点はSARSと似ています。しかし感染しても自覚される症状のない人が多いため、無症状の人のほとんどはPCR検査を受けません。感染者がどこにいるのかわからない状況です。感染症研究の総本山、米国のCDC（疾病予防管理センター）の最新の調査では、感染者のうち発熱、咳、息苦しさがない無症状を35％としています（5月23日）。

ＰＣＲ検査をすることに意味はあるのか

全員にＰＣＲ検査を受けさせ、陽性者を隔離すればいいと主張する人はいまもまだ多い。ただし検査機器の精度には性能の限界があり、鼻や喉から検体をとって検査機器にかけるまでの処理方法からも誤差が出ます。

①陽性の人を発見できる割合を感度、

②「1-陰性の人を陽性と判定する誤りの率」を特異度と呼んでいます。

人類が未経験の新しいウイルスであるため、ＰＣＲ検査機器の精度検証の大規模な事例はありません。一般的な事例から感度を70％（30％の偽陰性が発生）、特異度を99％とします（1％の偽陽性が発生）。

仮定として1億人の国民のうち5％の５００万人が感染しているとします。1億人全員にＰＣＲ検査をすると感度が70％の場合、感染を見逃す確率が30％ですから、５００万人の本当の感染者のうち、30％の１５０万人が陰性とされてしまいます（偽陰性という）。一方で、人口の1％（１００万人）を誤って陽性としてしまいます（1回の検査の場合）。

全員検査の目的は陽性者を発見し、無症状とごく軽い人は自宅やホテルに隔離し、少し症状がある人は病院で診療し、感染を広げないようにすることです。ところが感度が70％の場合、本当は５００万人いる感染者を１５０万人少ない３５０万人（70％を発見）としてしまいます。ＰＣＲ

検査で陰性とされた感染者の150万人は、不安が消えて自由に移動し、感染を広げるでしょう。
〔**結論**〕全員検査は感染率が5％以内のときは、感染数を抑えるのに期待した効果は生みません。1週間くらいの時間をおいて1億人を二度検査すれば、約30％の偽陰性は減るでしょうが、手間・経費・時間は膨大なものになり現実にはムリです。

1億人の検査では、陰性の人を陽性にしてしまう誤差も100万人出てしまいます。この100万人も1週間くらいのあいだをおいて二度の検査をし、本当に陽性か、再確認しなければならない。感染率が低いときは、結局はPCR検査を加えなければならず、あまり有効ではない。

他方、感染率が50％と高いなら、全員検査での誤差の割合は少なくなり、感染者の発見数は増えます。しかしそのときは、集団免疫に近い状態ができていて、感染は広がらなくなっています。PCRの全員検査は、感染者数の目処を知るのには有効です。しかし感染拡大の防止策としては、期待されている有効な意味をもちません。

PCRでの検査数が他国の10分の1以下の日本では、20年3月ころから簡易検査キットが待望されました。しかしウイルスを増殖させないため、短時間でできる簡易検査キットの感度は、正規な検査の約70％より低い。30％の誤差がある簡易キットは、感染の状況を知るには有効でも、新たな感染防止の目的ではあまり意味をもたない。5月中旬からニュースからも消えました。

いまは、抗体を検査する簡易キットの普及が待望されるようになっています。ただし微量の血液を指からとり、20分以内で結果がわかる簡易抗体検査キットの精度は高くても70％程度です。陽性と出た場合、正確性を期すため再びＰＣＲ検査をする必要があります。簡易抗体検査も、国民の感染率の目処を知るのには効果がありますが、感染防止の効果は少ないのです。

振る舞いがまだわかっていない新型ウイルスなので、感染防止の対策としては、原始的であっても都市の封鎖と外出の禁止しかない。外出禁止を徹底し（米欧では5月20日ころまで）、新規の感染が収まったように見えたあとも、ウイルスは死滅（不活性になること）していません。外出の解禁をすれば、市中には誰にも見えない無症状の感染者がいるので、接触が増えると感染が増える第二波を否定できなくなったのです（20年5月末時点）。

中和抗体を作るのに有効で、しかも副作用の少ないワクチンが大量に作られ、世界の多くの人に接種されるまでは、ＳＡＲＳ-ＣｏＶ-2と共存しながら、物理的（フィジカル）に活動が活性化しないようにしなければならない。その生活のスタイルが人と社会的な距離（1・5ｍ以上）をとって、マスクをし、丁寧な手洗いを徹底する「ニューノーマル（新常態）」といわれるものです。

【中国の4億人ロックダウン】

武漢（人口1100万人）と湖北省（5850万人）のロックダウンは徹底していました。交通の全部を遮断して外出を禁じるだけではない。スマホがもつＧＰＳ機能（全地球測位システム）を使い、ビッグデータで個人の行動を管理し、クラスター（小規模集団感染）の場所、地域への接触のありなしまで1人ずつ、地方政府が監視しています。赤外線サーモグラフィーで発熱検査し、特定の場所の二次元コードをスマホで読み込むことが実行されています。4億人を緊急かつ強制した統制は、全体主義の国家だからできた方法でしょう。

新型コロナには原始的な隔離の対応しかない。中国は徹底してこれを行っています。

日本でも携帯するスマホのGPS（位置情報）と二次元コードを使い、移動の経路を自分で監視できるシステムが導入されます（大阪が最初の「コロナ追跡システム」）。

外出の禁止に違反した感染者の住宅に鉄製のドアを溶接して閉じ込めることもありました（youtube）。共産党の強権による対策で武漢の第一波は4月に収束し、GPSの監視付きながら、外出禁止が解かれています。しかし都市の消費経済と生産機能は、100％回復したとはいえない。30％から40％の回復でしかないようです（20年5月中旬）。前年比の人出は都市経済の回復度を示しても、輸出が回復しないと中国の製造は戻りません。2020年の中国の経常収支（19年は1500億ドルの黒字）は、赤字になると予想されています（IMF：5月）。GDPも3％くらいはマイナスでしょう（2019年は＋6％でした）。

20年1－3月期は297億ドル（3・3兆円）の赤字でした（国家外為管理局）。前年は、この時期に300億ドル（3・3兆円）の黒字でしたから、約600億ドル（6・6兆円）悪化しています。年間に延長すれば2400億ドル（26兆円）の赤字です。輸入額は同じでも、米欧日への輸出が前年比で600億ドル減っているからです。

GDPの34%（4・6兆ドル）を占め、年率二桁で伸び、中国の経済成長を主導してきた輸出は、自国が収束しても相手国の感染状態で左右されるので、2020年中は回復しないでしょう。21世紀、196か国の世界経済は、深く相互依存しています（複雑系としての相互連携は後述）。

都市封鎖で白日のもとに晒された日本のIT化の遅れ

新型コロナでは街の感染者が見えません。PCR検査による粗い網ですくった結果でしかない隔離の対策には、漏れが大きいのです。移動を禁じる都市封鎖と、人が集まる店舗、飲食店、サービス業の閉店しかない。オフィスと工場も閉鎖され、大企業ではテレワークになったのです。

経団連加盟の企業数では97・8%でテレワークが実施されています（会員企業1470社：20年4月）。ただしそのなかでテレワークをする人の割合は社員の8割以上の会社が36・1%、7割～8割が16・3%でした。大企業の合計では52・4%が在宅勤務になったのです（テレワークが行いにくい金融、電力、食品スーパー等の生活必需サービスを除く）。NTTやニコニコ動画では100%のテレワークができるといいます。

一方で、日本の中小企業を含む国内企業のテレワーク率は、労働者の13・9%（人数では700万人）と、OECDの諸外国より相当に低い（2018年：総務省調査）。

わが国の総雇用の69%（約3200万人）は中堅・中小企業のものです。IT化・オンライン

図8　日本の産業構造と生産性の問題

区分	企業数	社員数	付加価値	1人当たり生産性	平均社員数
大企業	1.2万社（0.3%）	1458万人（31%）	121兆円（47%）	826万円	1307人
中堅企業	53万社（14%）	2176万人（47%）	99兆円（39%）	457万円	41人
中小企業	305万社（85%）	1044万人（22%）	37兆円（14%）	342万円	3.4人
合計	359万社（100%）	4679万人（100%）	226兆円	平均 546万円	平均 13人

中小企業白書（2019年）から作成；デービッド・アトキンソン氏・VOUCE20年7月号

化の比率は低い。「生産性」という概念がなく、図８には含まれない３４１万人が働く官庁も紙を使う「ハンコ行政」です（国家公務員64万人、地方公務員２７５万人：２０１６年：民間との比較で高報酬になっている）。わが国の企業と官庁のＩＴ化への遅れが明らかになったのも、新型コロナによってでした。

図８に日本の企業規模別雇用者、付加価値生産、１人当たり労働生産性を示します。平均社員が１３０７人の大企業の生産性は８２６万円／年です。しかし中堅企業は４５７万円（大企業の55％）、中小企業は３４２万円（同41％）とおなじ国と思えない差があります。

この生産性はテレワークもできるＩＴ化・オンライン化の度合いと賃金格差に直結しています。従業員３・４人のほぼ個人企業数が３０５万社と多いのも、わが国の特徴です。経産省・中小企業庁が中小・零細企業への支援策をとってきたことも加担してます。

米国では、従業員500人以下の中堅・中小企業が50%の雇用（7500万人）です。しかし企業規模と生産性、IT化には日本のような大きな差はありません。従業員が少ない金融業（ファンド）には生産性がとてつもなく高く、平均賃金が5000万円を超えるところも多い。業務は100%コンピュータ化されています。

国内の日本企業の生産性は、2000年代はIT化の遅れもともなって、平均で年率0・5%から1%しか上昇していません（日本生産性本部）。この生産性の低さが、①平均所得の伸びのなさと、②GDPの停滞の主因です。

平均年齢が高齢化し、退職で現役労働者の正社員が減っていく日本では1人当たりの生産性を上昇させる方法を導入するしか経済対策はない。その方法が業務のIT化です。

1990年代後期から21世紀の日本は、IT化の世界の潮流に遅れてきました。日銀が国債を買ってマネーを刷るアベノミクスの量的緩和では、生産性に問題のあるわが国のGDPは伸びなかったのです。

政府はIT化の遅れと、生産性の低さの問題を正面から取り上げなかったのです。これがコロナ禍のなかでテレワークの少なさ、マイナンバーの官庁処理の遅れから業務の非効率として露呈しました。日本経済の歴史上で最大の危機をチャンスに転じるために、長期的には、IT化の強力な推進を政策の柱にしなればならないでしょう。業務の全域にわたるIT化の増加がなければ、生産性は上昇しないからです。

【米国のテレワークと在宅勤務】

ペーパーレスのIT化比率が80年代から高い米国のNY州では、全従業員の在宅勤務をクオモ知事が要請しています（20年3月末〜）。米国では実は1990年代から在宅勤務が多かったのです（ロスで45％）。現在、米国のテレワーク可能率は85％と日本の6倍高い。1週間に1日くらい会議に出て、あと4日は自宅のDEN（書斎）のPCをつないで仕事をしています。小売り・工場・物流・飲食等のサービス業などの時間給社員の現場労働以外は、ほぼ100％テレワークができるようになっています。

〔**個人の職務記述書**〕米国でテレワークが圧倒的に進んでいる理由のひとつに、Job Description（職務記述書）で労働者個人の会社に対する責任と仕事の範囲が契約され、仕事の成果目標が数字で明確になっていることがあります。日本も成果主義の賃金にすべきだというのではない。賃金ではなく、仕事の評価により成果主義にすべきです。

90年代の日本の大手企業で成果主義の導入が失敗したのは、会社との職務契約が曖昧で成果と責任の定義ができていないのに、成果給にして不満を生んだからです。

日本では個人の仕事の境界が曖昧であることが多く、個人の成果と業務責任の関係はわかりにくい。職場に集まらないと、仕事が行えないことも多い。このため通勤電車は混雑します。政府が通勤電車の規制ができなかったのは、大都市の会社でもテレワークが少ないからです。社員が来ないと業務が停止し、経済が消えるからです。日本の会社には、人が集まらなければならない条件が多いのです。

ZOOMのTV会議システムにノートブックPCを接続し、会議と打ち合わせも行われています。当方もコンサルティングの仕事はZOOMで行いました。講演もしばらくTV会議風に行うことになるでしょう。

緊急事態の期間は人の外出が消え、閉店された店舗、サービス業、レストラン、ホテル、バーでは、生活必需品販売業を除いて売上が消え、経済がとまる状況が発生しました。

第一波が米国・メキシコ・中東を除いて収束に向かっている北半球の多くの国では、20年5月末から都市封鎖が解かれようとしています。ただしコロナ前の世界に戻るわけではありません。ニューノーマル（新しい日常）が要請されています。

なお日本政府が外出自粛を行う理由は、重症の感染患者も病院からあふれ、死者が増える医療崩壊を防ぐことが目的です。医療崩壊が起こると死亡数が増えるからです。

外出規制と都市封鎖は、ウイルスを運ぶ媒体である人の接触を減らして感染数の増加を防ぎますが、一方で最終的な解決策である、集団免疫の獲得の時期は遅れさせます。しかしその間に、重症者と死亡数が増えることは、社会的に避けねばならない。これが非常事態宣言とロックダウンの目的です。有効なワクチンができるまで第二波、第三波が恐れられるのは、このためです。

ワクチンが人体に作る抗体は、ウイルスが侵入しても不活性にして発症を抑えます。自然または人工の集団免疫ができるまで、第二波、第三波は波の高さは別にして、ほぼ必ず来るという覚悟がいるでしょう。

現在の世界的な懸念は、インフルエンザが増える季節が北半球とは逆である南半球の感染増加です。新型コロナはインフルエンザに似た感染の特性をもっています。

(2) スウェーデンの集団免疫戦略の功罪

スウェーデンは特殊な対策をとりました。集団免疫をつくる戦略です。突き詰めれば、60%以上が感染して抗体ができる集団免疫しかない。60%以上が感染すると抗体をもつ人も60%以上になり、1人の感染者がうつす平均の人数は1人を割っていきます(実効再生産数という)。

1人の感染者につき約1週間での実効再生産数が1人未満になると、新規の感染数は減り、収束に向かいます。0・6人に下がると、4週間後の新規感染数は「0・6の4乗≒0・13人」に減ると想定できます。

1万人の新規感染者が出ている都市でほぼ60%の人に集団免疫ができると、その4週後には新規の感染は0・13倍。つまり1300人に減って、翌週は1300人×0・6＝780人に、翌々週は468人に減って収束すると期待できます。これが集団免疫の効果です。なお30％以上で集団免疫になるという新説も出ています。

ワクチンは人為的に集団免疫を作るためのものです。有効性が高く、感染のリスクが少ないワクチンはまだありません。発症して重症になるのは高齢者に多いのです。そこでスウェーデンの感染症学者は、政府に集団免疫の戦略をとらせたのです。

欧州で感染が広がった原因は移民の多さ

スウェーデンでは、国民の政府に対する信頼が日本や米国と違って厚い。国の機関には感染学の専門家も多く、公衆衛生局、社会庁という組織を作っています。人口が少ない北欧のこの国は世界中の感染症やパンデミックに備えて毎回データと対応の知識を蓄えていたのです。

政府官僚と専門家は連日、午後2時から記者会見をひらき、感染者数、死者数、リスクグループの分析を科学的に明らかにし公開しています。国民からの疑問、質問、不安には丁寧に答えています。見解の核は、「ロックダウンにより、一時的には感染拡大を抑えることはできる。しかし解除したあと、再び感染が増える。ロックダウンしなくても、国民が社会的距離を守れば感染は最低限に抑えられる」ということでした。

情報が伝わりにくい移民層（175万人：人口の17％と多い：日本では2・4％でスウェーデンの7

分の1）に感染が広がったとき、多言語での情報発信が足りないと批判されると、政府はすぐそれを強化し、集会での密集が多い宗教団体ともタッグを組んだのです。

90年代から労働の国境を取り払ったEU（27か国）では移民が12％から15％と多い。島国であり、言語と文化障害の大きな日本では考えられない多さです。北欧でも中東と同じように、移民層が建設、工場、店舗、サービス業で密集する時間の長い現場労働を支えています。ドイツ13％、英国13％、フランス12％、イタリア10％。そしてEUには加盟していませんが、スイスは移民構成比が27％ともっとも多い（スイスの感染者が多い原因です）。

EU27か国では人の移動を自由にし、商品の関税も撤廃しています（域内関税は0％：EU外からの輸入には10％の関税）。19か国では、1999年からは統一通貨のユーロも作っています。統一通貨が機能する条件が労働移動の自由化であり、各国の人的生産性の格差を減らすことです（マンデルの『最適通貨圏』の理論：1961年〜）。

欧州ではイタリアから新型コロナが広がった原因として、移民の多さがあります。死者の多さの原因としては、医療保険から漏れる人が多い移民の存在があるでしょう。これはEU諸国が、積極的に移民を入れた経済のグローバル化の結果です。

新型コロナが広がる原因として①貧困、②医療保険の少なさ、②狭隘《きょうあい》な住宅が指摘されていますが、NYでも差別にもなるので声高には言われません。日本では密集の時間が長い夜の歓楽街です。過度の飲酒は免疫力を大きく下げるからです。

緊急事態宣言と自粛は日本では効果がなかった

スウェーデンでは、誰も新型ウイルスの経験がないことですから、わからないことはわからないと答え、政策の失敗に言いのがれをする他国の官僚や政治家と違っていたといいます（ヤフーニュース：スウェーデンの現地事情は久山洋子氏の記事から）。

実は最近、新型コロナの第一波の収束傾向に東京都と大阪府の外出の自粛は関係がなかったという新しい説も専門家の感染学者から出されています（大阪府の専門家キーマン会議：大阪大学核物理研究センター中野貴志教授：20年6月12日）。日本と大阪では外出自粛と閉店になってからも、K値の下落の傾向は外出自粛をしていない前と同じだったというものです。「K値」とは、「1週間の新規感染者÷累計感染者数」です。

大阪府の新規感染のピーク3月18日でした（図9）。このときウイルスの実効再生産数は1・0人を上回って、新規の確認感染数が拡大していました。しかし3月18日以降の10日間は、外出自粛と商店の営業自粛をしないときも「K値」は下がっていたのです。これはデータから見える事実です。

大阪府の緊急事態宣言と営業の自粛は、新規感染数ピークの10日後の3月28日からでした。このあとも「K値」は外出自粛をしていなかった10日間と同じ傾向線で下がっていったのです。

日本では緊急事態宣言と営業自粛をしなくても、トイレを含む公衆衛生のレベルの高さ、マス

図9　大阪府のPCR検査による確認感染数

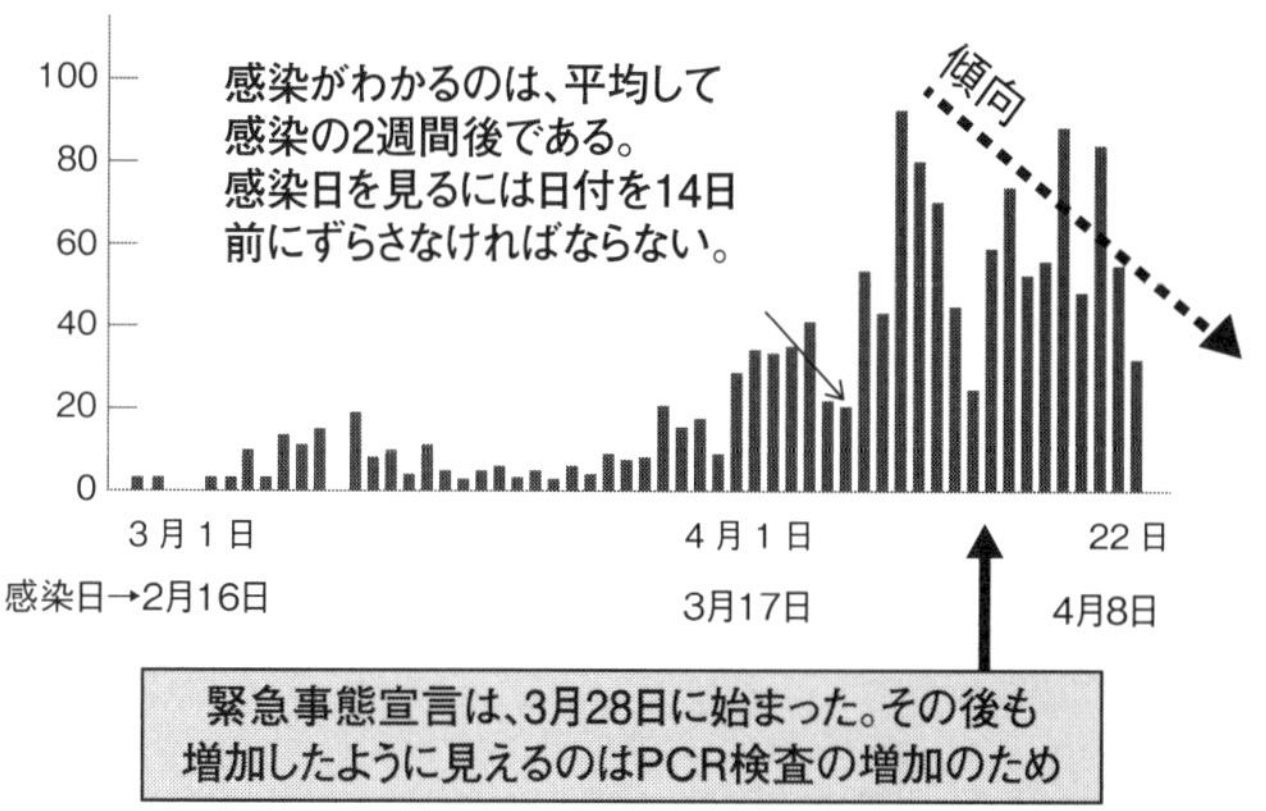
感染がわかるのは、平均して
感染の2週間後である。
感染日を見るには日付を14日
前にずらさなければならない。
傾向
100
80
60
40
20
0
3月1日
4月1日
22日
感染日→2月16日
3月17日
4月8日
緊急事態宣言は、3月28日に始まった。その後も
増加したように見えるのはPCR検査の増加のため

クと手洗いの習慣などから感染数の増加はとまっていたといいます。事実なら、経済を停止させた緊急事態宣言はあまり意味がなかった、経済を収縮させただけということになります。スウェーデンの集団免疫戦略は正しいことにもなります。今後、科学者の間で議論が進むでしょう。

一方、東京・大阪に反して、ドイツ、フランス、NYでは、明らかに都市のロックダウンのあとに新規感染のK値が下がっています。日本と米国および欧州と、どこに違いがあるのか。アジアの人口100万人当たりの感染数の少なさと関係がありそうです（発祥国とされる中国では、これが米国の約100分の1です）。

アジアと米欧ではウイルスが変異し、違っているのか？　あるいは何らかの理由で、アジアでは免疫をもつ人が多いのか。感染数が少ない日本では、戦後に始まったBCGの全員接種が新型コロナにも免疫を作っているという説も登場していますが、真偽はまだ不明です。

【危機管理とは事前の準備、危機が襲ったときの情報公開】

危機管理の要諦は、「数字を使い、科学的に正確な情報を伝えること」です。都合のいい情報だけを国民に流す大本営発表とは対極です。日本の政府と自治体もスウェーデンの対応を学んでほしいという願いから書いています。

非難はあっても、確かにスウェーデンに近い情報公開をしている吉村洋文大阪府知事の人気は急上昇し、大阪ではスターになっています。主婦層に熱烈なファンが多くいます。発言と表情には事実に対して真摯《しんし》な姿勢が見え、情報を隠さず、府民の健康を思う態度に、多くの人が共感しているからです。当方も、日本にはこんな政治家もいたと思っています。

内閣府の補佐官が作ったプロンプターの作文を読み、予定にない質問はさえぎる安倍首相は、信頼を失っています。大手マスコミの記者クラブでは質問の予定者を決め、質問内容を提出させています。

さっき美容院に行きましたが、約25年カットを担当してくれている理容師さんは、「安倍さんの話は5分と聞いていられません。いつまでも聞いていたい吉村知事と、まるで違いますね」と話していました。記者会見であっても、官僚の作文を読んでいることは皆が知っています。

内閣の支持率が30％台に下がっている理由を安倍首相は知っているでしょうか。危機のときは、その国のリーダーが直接、正確な事実情報をもとに国民に語りかけることが必要です。

【スウェーデンの実験と教訓】

集団免疫ができ、ウイルスを中和する抗体が8か月くらい有効なら第二波もない。外出禁止や閉店はいらず、都市封鎖の必要はない。その枠のなかで、スウェーデン政府は1009万人の国民には以下の要請をしています。

①発熱や咳があれば外出せず、自宅療養する。
②人とは社会的な距離を守る。
③可能な人は在宅勤務をする（これが多い）。
④70歳以上の世代は外出せず、可能なかぎり人とは接触しない。

50人以上の集会は禁止し、飲食店の席は間隔を空けていますが、中学以下の学校は閉校していません。生活スタイルはあまり変えていない。（注）本書では、スウェーデンを成功事例としてとり上げるのではありません。成功、失敗がわかるには2021年の夏までかかるでしょう。あくまで事例研究として書いています。

スウェーデンの確認感染者数は4万6814人（感染率4・6％）であり、まだ集団免疫には遠い。死者数は4795人と多く、確認感染者に対する致死率は10・2％と高いのです（20年6

図10　主要国の確認感染者数・死亡数・致死率

国名	感染者数	死亡数	致死率
米国	158万人	9.5万人	6.0%（中国並み）
ロシア	32万人	0.3万人	0.9%（データ不備）
ブラジル	31万人	2.0万人	6.5%（データ不備）
英国	25万人	3.6万人	14.4%（高い）
スペイン	23万人	2.8万人	12.2%（高い）
イタリア	23万人	3.2万人	13.9%（高い）
ドイツ	18万人	0.82万人	4.6%（中国並み）
トルコ	15万人	0.42万人	2.8%（低い）
フランス	14万人	2.8万人	20.0%（特に高い）
イラン	13万人	0.72万人	5.6%（中国並み）
インド	11万人	0.34万人	3.1%（低い）
ペルー	11万人	0.31万人	2.8%（低い）
中国	8.3万人	0.46万人	5.5%（データ不備）
日本	1.7万人	796人	4.7%（中国並み）
韓国	1.1万人	264人	2.3%（低い）

（5月22日：厚労省）

月11日：日経新聞）。

図10は主要国の確認感染数、死亡数、致死率です（5月22日時点の比較：厚労省）。

感染者数は各国のPCR検査には実行数の違いがあるので、感染の実態と違いがあります。サンプリングによる抗体検査を行わないと、隠れた感染数はわからない。新型コロナ由来の死亡数も新型コロナ感染と認定されていない超過死亡数があるため、少なくなっています。

「超過死亡数＝実際の死亡者－過去の傾向からの死亡予測数」。欧州と米国では、超過死亡数は5割はあると推計されているので、新型コロナ由来の死亡はこの数字の1・5倍でしょう。日本でも類似しているはずです。しかし確認されたのはこの数値しかないので、これを用います。

欧州と米国で中国を超える確認感染数の多さの理由として、EU（27か国）では所得の低い人が多く移民も多い（平均で人口の12%〜16%）、米国では無保険者の多さ（4500万人）が指摘されています。日本のPCR検査の異常に見える少なさの原因については後述します。

新型コロナでの問題は、感染したときの致死率です。英国（14・4%）、スペイン（12・2%）、イタリア（13・9%）、フランス（20・0%）が10%を超えています。

PCR検査で確認された感染者に対する新型コロナ由来と判断される死亡率ですが、アフリカと中東移民も多いフランスの20%がもっとも高い。検査で感染がわかれば、恐怖を与える数字です。

欧州のSARS-CoV-2は武漢のA型が中国内でB型に変異し、最初はイタリア（3月）で感染力と毒性の強いC型になったものとされています。C型でも、ドイツの致死率4・6%は低いのです。医療体制のためでしょうか。

米国（致死率6・0%）、イラン（5・6%）、インド（3・1%）、ペルー（2・8%）、日本（4・7%）では、最初はA型だったとされますが、3月からは欧州で変異したC型が加わったと見られます。致死率の低いA型と高いC型が混在しています。

都市封鎖をしなかったスウェーデンでは20年1－3月期のGDPのマイナスは0・3%と、20年3月末から、都市封鎖を行っていた欧州諸国（4%〜5%のマイナス）より少ない。

図11では、主要国の3月2日から5月20日までの確認感染者の累計数の推移を、動きがわかる

図11　主要国の累積確認感染者数（厚労省のデータをもとに作成）

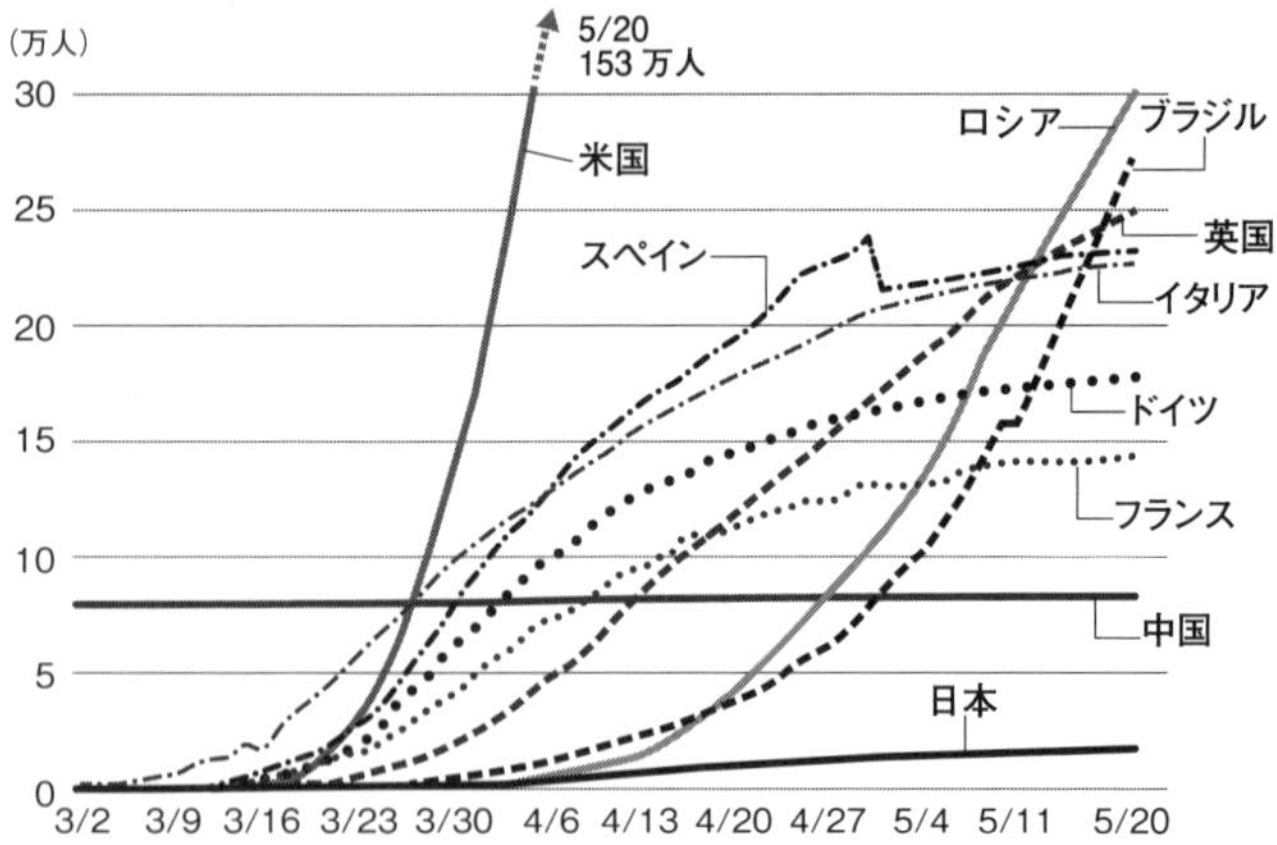

グラフで示しています。①数値がコントロールされていると見られる中国がもっとも早く横ばいで特異であり、②日本では確認された感染者数が極度に少ない。

わが国では、ＰＣＲ検査数がいまも人口10万人当たり他国の10分の1以下と少なく、確認された累積感染者も少ない。人口に対する感染率が日本人に対しては特に低いことを示すか、不明です。少なく見ても累積感染者１万６０００人の10倍（16万人：人口が８３０２万人のドイツ並み）は、抗体をもつ人がいるだろうと見られています（おおざっぱな推計）。どんなに少なくても、10倍は頷《うなず》ける数値でしょう。

なおスウェーデンの専門家は、ストックホルムの市民（97・4万人）のうち15％から20％の人が感染したことがあるだろうとしています。「60％から70％という完全な集団免疫ではないが、第二波を小さくし、第二波が訪れる時期を遅れさせ効果はある」とも述べています。20年秋には、これが実証される可能性もあります。

専門家の推計のように15％が感染しているとすれば、12・3％の致死率（新型コロナ由来と判断される死亡者数÷実態の感染者数）は0・2％に下がります。0・1％付近とされるインフルエンザの致死率と大差がなくなるのです。スウェーデンの実験から、医療崩壊がないという条件下で「SARS（致死率が約10％）よりは恐れなくてもいい感染症」になって、政府と個人の対策が180度変わってきます。インフルエンザで学級閉鎖はしても、都市封鎖をする国はありません。

①PCRの検査数、②確認される感染者数、③新型コロナに由来する死亡者のカウントには、各国の違いがあるため、新型コロナを恐れる基準はまだ不定です。

スウェーデンの集団免疫の実験が成功し、医療崩壊とトリアージュ（命の優先的選択）を起こさないように感染症診療の体制がしっかりしているなら、他の国もロックダウンは行わなくてもいい。多くの人が北半球での第二波を想定している20年10月末から11月12月には、スウェーデンの集団免疫戦略が成功か失敗か、世界にわかるでしょう。

「われわれは新型コロナを恐れ過ぎ、心理的なサイトカイン症候群を起こしているかもしれない」と一定水準の医療体制がある先進国にわかるのは、2020年末にスウェーデンで0・2％付近という致死率が出るときかもしれません。ただし集団免疫戦略が失敗すれば、この限りではあり

図12　集団免疫獲得までの期間の試算（日本）
Voice：20年7月号　安宅和人氏

必要期間＝集団免疫の必要人数÷1年で社会が対応できる感染者数
＝（1.26億人×0.7）÷〔{病床3万床×（52週÷2週）}÷2%〕
＝8000万人÷（78万人÷0.02）≒2.3年

＊収容可能な病床を3万床：平均入院期間2週間とする

ません。

それにしても中国の人口に対する感染率の低さ（100万人当たり58人）は、不思議です。政府の強権で強制隔離をしても、感染数を10分の1、20分の1に隠し通すことが長期にできるとは思えないからです。

日本で集団免疫ができるまでの期間の試算

図12に集団免疫の獲得までの、ひとつの試算事例を示しておきます。慶応大学環境情報学部教授の安宅和人氏が作ったものです。簡単で、誰でも計算ができます。こうしたことが専門家会議とメディアから明らかにされることがないのも不思議です。

日本では集団免疫という言葉がタブーになっているからでしょう。集団免疫になる累積感染者を総人口の70％、総感染者に対する重症者を2％、収容する病床を3万床、平均入院期間を2週間として、収容可能な限界値まで入院したとき2・3年です。起点を20年2月として、2022年6月に70％の集団免疫が獲得されます。重症率が3％のときは、1・5倍に延びて3・5年かかり、23年8月です。

結論をいえば、ワクチンにせよ、自然に獲得された免疫にせよ、完全な収束までは短くて22年6月、長ければ23年8月まではかかることになります。これで期間の目《め》処《ど》が立つでしょう。現在は確認感染者数が約1万7000人（6月11日）であり、ほぼ4か月間の第一波が落ち着いたところです。実際の累積感染数は少なくても約10倍（17万人）とされています。第二波、第三波の波の大小は予想できませんが、22年6月までは続くと想定しておかねばならない。われわれは現在、2合目くらいの時間的な位置にいると知れば、スウェーデンの集団免疫戦略もわかるでしょう。

インフルエンザが毎年、どこかが変異したウイルスで流行っても、収束を繰り返してきたのは20度以上の気温と、毒性が類似したウイルスへの集団免疫のためでしょう。免疫には強いもの、弱いものがあることは経験からもわかります。

【対策をとらなかったブラジルは集団免疫戦略に失敗】

ブラジルは人口2億950万人の大国です。スウェーデンの20倍、わが国の1・7倍です。感染数はロシアを抜き、アメリカについで世界2位（103万人：6月19日）。日本とは季節が逆のブラジルはまさにいま感染の爆発期です。人口1億4450万人のロシアでも、PCR検査実施が少ないので実際の感染者は49万人より相当に多いと見られています。

https://vdata.nikkei.com/newsgraphics/coronavirus-world-map/

1日当たりの確認感染者数は2万人を超え、増加を続けています。南米ではペルーが20万人、チリが15万人の感染で南米全体で120万人を超え、米国につぐ感染大陸になっています。

ブラジルの実際の感染者は報告された103万人より相当に多い可能性もあり、医療崩壊から死者数も5万人以上と多い。データには信頼性はありません。この10倍多いかもしれません。

トランプに似たところのあるジャイル・ボルソナロ大統領は、新型コロナへの対応で批判を浴びています。「新型コロナはただのインフルエンザだ。COVID-19の流行は避けられない。社会的距離を取る施策は経済を壊す」としてブラジル全土への対策を打たず、州知事の対策にも必要がないと言っていたからです。

サンパウロ州の市民には最初は外出禁止もなく、社会的距離をとらず、密集・密着が続いていました。現在は感染者の隔離政策は始まっていて、学校と公共施設は閉鎖され、自宅にとどまるよう要請されていますが、密集は変わらずマスクをする人は少ない。

【ブラジルではスラム街、欧州で移民に感染が多い】

大都市には公有地を不法占拠するスラム街があり、衛生状態が悪い狭小住宅で生活し、医療保険もなく病院に行く人が少ない。スラム街と先住民にはクラスターが多数発生しています。共同墓地に横並びに穴が掘られ、無差別に埋葬されています。

スウェーデンのようには情報提供を行わず、「秩序ある集団免疫の戦略」をとらず放置したことから対応は失敗し、阿鼻叫喚《あびきょうかん》の医療崩壊に至ってしまいました。

ブラジル的な対応が予想されるのは、アフリカです（人口は12・2億人）。南米とアフリカで感染の拡大が始まったとき、止めるのは難しくなります。ウイルスの実効再生産数は1・5人を超え、新規感染が1週間で1・5倍、1か月では6倍になる可能性もあります。

6月11日時点の感染数は、アフリカ54か国で14万人（死者数3500人：アフリカ連合の発表）とされています。1か月で2倍です。WHOは「感染防止に失敗すればアフリカでは2900万人から4400万人が感染し、流行は、『数年間』は続くだろう」と警告しています。全域が衛生状態はよくなく、人口が12・2億人です。2・4％で2900万人、4400万人で3・6％ですから、WHOは控えめの数字を示しています。

新規の感染数増加がこれから2、3年続くと、人口が多い南米とアフリカの来訪からも、北半球での第二波、第三波に波及する可能性を高く示しています。ウイルスは欧州、米国に多い移民の家族を通じても、規制をすり抜け国境を越えるからです。2021年夏の東京五輪の開催が不可能なのは、南米とアフリカの状況からはっきりしています。

ブラジルの2020年の第2四半期のGDP予想では、①今後ロックダウンの実施が1か月の場合、マイナス3％、②2か月の場合マイナス5％、③3か月ならマイナス9％と予想されています（IPEA：応用経済研究所）。

ブラジルでは大統領の命令に反し、27州のうち24州はロックダウンを行いました。20年の第3四半期からは、政府がGDP比4・8％の財政支出の拡大（乗数効果が1・0でもGDPを4・8

％増やす）をとれば、通年では3％くらいのプラスに回復としていますが、どうでしょうか。乗数効果は政府財政支出や公共投資の拡大、または減税によってGDPが増える倍率をいいます。

新興国のドル不足と金融危機が起こっている

新型コロナがパンデミックになった3月からは、ドル不足になった米国の銀行とファンドが、新興国への投資（株式購入、貸付金、金利の高い国債の買い）を引き揚げたため、ブラジルのレアルを含む新興国の通貨は軒並み30％くらい下がっています。通貨の30％下落は普通は通貨危機、金融危機です。ブラジル・レアルのレートの30％低下は、米国のドルが抜けたことを示すものです。

米ドルではレポ金利が一瞬10％に上がり（9月18日）、狼狽したFRBが量的緩和を再開した「2019年の9月から続いている米国のドル不足」のため、世界の新興国から引き揚げられました。隣国のアルゼンチンではマネー不足が生じ、金利を上げる借換債が発行できず、国債をデフォルトしています（5月23日：9度目）。これも新興国からの米国のドル引き揚げの余波です。

新興国の通貨と金融危機は米国金融と企業のドル不足が原因であることは、強く記憶すべきことです。一瞬ですが、米国のレポ金利が10％に上がった19年9月から米国の企業、銀行、ファンドに「ドル不足の危機」が発生していたといっていいのです。実際にFRBは、この月から量的緩和を行っています。

総人口で47億人、世界の67％を占める新興国の全体はドルの米国への引き揚げを原因に、すでに経済・金融危機です。新興国は米国からの投資（ドルの流入）に依存してきたからです。実は中国のドル負債も1・9兆ドル（220兆円：2019年）と大きいのです。米国金融機関に10か月前から生じていた「ドル不足」がこれらの原因であることを確認しておきます。

中国を含むと新興国のGDPの世界シェアは、2000年の20％から40％に上がっています（2017年）。日米欧の先進国が2％台の低成長のなか、新興国は5％から10％の成長だったからです。2000年代世界経済のグローバル化のなかで、新興国のGDP平均成長率は5％以上と高かった。先進国への輸出主導の成長でした。

たとえばマレーシアのGDPに占める輸出額は69％と驚異的です。比較すれば、輸出立国と見られていた日本の輸出はGDPの15％、中国は20％です。新興国は総じてGDPのなかの輸出構成比は30％～60％と高い。国内で使う商品の2倍、3倍を輸出しています。

21世紀の世界経済は、①先進国の低成長、②中国を先頭とする新興国の高成長の時代でした。先進国の産業はコストダウンのためグローバル・サプライチェーン化を進め、原価が低い商品だけではなく、移民労働も輸入したのです。移民は本国に送金しています。新興国からの商品輸入は、経済的には低い賃金を海上コンテナに詰めて輸入することです。

新興国は世界の商品生産の拠点となる

新型コロナは、2019年までの世界の産業のグローバル化、つまりサプライチェーンのロジスティクスの方向も転換させます。一般に言われる「自国生産への回帰」ではない。部品の常備在庫を増やす非効率化への変化です。数年後の商品物価を上げる要素にもなっていきます。

工業以外の領域では、日本はカロリーで食糧の60％が輸入であることは知られています。周囲を豊かな海に囲まれ、漁業大国と見られていた魚介類でも自給の割合は1985年の111％（11％の輸出超過）から55％（輸入が45％）に減っています（2017年：農林水産省）。回転ずしのネタのほぼ100％は輸入です。アパレル、ホームセンター、回転寿司で輸入商品は日常的になっています。食糧以外でも、電子製品だけでなく、衣食住の全領域でも生産の適地とサプライチェーンを形成しています。自動車と化学工業だけが国内に残ったのです。

わが国の水揚げ量のピークは1984年の1282万トンでした。2015年は37％の469万トンに減っています。水産物は農業以下の自給率に減ってきたのです。たとえばタコはアフリカのモーリタニアから、サケやマスは南米のチリから、エビはベトナムから、マグロやカジキは中国から多くが来ています。コンビニ弁当も中国での食材加工が多く、日本で解凍して詰め合わせています。

新型コロナが2020年、21年と大きく減らす海外輸入は、長期的（約25年）に新興国からの輸入によりデフレ傾向だった国内物価を、2022年以降はマイルドなインフレ（3％程度）に向かって方向を転じる契機になるでしょう。

新興国における新型コロナは、先進国より確実に長期化します（2、3年以上）。これもアフターコロナの世界経済の特徴です。グローバル化の後退による物価の上昇はＧＤＰが回復していく２０２２年からの日本、米国、欧州に共通するでしょう。なお日本の２０１３年からの異次元緩和は、２％のインフレを目標にしていましたが、それを果たせなかった理由はふたつです。

①２回の消費税の増税を行い、世帯の実質所得を５％切り下げたこと。

②輸出で経済成長した新興国から価格の安い商品の輸入が多くなってきたこと。

グローバル・サプライチェーンは日本だけなく、先進国の物価を下げる方向に働いてきました。南米、アジア、アフリカでパンデミックが長期化していくと、食料の輸入も減らざるを得ず、国内生産にも振り替わって、先進国の物価がインフレの方向に変わるからです。新興国の新型コロナは有効なワクチンが普及するか集団免疫ができるまで、５年のスパンで長期化するでしょう。

（３）パンデミックとＧＤＰの関係

ＧＤＰは、商品生産で生まれるフローの経済の全体を商品とサービスの付加価値生産高として示すものです（付加価値は企業会計では粗利益の部分です）。「ＧＤＰ＝商品の付加価値生産高＝企業と世帯の所得額＋間接税＋補助金＝商品とサービスの需要額（内需＋輸出－輸入）」という三面等価の性質をもっています。

不動産、株価、投資信託、中央銀行のマネー発行はストックですから、商品フローを計算するGDP（国内での付加価値生産）にはいっていません。通貨や金の上昇と下落も資産の増減なのでGDPにはいりません。21世紀に増えた「金融商品」はGDPにはいらないのです。需要額から計算されているGDPが増えることは、その国の企業と世帯の「フローの所得」が増えることと一致します。なお名目GDPは商品物価の上昇を含みますが、実質GDPでは物価上昇分をデフレーターで除外します。

GDPは19世紀までのアダム・スミス風の「国富（商品生産＋金融資産＋不動産資産）」ではなく、近代工業の生産の概念から来ています。

近代の経済学は資産（ストック）を抜きにして、フローの商品生産を領域にしたのです。16世紀から18世紀までの「重商主義」では、海外交易で得られる金と金融資産も富として計算していました。商品の付加価値を計算するGDPの概念が作られた20世紀初頭に、かつての国富だった金融資産と不動産は除外されたのです。

産業革命のあとの経済では、新しい富だった資本主義の商品を生産する近代の工場が主役になっていたからです。株価が上がっても商品の付加価値生産ではないので、所得を計算するGDPには入れません。株価の上昇が資産効果の需要を生むと、その分はGDPになります。

2020年のGDPはどこまで下がるのか

ロックダウンをしなかったスウェーデンでは、2020年通年でのGDPをマイナス7%と予想しています。世帯の消費と内需を減らす外出禁止はなくても、輸出入と海外との往来が2024年までは減るからです。

世界中のGDPで増えてきた海外旅行と観光は数分の1になります。世界で第二波がひどくなったときは、スウェーデンのGDPもマイナス10%になるという。GDPのマイナス10%は準恐慌です。失業も15%になるでしょう。

スウェーデンのようにロックダウンをしなくても、新型コロナが収束し、市民が行動の自由を回復するまではGDPも10%は下がるということです。

コロナの長期化（第二波）の想定をすると悲観論と断じる人があるかもしれません。悪い状態を想定し、心とお金の準備しておけば、慌てることはないという思いで書いています。人間は未来を想定して生きています。目処、目標、時期がないと活動ができない。午後5時までと決まっていないと仕事もできないでしょう。目標を見る心の余裕が必要です。ただし死については、その時期がわからないから、バタバタせず、生きることができるものでしょうか。その意味では明日の朝の切腹を覚悟し、勇んで行う武士の態度はすごかった（森鷗外の名作『堺事件』）。夫人も、切腹を家の名誉として奨めます。現代のわれわれは、軟弱になっています。新型コロナくらいでもオタオタしています。
副作用の少ないワクチンが量産され、数十億人に接種されるか、3、4年後に世界中で自然に集団免疫ができるまでは、新型コロナは大きくあるいは小さく、波をもって続くことが予想できます。なおアジアの日本の波は小さく、米欧の波は第一波に比例して大きいと予想しています。

【20年1－3月期のGDP】

まだ20年1－3月期のGDPデータしかありません。ロックダウンの4－6月期が出るのは、7月末です。1－3月期はフランスのGDPはマイナス5・8%、スペインがマイナス5・2%、イタリアはマイナス4・7%でした（いずれも年率換算：実質）。同期の日本はマイナス3・4%です（年率換算）。日本では民間需要（個人消費）、住宅投資、設備投資はいずれもマイナスでした。政府消費は＋0・1%と少し増え、公共投資はマイナス0・4%、海外のロックダウンから輸出減がもっととも大きくマイナス6・0%、輸入もマイナス4・9%でした。

〔日本では19年10月からの消費増税〕消費税の増税によりGDPが年率換算で7・1%減だった19年10－12月期に続いて、20年1－3月期はマイナス3・4%でした。（図13）。

消費税について言えば、「所得が増えていないとき、政府は増税をしてはならない」。経済運営の鉄則です。

増税は国民の実質所得を減らすため「マイナスの乗数効果」をもちます。2%の消費税の増税

図13　日本の実質GDP（2018年～20年：4半期：前年同期比：内閣府）

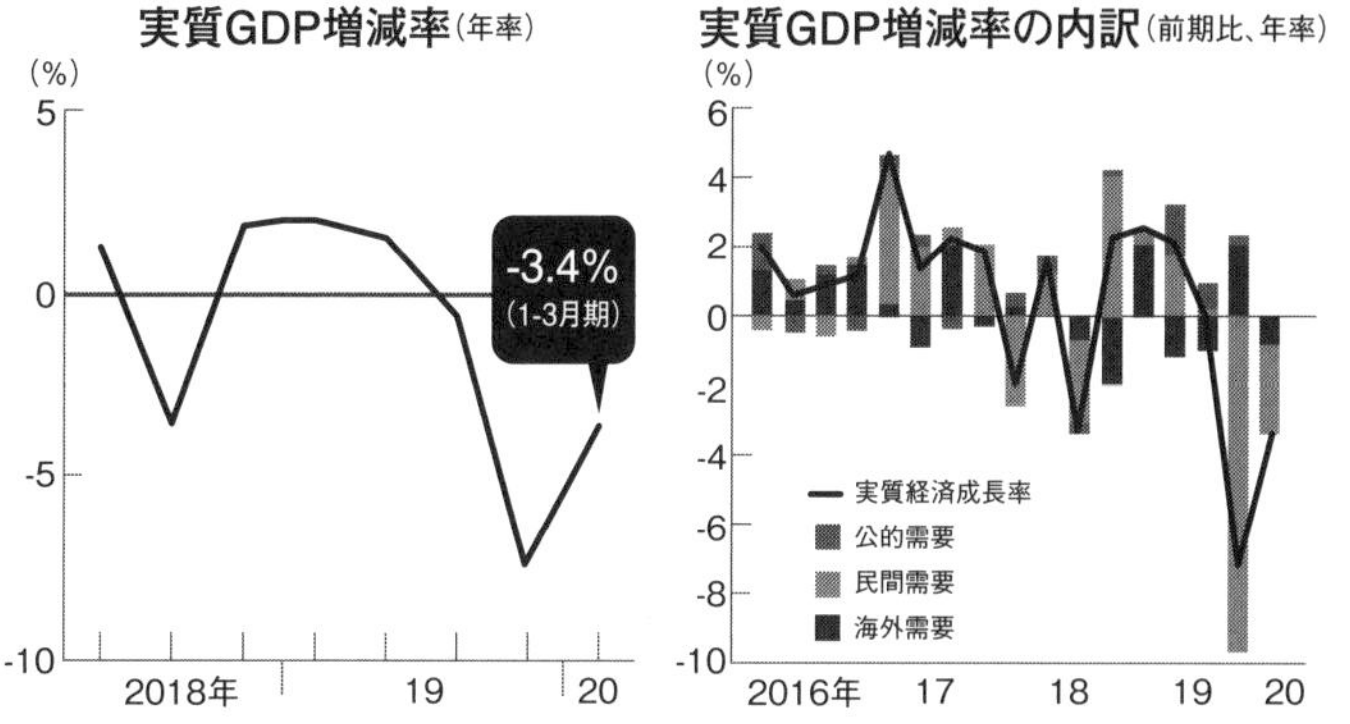

日本のGDPは、19年10月の消費税増税で、前年比の民間需要が10%もマイナスしていた。20年1－3期は前年比0%に回復するはずだったが、新型コロナの影響からマイナス3.4%になった。20年の4－6期はマイナス20%下がるだろう。7－9期に回復しても、10－12月期は第二波があれば20%近いマイナスになる。

であっても、世帯の所得が増えていないときは3倍から4倍（マイナス6%から8%）の民間消費需要（民需）のマイナス効果をもつからです。民間需要は日本でGDPの60%、米国で同70%です。

日本では新型コロナが皆無だった19年10－12月期の民需は、消費税増税を原因にマイナス10%という落ち込みでした（年率換算）。世帯の実質所得が下がるなかでの2%増税だったからです。増税不況の上に、20年3月からコロナショックが加わったのです。

ロックダウンした国としていない国の差

4か国の20年4－6月期のGDPはまだ不明ですが、3月からのロックダウンにより、年率

図14　OECDの世界経済見通し（20年6月11日発表：追加）

いずれの国もGDPの約10%の財政支出でのGDP押し上げを含む

	20年に第二波があったとき		年内に感染が収束	
	2020年	21年	2020年	21年
世界	-7.60%	2.80%	-6.00%	5.20%
日本	-7.30%	0.50%	-6.00%	2.10%
米国	-8.50%	1.90%	-7.30%	4.10%
中国	-3.50%	4.50%	-2.60%	6.80%
欧州	-11.50%	3.50%	-9.10%	6.50%

換算で少なくとも20%のマイナスと見られています。5月25日ころから外出の自粛を解除しても経済の正常化にはまだ遠いので、前年比のプラスはあってもV字回復にはならない。

社会的な距離をとって密接を避ける「ニューノーマル（生活スタイルの新常態）」と、外食と観光の減少が世界で続くからです。

〔**補足**〕OECDの最新の経済見通しがさっき出たので、図14の追加として載せてます。いずれの国もコロナ対策の財政支出、GDP比約10%での押し上げ10ポイントを含みます（一般会計の真水）。民需はこれより10ポイントは低い（8割経済）。日本の2021年の回復はいちばん低くなっています。潜在成長力が低いからです（予想生産性×予想労働者数）。OECDのGDP見通しは、政府見通しとおなじ「楽観論」に属します。

同日の世銀は20年内のコロナ収束としても金融危機になれば、世界経済はマイナス8・0％、21年もOECDの＋3・5％ではなく＋1・0％としています。金融危機の可能性はあります。

6月から北半球は冷房のシーズンです。ビルは密閉空間。エアコンの空気対流からも感染することが報告されています。①オフィスに社員が密集しない対策、②定時的な換気、③テレワークの継続、④通勤での密接を避ける時差出勤が必要になるでしょう。テレワークを行った人は70％が夏も続けるとしています。秋・冬までかはわからない。

6月の民間経済活動の再開は、70％程度と予想されています。7月が80％、8月が90％でしょうか。政府の真水の財政支出（GDPの約10％：年間）の要素以外は前年比100％を超えることはありません。

IT化率が低い日本の企業と官庁も案じられます。ワクチンができるまでスポーツイベントや演奏会、観劇は無観客でしょう。映画館やカラオケ、クラブ、バー、ライブハウスも厳しい。学校でも定時で換気をし、座席は約1・5mの間隔を空けることが必要です。

・外出規制があった20年4－6月期のGDPを年率換算マイナス20％とし、
・7－9月期を＋3％との復活とした上で、
・10－12月期と、21年の1－3月期が第二波の影響を受けると仮定すれば、
2020年度の、4半期を4つ合計したGDPは、「〔－20％＋3％＋（－10％）＋（－5％）〕

＋4＝マイナス8％」になります。リーマン危機直後だった2009年のGDPのマイナス5・8％の1・4倍です。

【ロックダウンとGDP】

ロックダウンをしていないスウェーデンでは、2020年のGDPは秋の第二波があるとすれば、同国ではマイナス12％と予想されています。ロックダウンをしてもGDPの縮小率では、大差ありません。

ただし下がった株価や不動産は世界的に第二波がない場合、元の価格付近までV字回復するでしょうから、この点は違います（第二波があれば下がります）。第二波がないときはロックダウンの方法が優れます。ワクチンと集団免疫がない状況の第二波があれば、GDPの縮小に対しては両方がおなじです。第二波では国内だけでなく、世界の感染の動きを見ておかねばならないからです。

自国の第二波が弱くても①GDPの15％から20％の輸出入、②部品や組み立てのサプライチェーン、③人的な交流の関係が深い大国に第二波があるときは、自国だけ回復することはない。

1929年の株価暴落を起点とした大恐慌、2008年からのリーマン危機（米銀の連鎖危機）が米国発でありながら、欧州・中国・日本を含む世界に波及したことからも言えることです。世界経済の鍵になるのは、国際的な商取引と金融で通貨の60％を占めている基軸通貨ドルの米国です。その国が人口100万人当たりいちばん大きな感染率になり、経済縮小の先頭に立っています。

スウェーデンの事例から、別の原則も導くことができます。「パンデミックになった感染症は、ワクチンと治療薬がないときは人々の意識に恐怖を呼び起こし、ロックダウンをとらなくても収束までの経済を縮小させる」

(4) 海外との相互依存が大きくなった世界経済

フランス中央銀行は、ロックダウン発令後の2週間のGDPの内容を試算しています。

①経済の全体（GDP＝商品生産＝所得＝需要）は32％縮小した。
②工場は生産が48％減、民間サービス業は37％減だった。
③建設業は75％減、商業・輸送・宿泊・外食は65％減と大きかった。
④下落が小幅だったのは農業生産と食品販売の6％減少、エネルギー・水・廃棄物処理の15％減、金融・不動産の12％減だった（JETRO：ビジネス短信：4月8日）。

これらはロックダウンを行ったOECD諸国におよそ共通します。

同銀は「2週間のロックダウンにつき年間GDPが1・5ポイントは下がる」ともしています。1年に4か月（16週）都市閉鎖があると、「1・5％×（16週÷2週）＝12％」、年間GDPが低下。

第二波があればロックダウンがない期間の8か月も、社会的距離、国内外の観光需要の減少、貿易額低下、スポーツイベントやショーの開催など民需の全面でマイナスの影響を受けます。その8か月でもGDPでは5％ダウンの影響は受けるでしょう（民需＝家計消費＋住宅建設＋民間設備投資）。

世界のどこかにパンデミックがあると感染の恐怖から逃れられないからです。日本で確認感染数が少なかった20年2月、3月の共通経験からも言えることです。志村けんさんが親族も会えずに亡くなった日（3月29日）から国民の恐怖心が高まりました。動画のTVは家庭に入り込んで、人々に「知人幻想」を与えているからです。われわれは記者会見する安倍首相や専門家会議、ワイドショーも隣であるかのような「意識の幻想」とともに生きています。

主要国で第二波があったときは、民間需要、設備投資、輸出での年間GDPは合計で18％はマイナスになるでしょう。（注）需要面のGDPは個人消費＋住宅建設＋民間設備投資＋政府最終需要＋公共投資＋輸出－輸入です（在庫の増減は小さいので除外）。

GDPのプラス要素は、コロナ対策としての「真水の財政支出」の増加です。GDPの10％（日本では一般会計の真水で約55兆円、米国とEUではそれぞれ220兆円）の財政支出の増加があると、2020年度（4月から翌年3月）のGDPは前述のようにマイナス8％でしょう。

米国ではGDPが2％成長していたので、GDPがマイナス6％、欧州と日本でほぼゼロ成長だったのでマイナス8％という最終結果になるでしょう。

世界経済は相互依存のシステム

世界経済は相互依存の形をとって、システム化・統合化が進んでいます。相互に連結されたシステム（系）では1か所に不具合が起こると、全体が影響を受けます。

中国政府だけは2020年の年間GDPの成長が前年比3％（OECDはマイナス3・5％としています）になるとしていますが、輸出が平常年並みに回復しないかぎり、3％成長はあり得ません。OECDの見通しに近いでしょう。

中国内でも、第二波、第三波までが案じられています。ほぼ2年間は海外交流は部分的です。米欧日への輸出は19年比で100％へ回復しません。中国のGDPに対する輸出比率は20％（GDP構成比20％）と日本の15％より高い。輸出が90％以上回復しないと、得意の嵩上げをしてもGDPは3％成長にはならない。中国の輸出は、アメリカ、欧州、日本、アジア内需（民間需要）が回復しないと伸びないからです。

トランプ大統領の米国は、香港への「国家安全法の適用（5月29日）」による米中の対立からも、中国輸入に制限を加えます。欧州と日本はGDPの低下によって、中国からの輸入は増えません。5G通信の中国ファーウェイ（華為）は対米輸出が100億ドル（1兆1000億円）減っています（20年1－3月期：決算説明会）。米国は中国企業のナスダックへIPO（新規上場）を制限し、ドルでの資本調達に制限を加えています（20年5月～）。

自治区である香港への国家安全法の適用、つまり実質的な中国化は、米国からの金融・経済制裁につながります。もっとも激しいのは「人民元とドルの交換禁止」の金融封鎖ですが、米国政府がそこまでは行わないにせよ、中国からの輸入を減らすことにはなっていきます。香港の銀行との取引を規制し、米国からの中国投資は減っていくからです。

万一、ドルと人民元の交換が停止されると、米国が北朝鮮とイランにとっている金融封鎖とおなじになり、貿易を蒸発させます。金融封鎖は実質的な戦争です（これが新冷戦）。

ただしこれは中国がもつ米国債（1・1兆ドル：121兆円）の売りからの米国債の下落（金利は上昇）も生むのでトランプ氏も発動しないとは思いますが、基軸通貨国の米国は金融の手段をもっています。

中国は1・9兆ドル（209兆円）のドルでの負債があります。仮に金融封鎖が行われると、元とドルの交換ができず、中国はドル負債をデフォルトせざるを得なくなります。これは米ドルの暴落の引き金も引くでしょう。海外がもつ外貨準備だけでも13兆ドル（1430兆円）もあって、日本、中国、産油国、EUを含む海外がドル売りに出るからです。

習近平主席が香港に国家安全法（国家の意志に反する言動を禁じる法）を適用する理由は、体制に脅威を与えた天安門事件に発展する可能性もある、民主化要求運動を止めるためです。

一時は収まっても、かえって地下の運動を長期化させると見ています。

NYを超え、世界一高かった香港の不動産価格は2020年に10％は下落するでしょう。中国経済にかかった急ブレーキが加わって21年、22年とおよそ30％の価格下落は決定し、ローンの不良債権問題が大きくなるといえるでしょう。高所得層には米ドルやユーロを買って、香港脱出の準備をしている人も少なくない。英国のジョンソン首相は香港から300万人を受け入れるとしています。日本政府も、アジアの金融のハブを作る目的で香港金融の受け入れを表明しました。

【グローバル・サプライチェーンの2020年度経営計画】

トヨタは海外売上が70％の世界企業です。新型コロナが20年末に収束に向かうという仮定で、2021年3月期の売上が20％減少するとしています。（注）第二波があれば、あと10ポイントは減ってマイナス30％になるでしょう。耐久消費財で住宅につぐ車の生産・販売が20％減るときは、GDPは8％から10％下がります。世界のパンデミックが収束し、70億人の生活と商取引が正常化しないと、自国が正常化してもグローバル・サプライチェーンが拡大した経済は回復しません。

【世界中で観光の割合が増えた21世紀】

フランスやイタリアでは、新型コロナで壊滅的に減る観光事業の割合が大きい。フランスの平常年の海外観光客は日本の約3倍の8686万人です。観光収入は6100万ドル（67兆円）、約

300兆円のGDPの22%を占めます。これはフランスの22%の雇用が観光事業ということでもあります。日本国内とインバウンドの観光産業は22兆円と、金額でフランスの約3分の1です。

仮にフランスだけが早期に集団免疫を獲得し、他に先駆けて収束しても海外からの観光は回復しません。集団免疫の戦略をとって国内の経済活動を規制していないスウェーデンの年間GDP予想のマイナス12%にも、これが現れています。

経済が相互に影響をもつ世界は、情報公開をして協調すべきです。米中のSARS-CoV-2の発生をめぐる非難の泥仕合いは倫理的に誤っています。

世界の公共財としてのワクチン

社会倫理的には、ワクチン開発も製薬会社相互の追い落とし競争という資本主義経済を超えたものとすべきです。公共財とすべきであり、世界の70億人に無料で配布しなければなりません。1人分（2回平均）が原価2000円として14兆円です。

テレワークの急増で株価の時価総額が145兆円にV字回復したマイクロソフト、そして135兆円に増えたアップルの2社だけで支出できるでしょう。企業の評価は上がります。増資発行した株価の上昇でお釣りが出る支出です。次世代の経営で投資家から重視される企業によるSDGs（Sustainable Development Goals 持続可能な開発目標）に沿って世界の経済資源を復活させるものだからです。

IT業界はアマゾンを代表とするノンストア・リテイラーとともに、新型コロナから恩恵を受けています。テレワークの増加によりスマホで減っていたPCアプリも販売が増えています。アマゾン、アップル、Google（会社名はアルファベット）、フェイスブック、マイクロソフトはロックダウンのなかでも売上が増え、株価が上がっている受益者であり、社会還元の義務を負います。関係者がこの本を読むことを希望しています。

マイクロソフトのビル＆メリンダ・ゲーツ財団は、コロナ感染症対策の支援に全力を注ぐとしています。支援だけでなく、開発したワクチンの世界への無料配布が必要でしょう。ウインドウズのソフトを10億台分も売って世界の人々からお金を集めているからです。

（5）複雑系経済の波及

1929年からの米国発の恐慌は、津波のように世界に波及し、唯一「大恐慌」といわれるものになりました。12年前、2008年からのリーマン危機も米国の金融危機（内容はデリバティブの危機）でしたが、証券がリンクしていた欧州と商品輸出で連結していた日本、中国、アジア、新興国にまたたく間に波及しました。日本のGDPの低下（マイナス6％：マイナス40兆円：09年）は、震源地の米国（GDP成長0％）より、はるかに大きかったのです。

1930年代と2008年の経済の相互依存度は、現在より低かった。それでも一国の金融危機からの経済危機は、世界に深い影響を及ぼしたのです。

リーマン危機の発端は、不動産ローン担保のデリバティブ（MBS、ABS）が下落し、保証保険のCDS（クレジット・デフォルト・スワップ）が高騰したことからの、銀行間信用の低下によるレポ金融（債券担保の短期金融）の停止でした。

レポ金融は、国債やAAA格の社債を担保にする銀行間の短期マネーの貸し借りです。相手銀行がどんなデリバティブをもつか、B/Sではわからなくなって、カウンターパーティー（相手銀行）を信用できなくなった。このため銀行間の貸し借りであるレポ金融が停止し、追証か返済を求められます。借りている側の銀行はドル不足に陥って、翌週の支払いと預金の払い戻しができず、デフォルトします。レポ金融が停止すれば、決済ができなくなる銀行は2週間で破産します。

銀行は相互にマネーの貸し借りがあるので、大手一行の破産は全部の銀行にチェーンでつながれているように連鎖します。リーマン危機は、デリバティブの損失からきた「21世紀型の恐慌」でした。

簿外資産と簿外債務

デリバティブ（金融派生商品）は、カウンターパーティーと、金融商品（原資産）の将来のリスク部分を予想計算して売買しあって抱える、簿外資産または負債です。満期に、利益または損失が確定するまでは、損益は計上されません（会計制度上のことです）。途中で利益と損失が確定していないことが、簿外資産・負債とされている理由です。時価評価をしないので、株価が倒産銀行並みのドイツ銀行が生き残っています。

デリバティブを簿外資産とする会計制度から、投資銀行リーマン・ブラザーズも破産する9月15日の2週間前までは、CEOが史上最高の四半期利益を上げたと記者会見していました。

世界の銀行間デリバティブの総額は現在550兆ドル（6京円：1兆円の6万倍）。世界のGDPの6倍です（BIS：OTC derivatives：OTCは銀行間の意味：19年6月）。簿外資産と負債のデリバティブは、利益と損がどの銀行に及ぶかわからない、世界金融の複雑系です。6京円のデリバティブに現在どれくらいの損失があるのか、世界の誰も知りません。わずか1%の損があったとしても600兆円の穴です。

ドイツ銀行がデリバティブの売買の最大手です（契約残高は37兆ユーロ：4400兆円：19年末）。今回も3月の株価暴落で実質的に破産しているでしょう。欧州発の金融危機を起こしたくないECB（ユーロの中央銀行）の支援で延命しています。株価は7ユーロという破産水準です。

2007年には100ユーロでした。株式投資家は資産・負債の内容を推測して売買しています。

デリバティブは「金融のリスクの証券化」であり、「A銀行の利益＝B銀行の損失」です。リスクの計算式が「ブラックショールズ方程式」です。オプションもデリバティブの一種です。オプション料はブラックショールズ方程式、あるいは類似のもので計算されています。一般に株価や不動産が下がり、社債の金利が上がるときは損失もレバレッジをかけて大きくなります。

リーマン危機はデリバティブからだった

レポ金融も、①買い戻し条件つきで、②A銀行がB銀行に債券（主なものは国債）を売って、③短期で買い戻す短期のデリバティブです。日銀が銀行との間で18兆円規模で行っている「売り現先取引」に似ています。米銀やファンドの短期資金の調達手段が、このレポ金融です。

金融危機は手持ちの証券（株式、社債、債券）の下落による「銀行信用の危機の連鎖」のことです。最初は、レポ金融での追い証の追加、または他行から借りた短期マネーの返済要求として表れ、銀行に支払い資金のショートが起こって別の銀行にも連鎖していきます。

リーマン危機のときは、返済ができない人に貸し付けられた住宅のサブプライムローンを買い集めて作った「合成証券（MBS：デリバティブ）」の暴落からでした。最初は金利が低く、あとで高くなる変動金利のサブプライムローンでした。デフォルトが15％になったとき、債権を集めて証券化したMBS全体の40％の下落を生んだのです。これが銀行を債務超過にしました（自己資本がなくなること）。

複雑系の金融には、急に不良債権になる「臨界点」があります。MBS（不動産ローン担保証券）では、住宅ローンの返済が15％デフォルトする時点がAAA格とされたMBS証券が40％下落する臨界点でした。中くらいの信用のメザニン債、信用は低く金利は高いエクイティ債は無価値になりました。

今回の金融危機は新型コロナの第二波が北半球に起こったときの、

①株価の35％以上の下落と、

②増えている投資非適格債のジャンク社債をまとめて合成したCLO（ローン担保証券：2兆ドル：220兆円）の下落からでしょう。

220兆円のジャンク債は、リーマン危機のときのサブプライムローンにあたるものです。信用が低く、金利の高いジャンク社債の発行は、米国のシェールオイル会社に多い。新型コロナによる原油需要の減少（20年4月はマイナス30％）から原油価格が生産の採算点の1バーレル＝50ドルを割っているので、この社債はほぼ全部ジャンク化しています。1バーレル＝60ドル（20年1月初旬）からの原油の下落は、新型コロナによる世界のエネルギー需要の減少が原因です（4月は世界需要が30％減：マイナス3000万バーレル／日）。

多くの要因がからんでいる複雑系の経済が原油価格の下落に及んで、シェールオイル採掘会社の社債のジャンク化になっています。20年3月からFRBは信用度の低い社債とCP（コマーシャル・ペーパー：企業の短期マネー調達の手形）も7500億ドル（82兆円：3月〜5月）買い上げて価格を維持させ、エネルギー企業のドル不足を充填しています。

経済は35兆の細胞からなる人体のように複雑系です（近年の研究では体細胞は35兆個）。複雑な機械のように入り組んでいて、少数の要素に還元する数理経済分析では予想できないものです。世界経済は、70億人の商取引と金融取引から成立している系（システム）です。

海温、海流、気流で決まる気象のような複雑系経済

1929年の大恐慌に匹敵し、長期化すればそれ以上になる「コロナの世界恐慌」を生むとは、昨年の時点で誰にも想定できるはずもなかった。複雑系の経済は、要素が多い気象と同じです。台風が発生したあと針路は、ある程度予想ができる。しかし事前にどこで、いつ発生し、どうなるかの予想はできません。1929年の大恐慌も、事前に予想していた経済学者は皆無でした。株価暴落のときのFRBのマズい対応には、金融危機のメカニズムが予想できなかった結果が表れています。

2008年のリーマン危機からの金融恐慌でもおなじでした。「実体経済の恐慌」にならなかったのは、大恐慌の研究から米国政府は即座に1兆ドルの増資資金（返済の要らない劣後債）を出し、恐慌学者バーナンキ議長の米国FRBが、緊急に4兆ドルのマネーを増刷し（3度のQE：

2008年－13年）、ドル不足になっていた金融機関に供給したからです。バーナンキは金融の疫病学者だったといっていいでしょう。しかし事前の予想はできなかった。事後の対策をとっただけです。学問化される原則は過去のものであり、経済の条件が変化する未来のものではないからです。

「あなたたちは、なぜリーマン危機の発生を予想できなかったのか」というエリザベス女王の直球の問いを受けて、国際的に著名なエコノミストたちは無言だったという。エコノミストは過去のこと、データになった経済の分析と解釈はできます。しかし台風の発生を予想できないように、複雑系の金融・経済の事前の予想はできない。

複雑系のイメージは、「アマゾンの蝶のはばたき（微量の空気のゆらぎ）が、他のもっと大きな気流に乗ってフロリダのハリケーンになることもある」とするパロディ（寓話）です。こうした蝶のはばたきが武漢における最初の感染者だったのです。

個々の生産活動、消費活動、金融の動きから、全体経済は把握できません。中国のように、監視付きのGPS（スマホに備わった全地球測位システム）のビッグデータを使っても不可能です。

リーマン危機のときは、コンピュータ通信のなかにあって物理的には見えない複雑系の金融が原因になりました。今回は複雑系の実体経済からです。生産と販売のサプライチェーンは、世界のどこかのパンデミックでも全体に影響を及ぼす複雑系です。

中国で作っている水回りの1個の部品（いわばアマゾンの蝶のはばたき）が来ないため、日本の建築会社が2000万円の住宅の最終段階を完成できず、引き渡しが停止しました。このようなことが複雑系のサプライチェーンでは至るところで起こります（2020年3月）。住宅の隅々の部品までも2000年以降、インターネット回線上の調達のEDI（電子データ交換）によって複雑系になっているからです。

【インバウンド消費の多い地域】

当方は、平成元年から大阪府の北部に住んでいます。ミナミの居酒屋やホテルは、中国、台湾、香港、韓国からの観光客で30％から40％の売上が作られていました。心斎橋では、中華系と韓国からの観光客が60％だったでしょう。武漢発のウイルスが3か月で自分の事業を存亡の危機に陥れると想定していた商店主は、皆無でしょう。観光産業が多い京都と奈良も似ています。

政府からの支援は補助金以外、無利子・無担保ではあっても借金の増加になります。将来の「営業キャッシュフロー」によって返済しなければならない。消えた売上を補う借金は将来の売上を増やす設備投資ではなく、損金（経費）の支出になります。年間売上が50％以下に減った会社で返済原資となる営業キャッシュフロー（税後の現金利益＋減価償却費）が2年後に上がるとは思いにくいのです。

日米の失業率の長期予想

中小と小規模企業、法人化していない個人事業（中小企業の雇用数は70％：3500万人）には、倒産より廃業が増えるでしょう。日本の宿泊・飲食サービス事業では、中小企業が50万事業所です。小売業では個人資本が62万店（店舗数の62％）です。建設業では43万事業所です（中小企業庁）。合計では155万の事業所が中小企業です。

米国では500人以下の中小企業の雇用が50％を占めています（7500万人）。日本では70％（3500万人）が中小企業の雇用です。米国のレイオフ（一時帰休）を含む失業は、4000万人に増えています（20年5月までの失業保険申請数）。米国の労働者のうち4人に1人（25％）がレイオフで、短期的にせよ5月で職を失っています。

レイオフがない日本では20年5月以降、265万人が職を失い、失業率のピークは6・1％に達するとNRI（野村総研）は予想しています。中小企業の休業による隠れ失業（通勤の停止）は517万人と予想されています。日本でも休業による短期失業は合計で752万人、失業率では約2倍の11・3％に達する可能性があります。1人10万円の生活支援金で足りるわけないのです。

日本では4月までは失業率が2・6％と低かったので、その約4倍です。

休業のまま廃業になる会社と個人事業も多いので短期失業の30％くらい（225万人）は、4年にわたり長期化し、失業率が6％以上を続ける可能性があります（最大予想）。正常化するのは、

図15　コロナショック以降の、わが国の完全失業率予想

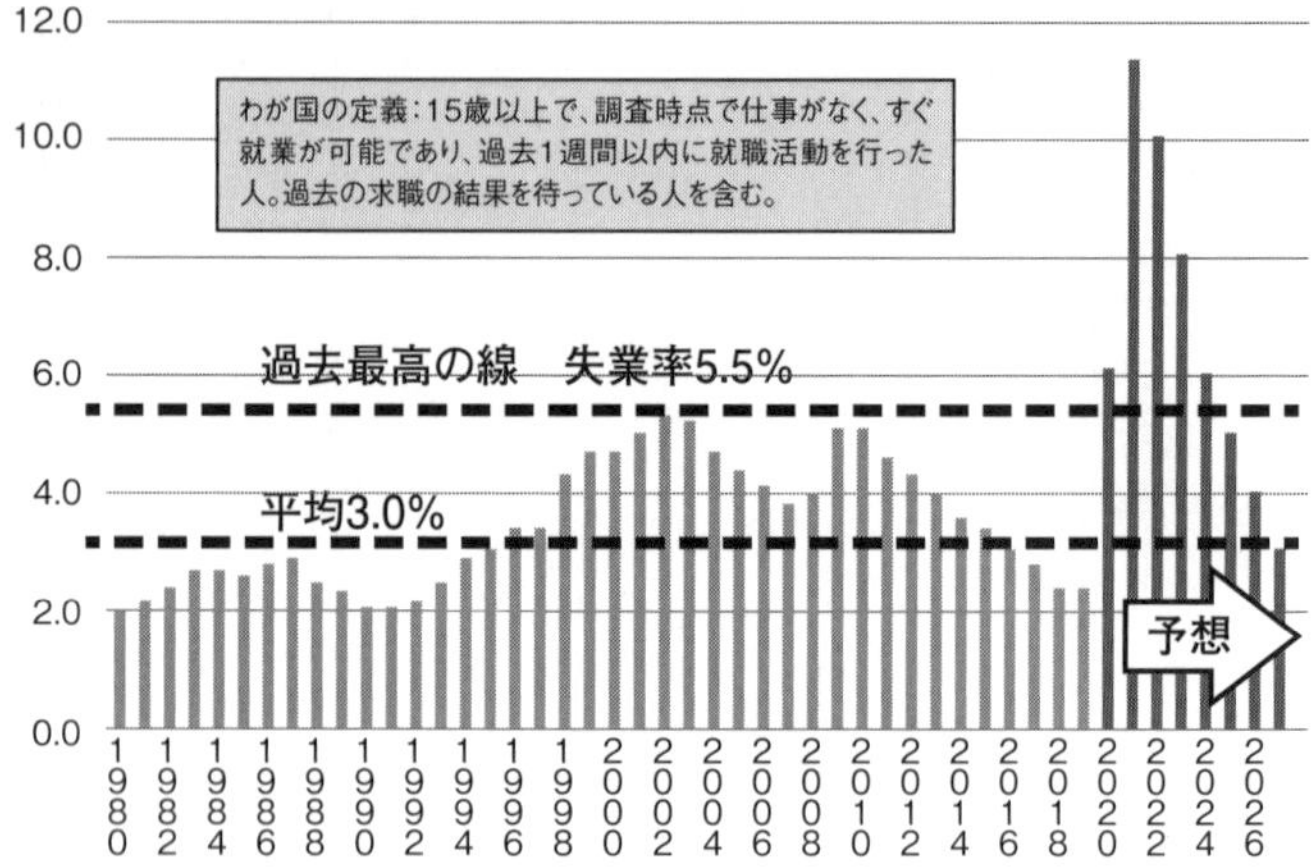

世界のコロナショックが落ち着く2025年（5年後）からでしょうか。

図15に、1980年からコロナショック後の2027年までの失業率の予想を示します。リーマン危機のときは354万人の隠れ失業を入れて、失業率は09年の四半期の頂点で8％に上がりました。半分の4％にまで回復したのは、安倍内閣の2013年で、5年かかっています。

一方2015年から19年までは人手不足でした。19年の失業は資産バブル末期の90年並みの2・4％と低かったのです。今回も失業率の2・4％への回復には5年を要するでしょう。今回の失業は、廃業からのものが多いことが問題です。6か月の短期間は補助金（生活支援金＋雇用維持費）を給付しても、2021年からの新規事業の増加がないからです。既存の会社も雇用を減らします。

失業は経済のもっとも大きな病です。権威ある

経済学者ケインズが『雇用、利子および貨幣の一般理論』（1936年）で不況と失業を有効需要の不足として分析しています。ケインズの40年前にマルクスは『資本論』で、およそ10年から12年ごとに繰り返していた恐慌を資本の超過投資が原因であると描き、共産主義の理論になったのです。所得がなくなる失業は、経済の中心問題だからです。

今回の失業は、パンデミックによる世界の有効需要（内需＋外需）の減少からのものです。世界の政府が対策として行うGDPの10％くらいの財政支出（真水部分）の拡大（1年分）の間は、失業の増加を減らします。

しかし民需（民間消費＋設備投資＋輸出）の回復にならないと、構造的な失業は減りません。民間需要と企業の設備投資の増加には、国内社員の賃金総額の大きな上昇が必要です。

これから深刻化する地価下落

【金融と経済の基礎は地価と不動産価格】

2020年の1月までは、2020年の東京オリンピック、2025年の大阪万博を起点に海外からのインバウンド消費は、大きく増えると想定されていました。2012年から2019年まで、訪日観光客は840万人から3190万人にまで平均年率で21％も増えてきたのです。

その1年前の2018年、世界の観光客数は1位がフランス8940万人、2位スペイン8277万人、3位米国7961万人、4位中国、5位イタリア6214万人、6位トルコ

4576万人、7位メキシコ4144万人、8位ドイツ3888万人、9位タイ3827万人、10位英国3631万人で、日本は11位の3188万人でした。21世紀の世界は「大旅行時代」を迎えていました。

そのなかでも2012年から日銀が円を増発するアベノミクスによって約30%の円安（ドル高＋人民元高）になった日本は、海外観光客の増加率のもっとも高かった国でした（2000年475万人→2018年3188万人）。国内での消費額は4・8兆円に増えていました。

府民の平均所得は増えていなくても、観光客の増加を前提にして大阪市中央区の地価は前年比17%、西区は20%、浪速区は15%も上がっていたのです（2020年1月：公示地価）。

19年10月に消費税が上がり、大阪市の人口も減少傾向になっていたので、地価バブルの再来にも見える商業地の高い上昇は観光客の増加期待からでした。

①観光業、②サービス業、③食品以外の小売業、④飲食業に倒産と廃業が増える2020年からは地価は下げるでしょう。ここにも武漢発のウイルスが大阪の地価下落に波及する「複雑系」があります。

不動産の下落に先駆けるものが、上場されているJ-REIT（リート）の2200（20年2月）から1700への23%下落です（5月）。日銀の買い支えにもかかわらず下がっています。REITは、不動産の賃貸料と売却利益を証券化したデリバティブです。オフィスの空き室が増えて、ホテルの売上、ショッピングセンターの売上が減って不動産賃貸料の下落が想定されると、REITの価格は売買事例の公示地価（遅行指標）より2年は先駆けて下がります。J-REITは2年後の日本の不動産価格が20％は下がると予想しているのです。米国のREITも20％下げています（20年6月）。不動産ローンが証券化されている米国では、不動産価格の20％下落は金融危機を引き起こします。

「パンデミックの発生→都市封鎖と外出禁止→旅行の停止→観光の停止→観光に関連する事業の倒産・廃業→不動産賃貸の解消と売却→買い手の減少→地価下落」という8つの段階の複雑系の波及がこれです。地価と不動産価格も複雑系です。

【地価への影響の遅延は1年から2年】

波及の過程には遅延があるので、地価と事業用不動産の価格の下落として表れるのに1年から2年を要します。いままで上がってきた全国の商業地が2021年、2022年には大きく下げるということです。不動産価格が下がると、担保価値も下がって不良債権が増え、銀行資本の収縮に向かうことになります。日本では米国と違い社債の発行は少なく、事業用マネーでは不動産担保の銀行融資が多い。不動産価格の下落は、銀行の不良債権を増やします。

米国でも住宅価格の下落予想から、住宅ローンの申請件数が29％減っています（2020年3月末）。他方でFRBが金利をゼロ％に下げても、30年もの固定金利のローンは3・82％に上がっています。米国の住宅ローン金利の上昇は2020年、21年、22年の住宅ローンが不良債権化することを示しています。米国の住宅ローンには日本の4倍の10兆ドル（1100兆円）の残高があり、日本の国債並みの大きさです。

住宅価格が下落してローン金利が上がると、金融の不良債権が増加します。リーマン危機の起点になったのも、2006年央からの米国の住宅価格の下落でした。

住宅価格の上昇によって増えていた米国の消費者ローンも減少し、自動車、家具などの耐久財と店舗の商品販売も減少します。住宅価格の上昇が担保になって、世帯の消費者ローンも増えてきたからです。

リーマン危機のあと、住宅価格の下落（30％：2012年）から減っていた米国世帯の負債は、2013年からの住宅価格上昇によって14兆ドル（1510兆円）に増えています（2019年）。日本の世帯の住宅ローンを含む負債（320兆円）の4・7倍です（預貯金の3分の1でしかない日本の世帯負債は健全です）。米国の50％の世帯（5000万世帯）は、住宅価格が下がると返せなくなる借金まみれでしょう。

不良債権が増えるという問題

米国では世帯の平均年収に対して、115％の負債があります（1億世帯の平均）。世帯の金融的な信用の元である住宅価格が下がると消費者ローン、車のローン、学資ローンも不良化し、ここ5年間の消費を支えてきた増加はとまります。結果はGDPの70％を占めている、個人消費（民需）の減少です。失業だけでなく、失業しない世帯の買い物余力にまで武漢発のコロナショックは影響します。本書で後述する、米国の店舗売上の減少は住宅価格の下落予想からも来ています。

新型コロナの第一波は北半球では収束に向かっても、1年後、2年後の金融を縮めます。

2021年の東京オリンピックは、南半球のパンデミックが遅れて襲うので国際旅客の回復も遅れ、正常な形では開けないのは確定しています。開いても無観客で入国者に2週間の隔離が必要でしょう。南半球にパンデミックがあるとき、国際的な合意がとれるとは思えません。

IOC（国際オリンピック委員会）は2021年に開催できないなら、東京五輪は中止するとしています（20年5月）。これが2021年、22年の地価の下落は決定したのです。オリンピックを目当てにした箱モノとホテルの売却価格はどうなるでしょう。不動産が担保になっている日本的な金融のバブル崩壊の原因にもなっていくでしょう。日本にとって悲願であった東京オリンピックについては政府からの発言が消えています。

【医学と経済学の違い】

統計学を基礎とする医学、薬学、診療が科学として成り立っているのは、人種と年齢を超えて、人体が共通だからです。1人の人体を研究することから70億人に共通な医療を開発できます。

経済学と医学では、科学性においての基礎が異なります。経済学では、個々の経済活動の複雑さを省略して社会学のようにグループ化し、行動の原理を直観で発見することから始まります。主流派経済学の前提は、合理的な決定と行動をするホモ・エコノミクスです（仮説）。ロボットのような人造人間は、非合理なあるいは確率的にランダムな判断と行動をする人間とは違います（行動経済学は人間の非合理な判断と経済行動決定の領域に照明を当てて、いくつかの原則を導き出しています）。

抽象化された人間を前提にしているため、人間が作る経済は原理的に予想ができなくなり、過去の経済現象についての解釈学になるのです。

他方、医学は原因から発病と症状を診療して、原因治療をします。人間の個体も複雑系のシステムであり、個々に微妙に違う機能間のバランスがあるので、診療の効果は手術も含んで100％の治癒ではなく確率的なものになります。ワクチンや医薬の効果も100％ではなく確率的なものであり、統計学的です。自然科学の原理が働く化学反応のように、100％が「A＋B→C」になるとはいえない。化学反応、機械、電気では解明された原理が100％働きます。

（6）日本のＰＣＲ検査が異常に少ない理由

日本のコロナ対策の問題は、ＰＣＲ検査の異常な少なさからも生じています。人口1000人

図16　人口1000人当たりのPCR検査数（4月28日時点：OECD）

順位	国名	人数
1	アイスランド	135人
2	ルクセンブルグ	65人
3	リトアニア	37人
4	ノルウェー	30人
5	イスラエル	30人
6	イタリア	30人
7	スイス	29人
8	デンマーク	27人
9	オーストリア	27人
10	ラトビア	26人
11	ニュジーランド	26人
12	ドイツ	25人
13	スロベニア	24人
14	OECD平均	23人
15	アイルランド	22人
16	ポルトガル	22人
17	チェコ	21人
18	オーストラリア	20人
19	カナダ	19人
20	ベルギー	18人
21	米国	16人
22	フィンランド	15人
23	スロバキア	14人
24	韓国	12人
25	オランダ	11人
26	トルコ	11人
27	英国	9.9人
28	スウェーデン	9.4人
29	フランス	7.4人
30	チリ	8.4人
31	ポーランド	7.4人
32	ハンガリー	6.8人
33	ギリシャ	5.8人
34	**日本**	**1.8人**
35	メキシコ	0.4人

日本のPCR検査数は、1000人当たり1.8人と異常に少ない（ドイツの1/14；米国の1/9）
他国と比べて、重大な障害があったとしか思えない少なさです。
https://news.yahoo.co.jp/byline/takahashikosuke/20200430-00176176/

に対する累積検査率を見ると以下です（集計OECD）。

【人口1000人当たりのPCR検査数】

図16にOECDにおける人口1000人当たりのPCR検査数を示しています（4月28日時点）。日本の検査数は35か国のうち34位の1・8人／1000人です。他国の10倍、20倍も少ない。検査の実施にあたって厚労省と専門家会議、保健所、検査機関の連携に障害があり、厚労省と政治は主導的に解決してこなかったことを示します。少ないとはいっても、比較を超える少なさです。この検査の

上で感染数が増えた、あるいは減ったとしています。常識的には「ジョーク」に近い話です。検査数を増やせば感染数が増え、減らせば減るからです。

なぜ政府の対策がこんなに遅れたのかと、素朴な疑問を感じます。対策を提案する専門家会議は、「PCR検査の少なさには根深い歴史的な問題がある（尾身委員長）」と記者会見で答えています。しかしその問題を数値では明らかにはしていません。内容のわからない、いつもの「総合的判断」。専門家会議と厚労省は「数字を明らかにしない」ことが多い。他方、大阪府の吉村知事は、基準の数字をいわず「総合判断」とする政府と違い、わかった数字を出して府民の人気を高めています。

大阪府の外出規制からの出口への基準は、感染経路が不明な新規感染数（1日10人未満が1週間）、検査に対する陽性率（7％未満）、医療崩壊基準（重症者向け病床の使用率60％未満）、前週に比べて経路のわからない感染者が増えていないこととしています。

「地域医療のベッドがあふれ、医療体制が崩壊しないようにPCR検査数を抑えてきた」というのが厚労省と専門家会議の根拠でしょう。他の政策で大本営風の発表と記者会見を続けても、内閣支持率が45％以上と高いことに慣れていた政府は、国民への情報提供を誤ったのです。政府は国民をパニックにするという理由から、「無症状者からもうつる」という情報を発表させませんでした（専門家会議の委員）。

内閣の支持率の危機ラインは30％

新型コロナ対応の拙策と検察官の定年延長（官邸の意思で可能になる）の問題で、内閣支持率は30％を割って危機ラインです（20年5月25日：朝日新聞）。毎日新聞ではもっとも低い27％、2月には45％だったＮＨＫでも37％の支持に落ちています。不支持は38％から45％に上がっています。

30％の内閣支持率は、自民党が政権を失う可能性が高くなる危機ラインです。30％の内訳は、コアな自民党と安倍内閣支持層のみということです。何があっても落ちなかった支持率を背景に、無理な政策を通し、答弁をはぐらかしてきた安倍内閣の命運が尽きた感じです。きっかけは役に立たないアベノマスクと、所得減少世帯への支援策でした。15％しか普及していないマイナンバー（ユニークな個人番号）も紙ベースの行政では、個人の特定に役に立っていません。

政府はマイナンバーに２４５８億円の予算を計上しています（２０２０年度：国民１人当たり１９５０円）。個人への生活支援金10万円の申請のとき、自治体は照合に人手と時間がかかるため、オンライン申請とマイナンバーは使わないようにと言っています。膨大な無駄です。

原因はマイナンバーを生かす行政のＩＴ化とオンライン化の遅れです。保健所も紙のＦＡＸが連絡手段といい、リアルタイム性がなかった。このためもあって、ＰＣＲ検査数の厚労省への報告が遅れたのです。厚労省には受信のＦＡＸが１台しかなかったといいます。新型コロナ対策のなかで中国、韓国、米国、欧州に比べた日本の行政、学校、企業のＩＴ化とインターネット化の遅れも露呈しました。

これはバブル崩壊後の30年、ＩＴ投資を増やさなかったからです。１人当たり所得でも、数年後には韓国に追いぬかれます。当方はいろいろな原稿を書くときに政府データを使いますが、ＷＥＢ設計はＯＥＣＤのなかでもっとも遅れているでしょう。

ＡＩとそのシステムは、中国と米国の2周遅れと言われます。日本の行政と企業は80年代まで近代化におけるアジアの圧倒的な先頭でした。米国も超えていたでしょう。90年代からの現代化・情報化・ＩＴ化では、逆に遅れをとっています。つぎの内閣から、官庁と企業のＩＴ化、オンライン化の遅れを巻き返す必要があるでしょう。それを行わないと生産性は上がらず、所得は増えません。

【感染症の種類と医療機関】

新型コロナのような指定感染症（一種）の場合、わが国の法では原則として感染症指定医療機関（特定、第一種、第二種）で診療しなければならないと規定されています。明治以降、指定感染症に政府が強く関与し、民間の関与を排斥しています。医療機関の指定をするのは、厚労省です。緊急事態のときのみ、感染症指定病院以外での入院が可能とされます（これも政府が決めます）。

指定感染症の陽性者は軽症・重症にかかわらず、法では隔離入院が必要とされています。ただし80％の人が軽症で終わることも多い新型コロナでは、病院以外の指定した宿泊収容施設の利用が可能になっています（医師が常駐）。

①治療法が確立されていない特定感染症の指定医療機関は、全国に4つしかありません（千葉、東京、愛知、大阪に1か所ずつ）、合計の病床も10床しかありません。（2019年4月1日）。100床ではなく10床です。（注）特定感染症は、未知の病原体によるもので新型コロナはこれにあたります。

https://news.yahoo.co.jp/byline/kutsunasatoshi/20200127-00160618/

②重篤な症状が多い第一種感染症の指定病院は、55機関105床です。都道府県にほぼ1か所。1機関の病床は2床と少ない。第一種は、エボラ出血熱のような致死性の高い感染症です（致死率約50％）。

③重篤が一種より少ない二種感染症病床は全国で1758床（指定機関数は351病院：1病院平均で5床）と少ない。二種はMERS（致死率35％）、SAR（同10％）、鳥インフルエンザ（同16％）のように致死率が第一種に準じる感染症です。その下の第三種が古典的なコレラや赤痢です。

https://www.mhlw.go.jp/bunya/kenkou/kekkaku-kansenshou15/02-02-01.html

新型コロナの患者を法令に従って入院させたとき、指定病床は全国にわずか10床しかなかった。普段は患者が0人なので、政府と厚労省は準備していなかったのです。

【事実を言えば……】

第一種指定病院にまで新型コロナによる入院を拡大しても、全国で105床でしかない。第二種指定感染症のSARS並みに緩めると、1758床。特定〜二種までの合計病床数は「10＋105＋1758＝1873床」です。60％の病床が塞がるあたりから、新規の入院と診療が困難になってベッドと医療要員が足りず、医療崩壊が起こります。患者の入れ替わりの余裕が必要だからです。（注）入れ替えの準備が容易なホテルでも85％が満室の基準です。

【医療崩壊のメルクマール（最小限の基準）】

わが国ではアクティブな感染者が5615人になると、20％の確率で発生する重症者（1123人）によって、指定医療機関での入院からあふれる「医療崩壊」に至ります。医療崩壊とは、指定病院で診療を受けることのできない死亡者が出る事態です。実態にこれが起こっていますが、厚労省が新型コロナ由来とは認定したのはわずかです。

OECDのPCR検査数統計が含まれる4月25日時点では、4都道府県で指定病床の利用者が80％を超え、医療崩壊スレスレでした（大阪府131％（入院待機を含む）、福岡県140％、石川県87％、北海道81％）。大阪府では神奈川方式をとり、軽症者は宿泊療養施設（800床の準備）に回しています。もっとも罹患者が多い東京都は、「これを把握できていない（4月22日）」としています。

わが国では入院病院を拡大しても病床の少なさがあり、これがPCR検査数を他国より低く抑えてきた原因でしょう（陽性の発見が減ってきた現在は1日平均7000件の検査という）。

安倍首相は4月に2万件にまで増やすとしていましたが、3分の1しか果たせていません。目標とした1日2万件自体が他国に比べ、一桁少ない。日本と民度が似ているドイツでは1日18万件であり、安倍首相の目標の9倍です（4月30日）。米国は29万件、英国は10万件、フランスも10万件ですが、日本は9000件という枠でした。

わが国のPCR検査が少ない原因

政府・厚労省は決して認めない「備えの少なさ」があるため、政府と専門家会議には現状を国民に数字では知られたくないという思惑が働いているのでしょうか。加藤厚労大臣はPCR検査数の少なさをパンク状態になった保健所の窓口のせいにして、責任を転嫁しています。

専門家会議が「根深い、歴史的問題がある」として指摘したのは、

・**感染症指定病床の少なさ**（第二種までで1873床）と、

・**感染症の診療を経験した医師の少なさ**でしょう。

【感染症の緊急事態への準備の懈怠】

政府・厚労省の、「いつ発生するかわからないウイルス感染症の緊急時に備える準備」には懈《け》

怠（たい）がありました。財政赤字のなかで公的保険の医療費は抑制しなければならないという問題もあったでしょう。

他方、防衛戦争に備えるという国防費は5・3兆円使っていて（自衛隊員23万人）、2000年代の緊縮された財政のなかでも予算は増え続けています（2012年4・8兆円↓2020年5・3兆円）。米国からの要請もあり、安倍内閣では予算が増え続ける聖域になったのです。憲法改正への願望もあったからです。変異することが決まっているウイルス感染症に対しても、国防と同じであるという政府の認識がわれわれ国民にも必要でした。

平時の軍人は生涯のうち戦闘への出動をしない人がほとんどであり、演習と偵察に時間を費やしています。消火より災害出動が多いのは消防もおなじです。政府は戦争並みの経済被害を与える感染症への国家としての対策をおろそかにしてきました。その上で国民皆保険を、世界最高の医療体制としてきたのです。米国のCDC（疾病予防管理センター）のような機関もありません。

非常時への備えは政府しか行えません。民間は、外来患者がなく収入がない期間が長い非常時への備えはできない。製薬会社も感染症の医薬は、感染が収まると使われなくなるので開発と在庫が難しい。大きな赤字になるからです。30年で70％の確率とされ続けている南海トラフ大地震のように新型コロナのあとに、数年して「新々コロナ」もあるかもしれません。

韓国と中国で対策が早期に進んだのは、新しい感染症だったSARS（2002年〜）、MERS

（2012年〜）への対応の体制があったからです。日本人は一般に中国や韓国を「低く見る性癖」をもっています。中国と韓国の新型コロナへの緊急対応を非難しても学ぶことは皆無でした。

3月末から米国で感染数が急増したとき政府は「慌てた」のです。米国を先進国だと思っているからです。

PCR検査の少なさから起こったこと

PCR検査の少なさから「感染のピークがわからず、第一波からの出口」が1・5か月（6週）遅れました。現在、日本の新規感染のピークは3月初旬だったとされています（大阪府吉村知事）。第一波からの出口も約1か月は遅れました。

5月25日のデータでは、わが国での累積検査数は27万5442件、感染数が1万7282人（感染率6・3％：100人のうち6人）、回復者数1万4064人（回復者率81％：100人のうち81人）、死者数854人（致死率4・9％）です。

図17はわが国の1日当たりの新規確認感染数と、その根拠になるPCR検査数の推移です。4月中旬のピークでは検査数に対する陽性は10％に近く、検査を受けた10人のうち1人が陽性でした。ところがPCR検査数は、医師が保健所に要請したうちの10分の1でしかなかったといわれます（4月：政府にはこの統計はありません）。

図17　日本の1日当たり新規確認感染数（1月16日～5月24日：NHK）

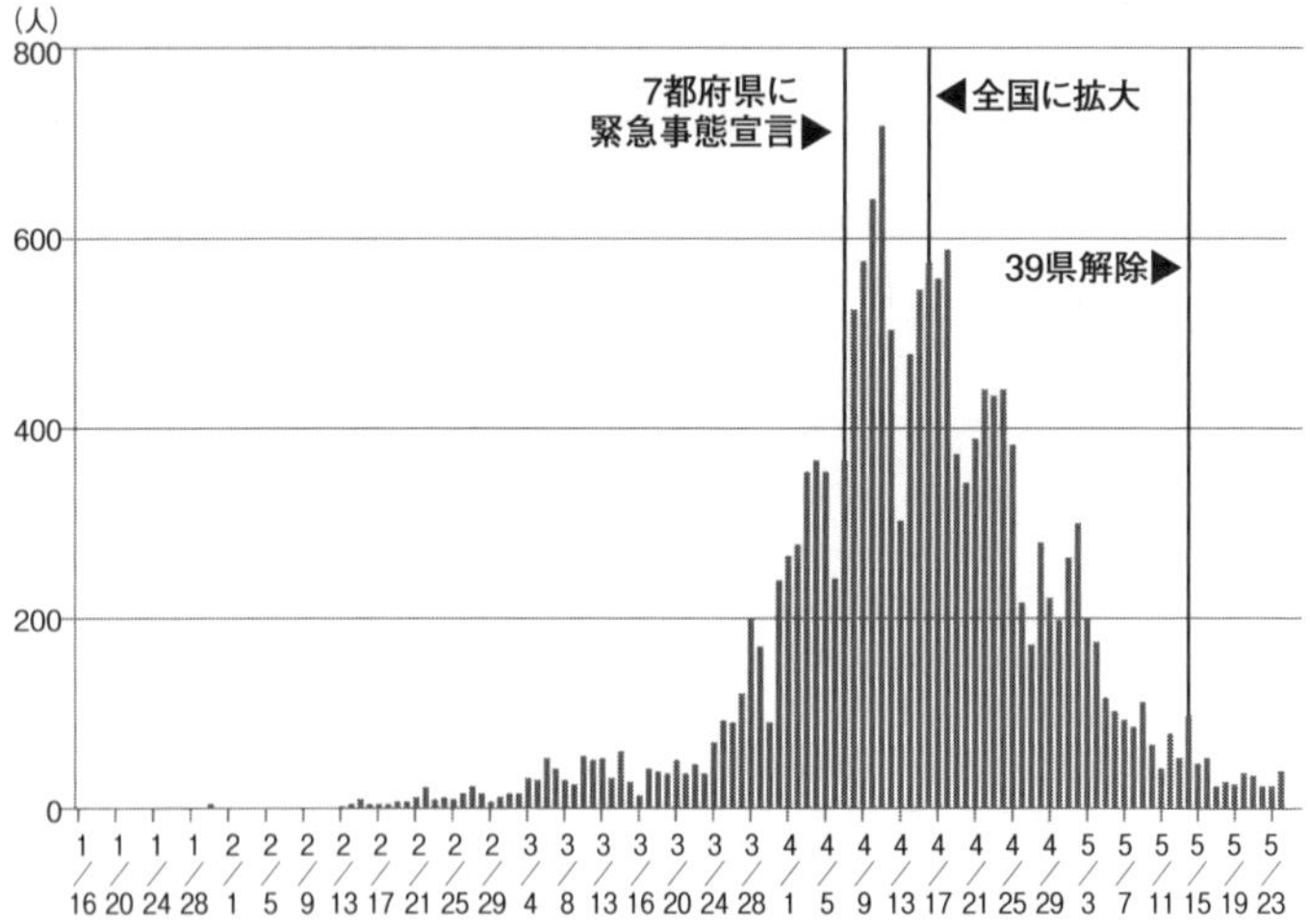

1日当たりPCR検査数（2月18日～5月13日）

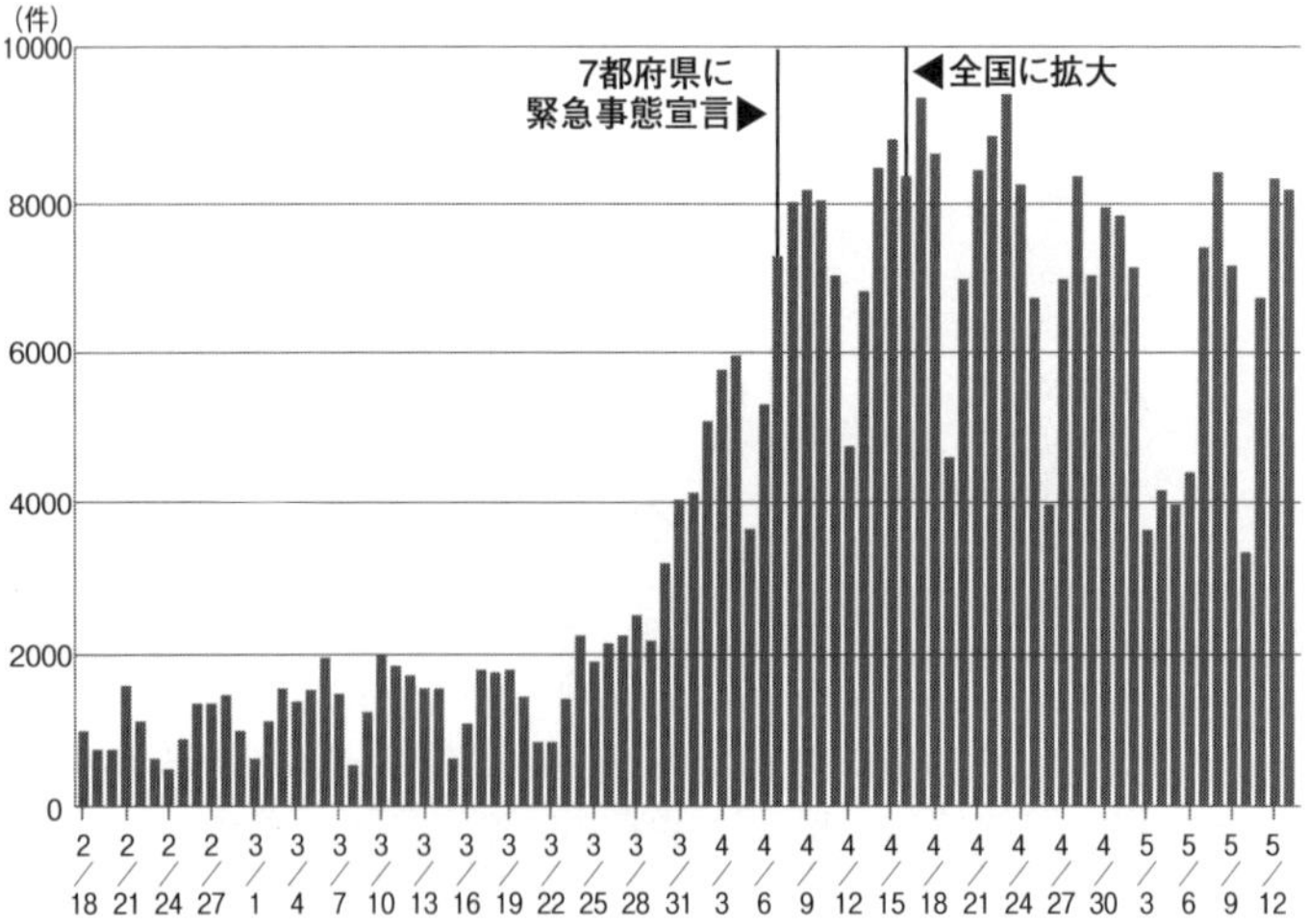

PCR検査にも健康保険が適用されましたが、指定機関以外での検査の実行は少なかった。自動検査機の装備も少なかった。このため検査が増えることがなかったのです。防護服、検査試薬、マスク、検査機器と技師、感染対策の経験のある医師の不足などいろいろな原因がいわれています。安倍首相は、「目詰まりがあった」と曖昧に述べました。どこにどんな目詰まりが、なぜ存在していたのでしょう。

院内感染を恐れ、診療所と病院への他の患者の外来数は、25％は減っているようです（5月）。小児科と高齢者が多い整形外科、そして消化器内科に外来数が減少しています。心理的ストレスがかかった看護師の離職者も増えています。医師と看護師に、精神科の医師との面談を義務づけた病院もあります。

3月中旬の調査では、①外来数がほとんど変わらない病院が42・3％、②25％未満の減少が36・0％、③25％から50％の減少が13・7％、④50％以上減少が4・7％でした（日経メディカルオンライン：医師3668人の調査：3月13日から17日）。緊急事態の4月5月以降は、もっと減っているでしょう。

PCRで検査された確認感染数は、4月中旬まで検査数の増加に比例して増えています。それ以降は検査数の平均5500件／日に対して減り続け、5月17日以降の1週間は1日に20人台です（陽性率は0・04％付近：検査1万人に対して4人）。陽性者の発見は次第に難しくなっています。

一部で言われる「全員検査」は、2％未満の感染数に実施しても意味がありません。前述したように、PCRの2回検査で陽性と出る感度（1回では約70％）と、陰性を陽性にしてしまう特異度（1-特異度＝1％付近）が残るからです。ただし感染率がNY市のように推計10％程度以上と高いときは、感度70％、特異度99％でも意味があります。

無症状者から無症状者への感染は続きます。「発症してPCR検査を受ける人」がなくなれば新規感染はゼロに見えます。収束するまでに6月、7月、8月、9月まではかかると想定しています。ロックダウンまでいかなくても三密を避ける外出自粛、手洗い、マスクの効果は明確にありました。院内感染でクラスターが発生しても、家庭内感染が少なかったのは幸いでした。

5月25日の今日、感染者が多い東京都のほか、全国に対して緊急事態宣言が解除されます。1日早かった大阪では日曜日の都心（心斎橋・道頓堀）の人出が30％から40％くらいまで回復しています。月曜日からの予想では月曜日から日曜の1週間の人出は、入国がゼロの海外観光客を除けば平常に戻るとされています。東京も類似するでしょう。

問題は、4週後の7月からの新規感染がどうなるかです。

日本人の行動は見事だった

日本人は社会的距離を守る人が多く、マスクをつけ、消毒と手洗いも行っているので、夏の感染増加は抑えることができると思っていますが、性質がまだわからないウイルスの予断は難しい。

大阪府の外出規制が緩和された今日、客数が増えたコンビニとスーパーに行きました。レジでは距離がとられ、アクリル板や透明ビニールで隔てられています。社員と客のマスクは当然です。入り口には消毒用アルコールを置いています。緊急事態解除後もこれが続きます。行きつけのレストランの客数は普段の30％くらいでした。

旅行・観光を含む都市経済は、100％は回復しません。回復は60％、高くても70％くらいでしょう。政府からの支援金はあっても、政府統計からは漏れる実質的な失業（休業失業）は増えて、世帯の平均所得が減るので、消費スタイルが変容したからです。戦争のあとのような、「アフターコロナの世界」になっていきます。人々が共有する「社会意識」が変わったからです。

大阪に多いインバウンド消費は、全国で4・5兆円でした（GDPの0・8％：2019年）。

こうした消費の増加には、「乗数効果」があります。4・5兆円の売上が売る側の4・5兆円の売上収益になり、「増えた所得－貯蓄率」分の需要を生んでいくからです。消費には使わない貯蓄率を20％（0・2）とすると、増える需要は「4・5兆円÷（1−0・8）＝22・5兆円（GDP換算）」になっているでしょう。2019年の名目GDP550兆円（19年12月）のうち4％部分は、中華圏中心の観光客が日本経済にもたらした増加需要でしょう。

海外からの旅行の禁止によりインバウンド消費がなくなると、波及効果は2020会計年度では22・5兆円のGDPの消滅、つまりわが国のGDPのマイナス4％の要素になっていくでしょう。見えているところでは少なくとも1年は、観光目的の入国は制限しなければならない。お互い様ですが、到着した空港で2週間隔離されれば、必要以外の海外旅行はなくなります。インバウンド消費の減少は、政府需要の増加（財政支出の増加）の22・5兆円でうずめるしかないのです。

【日本人の行動文化を讃える海外】

発言がブレることがあるＷＨＯ（世界保健機関）のテドロス事務局長は、5月25日から日本政府の緊急事態の解除を見て、「感染者数が大幅に減少し死者数も抑えられている」と賞賛しています。一方、ワシントン・ポスト紙は、ＰＣＲ検査を抑えた日本政府の対応は失敗だと批判しています。ただし国民の行動は、政府の命令がなくても、他人の目を気にする文化的なプレッシャーを背景に一定の成功を収めたとしています。密接を避ける外出の自粛、マスクと帰宅時の手洗いの習慣、靴を脱ぎ、毎日入浴する習慣を讃えたのです。政府はダメだったが、国民の行動は立派だったとしたのです。ダメな政府と立派な国民という図式です。自己主張が強い米国では、「自粛の行動」は効果を生みません。

日本では、米欧のような移民と文化が異なる人種の多様さは少なく、親が教える「人に迷惑をかけるな」という行動文化、そして国民皆保険であることが奏功したのかもしれません。残る問題は第二波です。

（7）コロナ急性恐慌と中央銀行マネーの増発

【売上が蒸発した】

パンデミックは3月に始まりましたが、米国ではNYの高級百貨店ニーマン・マーカス（2017年の年商は5270億円：全米45店）に続き、GMS（総合スーパー）の大手JCペニーも会社更生法を申請（年商117億ドル：全米660店）。社員と負債をカットし、資本の再投入を目指す米国型倒産です。JCペニーは日本ではイオンやIY堂にあたるでしょう。2018年に倒産したシアーズがダイエーに相当します。18年、19年の業績がボディブローで、都市封鎖がカウンターパンチでした。

米国政府は、都市のロックダウンを自然災害のときの仮設住宅への収容とおなじと考えています。政府が補助金を出さねばならないことになります。

①航空機の受注が消えたボーイングを筆頭とする大企業（全米の雇用の50％：7000万人）に対しては直接の増資（劣後債）、CP（短期手形）の購入、

②中小企業（雇用の50％：7000万人：従業員500人以下）には社債の購入、家賃と人件費の補助などを実行します。

倒産・廃業を、①貸付金、②劣後債の投入、③長期借入の社債と、④短期借入のCPの買い上げ、家賃補助、人件費補助により防ぐことです。原資は、政府が国債を発行しFRBが買い取ること。つまりドルのプリンティングです。

米国債の消化問題が生じる米国

米国債は、国債の92％を国内で消化してきた日本と違いがあります（海外所有は短期債を中心にして8％）。米国は、経常収支（貿易＋所得の収支）が赤字続きです（2019年：5995億ドル）。そのぶんドルは海外への流出を続けています。このためドル国債の100％を国内引き受けすることはできない。経常収支が赤字の米国は、金融の全体合計がドル不足になるからです。

米国と真逆に、日本は経常収支の黒字を続け（1年に約20兆円）、貸付を増やしていない国内の銀行にはマネーの余剰があり、国内で国債を消化しています。経常収支の構造的な黒字として海外から流入したドルで、米国債、米国株、債券も買っています。

逆に新規の国債発行分の40％から50％を、海外に売らなければならないのが米国です。

米国の2020年からの差し迫る問題は3月のFRBの利下げにより、ゼロ金利に下がって、コロナショック対策として大量発行を迫られる米国債が海外に円滑に売れるかどうかです。ドル債を買ってきた日本、中国、産油国、ユーロからの米国債の買い越しが少なくなると、ドルが海外流出している米国の国債金利は、FRBの買い上げにもかかわらず、上昇していくでしょう。

ドル安をカバーしていた各国通貨のドルとの金利差（イールド）が上がらないと、海外は米国債を買いにくくなっていくからです。自国通貨でもっていれば、為替は関係がない。ゼロ金利のドル国債を買えば、ドル高では為替差益が出ますが、ドル安になると損をします。ドルを買えば、ドル安のリスクにさらされるのです。

通貨変動が金融のリスクです。金融での「リスク」は日本語のあぶないということではない。将来の価値の変動がリスクです。将来の為替レートはわからない。上昇も下落もリスクになる。専門的には「ボラティリティ」といっています（2×標準偏差として計算される金融商品の価格の変動幅）。

資金不足を続けている対外純債務国（10兆ドル：1100兆円）が発行する米国債は、2019年までゼロ金利の日本・欧州の金利と、2％から2・5％の金利差（イールド）があるという理由から売れていきました。

しかしいまは、コロナショックからのFRBの緊急利下げで、米国債も金利ゼロ付近です。ゼロ金利のドル国債を買うと日本、欧州、中国からは、ドル安のリスクをカバーできません。

短期で投機的な上昇を狙うドル先物買いの動きはべつですが、2年単位の中期では、債務国の通貨のドルに金利差がないと「基軸通貨」とはいっても、「円に対してドル安」の材料になります。基軸通貨は、世界が国際的な取引に使う通貨です。円や元あるいはサウジのレアルでは、ドル国債や米国株は買えない。輸入代金の決済ができない。その前にドルを買っておく必要があります。

これがドル準備です。

新型コロナの感染数と被害が、米国が日本より大きいことも加担します。第二波も、日本よりは米国が大きいでしょう。コロナショックは、経済と金融のリスクになっていきます。

いったんドル安に向かうと、海外である日・欧・中は、米国債を売るので、米国債価格は下がり、金利（利回り）は一層上がっていきます。

〔**4、5年で米ドル基軸通貨体制の黄昏《たそがれ》へ**〕新型コロナは、米ドルが長期的にはシェア60％の基軸通貨の役割を減らしていく路線に乗ったことも示します。中国、ロシア、インド、新興国の多くは、基本的に「反ドル」の基本姿勢ももっています。

長期的（4年または5年）にはなるでしょうが、基軸通貨は多極化（複数の基軸通貨）に向かっています。将来は、ドル圏（米国、日本、中南米）、ユーロ圏（欧州、中東）、中華圏（中国、アジア、アフリカ）になるでしょう。

人民元の仮想通貨は、20年4月から使われ始めました。ビッグニュースのはずですが、コロナショックにまぎれたことと、その意味がわかりにくいため、大きなニュースになってはいません。人民元の仮想通貨は元と連動する価値のものです。仮想通貨は国際送金が容易で、直接に海外決済の通貨になり得ます。世界の中央銀行は研究所を作り、密かに自国の通貨を仮想通貨にする準備を進めています。

〔**電子マネーと仮想通貨**〕10年後を想定すれば、国際的な取引に使う通貨は電子マネー化し、ブロックチェーン方式の仮想通貨（暗号資産）に変わっていくでしょう。電子マネーと仮想通貨の違いはただ一点、偽物でないことを確認する認証に使う「ブロックチェーン」です。桁数の大きな数字の素因数分解により、取引のブロックをつないだものがホンモノであることを認証する仕組みです。

世界の電子マネー化に遅れていた日本でもコロナショックを契機に、スマホでの電子マネーの利用が増えています。こうしたことが転換のきっかけになるのです。カードのようにタッチがなく、思っていたより便利という声も多い。スマホの電子マネーと暗号資産の仮想通貨には、使う側からはおなじといえるくらいの親和性があります。10年を遠いとするか、近いとするか。リーマン危機は12年前でした。記憶となった時間は、過ぎれば一瞬です。

【日本の百貨店の負債との比較】

日本で全国に緊急事態が宣言された20年4月は、百貨店の売上が前年比マイナス72・8％でした。百貨店でも地下の食品売り場だけはひらいていました。来店客は3分の1くらいに減り、食品売上も前年同月比マイナス53％でした。主力部門のファッションの売上はマイナス80％、住関連もマイナス80％です（百貨店協会：74社187店：4月）。食品以外は休業状態でした。

日本の百貨店の負債は社債ではなく、銀行借入が多い。銀行借入は、非常事態では、返済と利払いの延期も可能になります。

〔米国における社債の問題〕 米国の資本市場で多く売買される社債（13兆ドル：1430兆円）は、企業利益が減ると、金利が上がって発行ができなくなり、満期がきた社債は一括償還しなければならない。売上が30％も減ると2、3か月で償還不能になって、新規の社債が発行できず、他の経費も支払い不能になります。

日米では、資本市場（証券とマネー売買市場）に違いがあります。先物売買の利益を求め、誰が売買するかわからない資本市場は、銀行のような斟酌《しんしゃく》をしません。米国の、大手・中小のおよそ全部の企業が、社債を発行して資金調達をしています。

米国での銀行からの貸付金は、3兆ドル（330兆円）程度と少ない。多くが個人向けであり、企業は社債による借入です。日本の銀行貸付金は、企業向けが大きく、金額は、GDPが4・4倍の米国の、1・4倍の476兆円です（20年3月：長期平均金利0・69％）。日本の銀行貸付はGDPとの関係では、米国の「GDP4・4倍×金額1・4倍＝6・2倍」も大きい。米国の銀行貸付は、とても少ないともいえます。資本市場では社債が多いからです。

史上最大の補助金とFRBのドル・プリンティング

米国政府は売上が消えた企業に、大災害のときの仮設住宅の避難民と同じような補助金を出し、特例の貸付もしています。

〔FRBの国債買い取り＝ドル増刷〕 財源は全部、米国GDPの約18％（4兆ドル：440兆円）

に増える赤字国債をFRBに買い取らせることです。

これも「いまのところ（20年5月）」ということであり、第二波が来て売上の減少が長期化したときは、ここから増加します。

1兆ドルだった米国政府の財政赤字は、2020年度は4兆ドル、第二波のあとのコロナショック対策の増額を迫られる21年は8兆ドル（880兆円）に達し、国債の累積残高は、第二次世界大戦の戦費国債（GDP比100％）以上に増えるでしょう。コロナの収束は2022年になるからです（可能性）。コロナショックは、経済的に大戦以上の民間と政府の負担を生みます。

〔**急増する米国債**〕コロナショックの前、米国債の残高は、GDPの1年分の22兆ドル（2420兆円）でした。金額では、GDP比で世界一の2・4倍になります。日本の政府負債（1328兆円：19年12月末）の約2倍でした。米国の国債残（＝累積の政府赤字）は、2020年と21年にGDP比136％（30兆ドル：3300兆円）に増えるでしょう。発行される赤字国債（2年で想定8兆ドル：880兆円）は、FRB（連邦準備銀行）が枠を設けず「無制限」に買い取るとしています。

①FRBは2か月間で新しく3・3兆ドル（363兆円）の国債・社債等を買い上げ、総資産が7・1兆ドル（781兆円）へと1・9倍に膨らんでいます（5月25日）。

②2020年6月から、加えて4・7兆ドルの国債が発行され、FRBが全額買い取って、

図18　FRBのドルの増刷：FRBの総資産＝ドル発行高

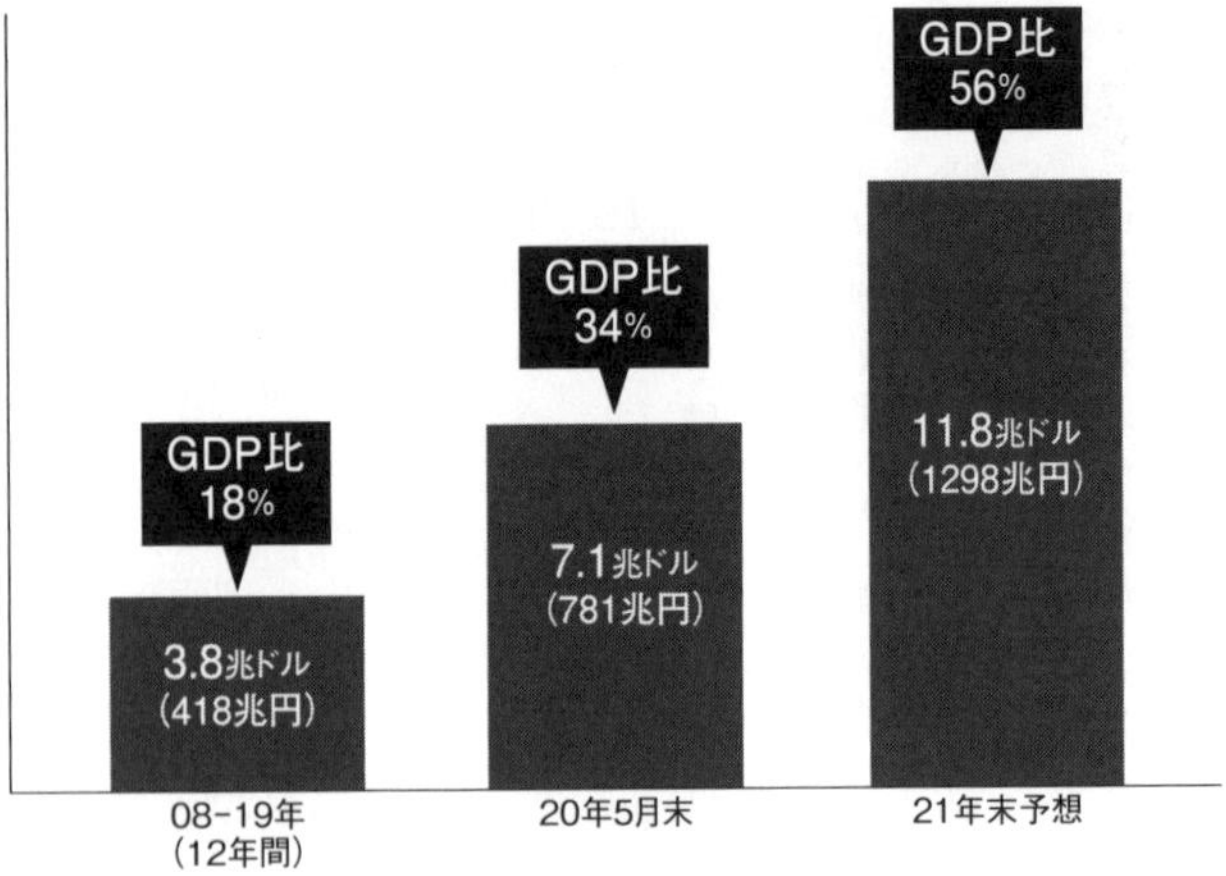

ドルの発行は20年5月末より4・7兆ドル増えます。

③FRBの総資産は、「7・1兆ドル＋4・7兆ドル＝11・8兆ドル（1298兆円）」になる可能性が高い。ドルの総発行残高は、コロナショック前の3・8兆ドルから11・8兆ドルへと3・1倍に増えるでしょう。

図18に、これを示しました。金額が大きすぎ、想像力の範囲を超えます。米国のドル発行の増加を具体的にイメージ化すれば、

①19年まで年間所得（企業利益＋世帯所得）に対し、平均で18％（約2か月分）だった米国企業、銀行、世帯のドルの現金が、

②20年末には、政府からの補助金給付と特例の借入金により、4か月分へと倍増し、

③21年末には7か月分に平均して増えます。企業の現金保有が3・5倍に増えることです。

ただし現金としての増加分は、売上が減った企業と失業した世帯の支払いになっていくので企業単体では純増ではない。しかしマクロのマネーサプライは増加します。消えた売上、失業で減った所得をうずめるものが、これです。

現金に余裕のある企業では、3月にNYダウ（単純平均の指数）で38％低下した株価を上げる、自社株買いにも使われています。

【FRBのドル増刷は11・8兆ドルに達する】

2022年までの長期化が想定されるコロナショックに対してFRBは、①企業倒産と失業、②金融危機、③需要が10％から20％減って起きる経済恐慌を防ぐため、史上最大、それも超最大の11・8兆ドルのマネー・プリンティングを行うことを余儀なくされています（1298兆円：米国のGDPの56％）。

（注）FRB、ECB、日銀の同時で、しかも史上最大のマネー増発については、別の検討が必要なので、第一部のQ&Aで基礎から述べました。

危篤状態に陥った経済に対する政府財政の対策

〔**レイオフの習慣**〕米国の労働市場で一般的なものは、日本の休業失業に似た「レイオフ（業績低下のときの一時帰休）」です。売上が回復したとき通常は、職場に復帰します。しかし今回は、新型コロナの長期化の可能性があるので、レイオフ増加の50％は「恒久失業」になると見られています。小売、サービス、飲食、観光業の中小企業に、倒産よりも廃業が多いからです。

ボーイングのような大企業は、政府からの劣後債の投入によって救済されやすい。一般には聞きなれない「劣後債」は返済期限がなく、4～6％の配当しかない貸付金です。逆の優先債は返済が必要です。中小企業、個人事業には、政府の救済からもれるところも多いでしょう。

〔急増する失業率〕 米国のレイオフはすぐ発動されるので、失業率は2月の3・5％（史上最低の水準）から、4月8日には14・7％に急上昇しています。失業者数は、2050万人です。

・リーマン危機のときの最大失業率の10・0％、

・第二次石油危機のあと（1982年12月）の失業率だった10・5％を超えて、

・失業率が25％、GDPがマイナス40％だった大恐慌（1929～33年）以来の高さです。

〔失業とGDP低下〕 失業は、世帯部門の所得を減らします。所得が減ると米国のGDPで70％を占める個人消費を減らし、GDPを長期で低下させます。

10兆ドル（1100兆円）と日本の国債並みに大きな金額である住宅ローンのデフォルトも増え、リーマン危機のときのサブプライムローンのように、不動産ローン証券（MBSやABS）が不良化していくことになります。米国の世帯部門は13兆ドル（1430兆円）と負債が多い。

失業の増加（世帯の所得減少）は、全面的な金融危機を誘発します。

〔捕捉〕 さっきはいった速報では、米国の失業率は4月の14・7％から5月は13％に改善し、再就業者が250万人増加しています。事前予想では、5月は20%の失業とされていました。7ポイント（約1020万人）と予想誤差の範囲とは、いえない差です。何が起こったのか？

理由は政府による、6600億ドル（73兆円）の補助金の給付です。失業者2500万人に対して1人平均で292万円に相当する巨額です。日本政府の雇用調整の助成金とは差があります。日本では、失業手当に相当する1人1万5000円／日（月間30万円）を、休業中でも雇用を維持した企業に助成するものです（9月30日まで）。

米国企業は巨額補助金をもらうために、4月にレイオフ（短期解雇）していた社員を、職場復帰させたのでしょう。ただし5月は、会社が休業していたのでテレワーク以外の仕事はないでしょう。

政府の対策は「11月3日の大統領再選」を目指し、現在進行形で拡大中なので、数値での予想に違いが出ます（6月6日記）。米国でも10%が廃業、閉店からの「恒久失業」になると見られています。この失業のせいで、V字回復はなく、住宅を含むとGDPの80%になる民需のGDPと物価が2年間下がることが決定しています。プラスの要素は、政府の対策費としての公的な財政支出です。これはヘリコプターマネーと同じ「ドルのバラマキ」です。

ＧＤＰと失業率の関係

ＧＤＰは、「商品とサービスの付加価値生産＝企業所得＋世帯所得＋減価償却費＋政府補助金－間接税＝民間需要＋政府需要」という3面等価の性質をもつ、フローの商品生産額です。失業は「企業の経常利益＋世帯所得」の減少になり、減った所得が民間需要を縮小させ、商品の付加価値生産額（＝ＧＤＰ）も減らします。

〔**ロックダウンと失業**〕都市封鎖が解除され、外出が正常化に向かえば、雇用もおよそ50％は回復しますが、２０２２年まで10％台の失業が続く可能性も高いのです。

第二波が来ると、10％以上ある失業の長期化から米国のＧＤＰの回復は、最短でも２０２２年末まで遅れるでしょう。中国、日本、新興国からの商品輸入が２・６兆ドル（２８６兆円：２０１８年）と世界一の米国の需要が回復しないと、中国と日本の輸出も低下したままで、両国のＧＤＰは増えません。米国の不況（＝内需の減少）は、中国・日本・欧州自身のコロナ不況に上乗せされるのです。米国が世界の商品を日本のＧＤＰの２分の１にあたる２・６兆ドルも輸入し、消費しているからです。

〔**日本企業の海外生産は１４０兆円／年と巨大**〕日本籍の企業の海外における現地生産は売上の合計で、２８８兆円と巨大になっています（利益は９・９兆円：２０１９年国際協力銀行）。２８８兆円は売上の合計であり下請けの売上も含むので、付加価値生産では２分の１の１４０兆円でしょう。たとえばトヨタの売上には、下請けの部品売上が含まれているからです。海外生産分は海外のＧＤＰになります。90年代から日本のＧＤＰが伸びなかった最大の理由は海外生産の増加です。海外生産は国内の雇用を減らしてきました。

日本メーカーの海外生産比率は、39％と大きい。米国製造業の空洞化により、貿易の赤字体質になったドルが2分の1に切り下げられた１９８５年のプラザ合意（2倍の円高）から、日本のメーカーは、為替に影響を受けない生産の体制を目指したことが理由です。

１４０兆円の海外生産は、海外のＧＤＰ（内需）からモロに影響を受けます。7割が海外売上であるトヨタはコロナが今年収束するという前提で、２０２１年3月期の売上計画を前年比マイナス20％としています。

【日本の失業率の予想】

２０２０年度のＧＤＰがマイナス11％〜12％なら、日本では２６５万人が職を失います。失業率は戦後70年で最悪の6・1％に達するでしょう。ＧＤＰが11％減れば、「売上に対する有利子負債比率が高い企業」（企業数の約3分の1と推計）で倒産・廃業が増え、倒産しない企業でも雇用がカットされます。

リーマン危機のときは、日本は現在より輸出依存のＧＤＰだったので、実質ＧＤＰが米国より低いマイナス5・4％まで落ちこみ、失業も5・7％でした（失業者数は３２３万人：09

年8月)。米国流のレイオフは少なく、平均失業率が3%だった日本では、もっとも高いものでした。

〔2年間は8割経済へ〕 コロナの経済対策費としての総事業費（2年間で225兆円：GDPを底上げする真水の一般会計は57・6兆円＝1年のGDPの約10%）を除くと、民間需要が「8割経済」に縮小していくなかで、失業率3%を超えなかった日本でも「5%台の失業率が新常態」になっていく可能性が高いでしょう。

新型コロナからの失業は雇用が多い小売業、飲食、サービス、観光業の現場で集中しています。売上が消えても家賃や人件費の固定費を支払うため、事業所が維持できなくなっています。第一波収束のあとの売上も、最大で70%でしょうか。集団免疫による完全な収束までは、社会的距離が要求されるので、V字回復は弱い程度しかない。飲食業・観光業が平時の70%から80%の売上に戻るくらいと見ています。

【日本の財政支出の増加額は225兆円（一次＋二次補正予算）】

わが国の政府財政の拡大は決定済みの一次補正と、6月に国会で承認される二次補正を加えると、貸出金や劣後債を含む「事業規模」の総額で225兆円です。

無利子・無担保の貸付金が多い総事業は2年間のGDP（1100兆円）に対し、20%に相当します。一般会計になる「真水＝財政支出」が57・6兆円。真水のマネーは、貯蓄に回らない分がGDPを上げます。GDPの底上げは1・5年で+50兆円でしょうか。

100%実行されるかどうかがわからない貸付金の枠が167・4兆円です。安倍首相は両者を区分せず、「225兆円はGDP比で世界最大のコロナショック対策費」としていますが、これはおおげさな表現です。

図19に総事業費と、今回一般会計になる真水部分（一次補正で25・7兆円+二次補正31・9兆円=57・6兆円）を示しています。総事業費225兆円の財源は赤字国債を日銀が買い取って、通貨を発行する「財政ファイナンス」です。日銀によるマネーの増発分が最大で225兆円も増えます。

〔日銀も円を大増発〕 コロナショックの前に日銀の総資産の規模は584兆円でした（20年2月末）。コロナショックの3か月後の5月22日には総資産が631兆円に膨らんでいます（実績）。

国債と株ETFを買って、すでに47兆円増えています。2021年3月には推計ですが、総事業費の「真水+貸付金」が178兆円増えて、日銀の総資産は809兆円に向かうでしょう。政府の総事業費225兆円（一次+二次補正）の財源はゼロ金利の国債であり、ゼロ金利を続けるには日銀が買い取るしかないからです。

【2022年まではデフレ、その後インフレへ】

日本と類似の増加率でマネー・プリンティングを行う日米欧は、同時に物価が高騰するインフ

図19　政府の経済対策費(総事業規模)の推移

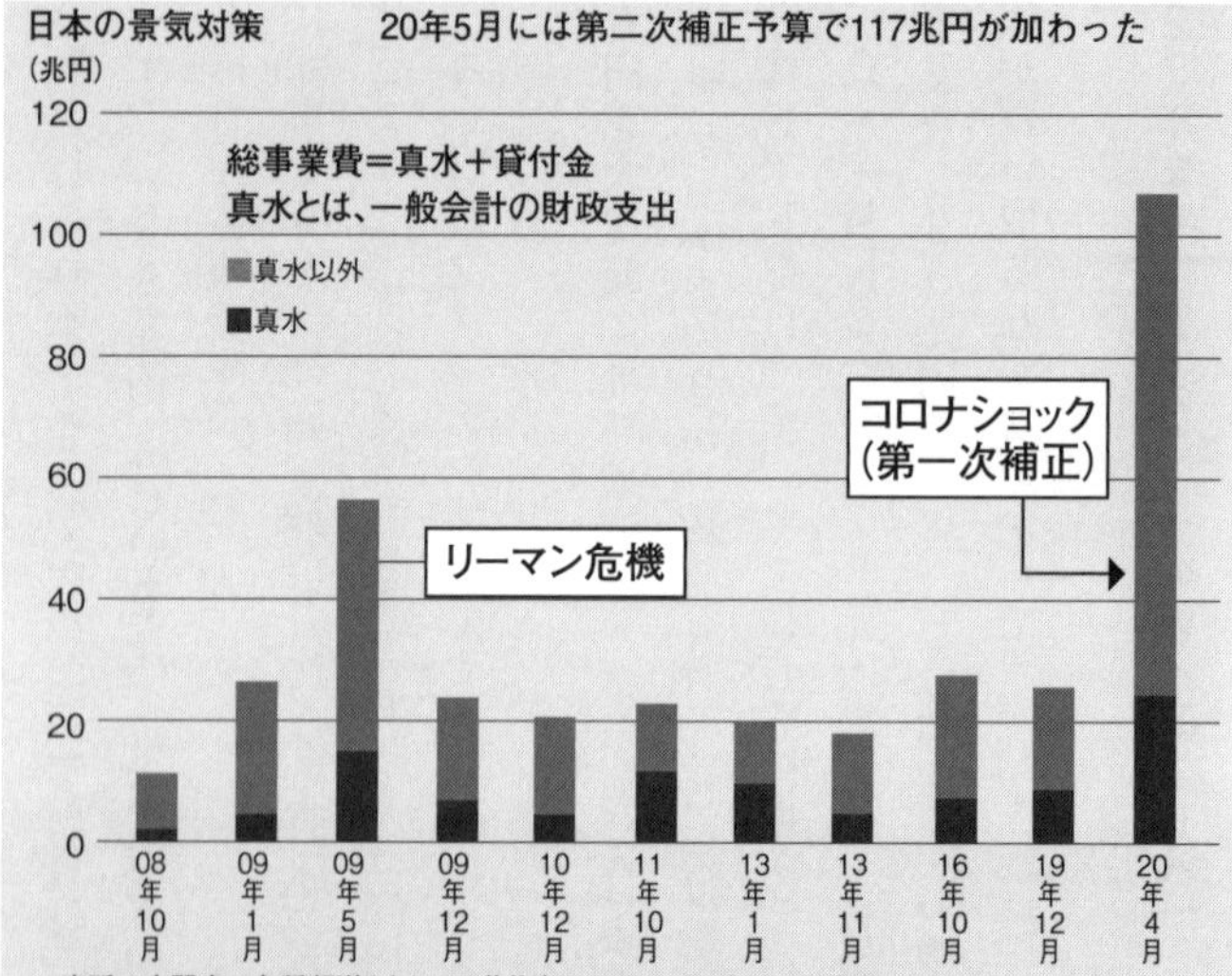

出所：内閣府、各種報道をもとに三井住友DSアセットマネジメント作成

(注)グラフの2020年4月は、第一次補正予算まで。第二次補正を加えると、政府の総事業費は、225兆円という巨額になる。

経済危機での3回の総事業費の比較

①日本　09年:リーマン危機のとき
　　・総事業費　　56.8兆円(真水は15.4兆円)
②今回(第一次補正予算)
　　・総事業費　　108兆円(真水は25.7兆円)
③第二次補正予算(国会審議前)
　　・総事業費　　117兆円(真水31.9兆円)
　　　　真水は一般会計の支出分=合計57.6兆円

*総事業費の財源は、国債と財投債の発行
　　→国債はほぼ全額を日銀が買い取って円を発行

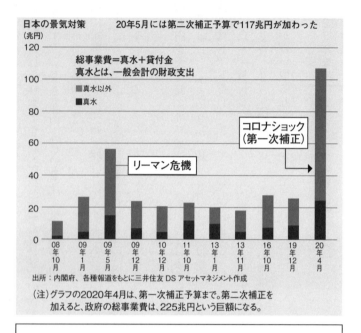

レになると考える向きもあるかもしれません。

しかし今回は、①蒸発した企業売上、②消えた民間需要を補うマネー増発ですから、中央銀行のマネー発行が急増しても、2022年までは生産の減少からの部分的な物価の上昇はあっても、全体はインフレにはならないと見ています。

正確にいえば、「マネー（預金＋現金）の流通量＝（預金＋現金）×回転率」を増やすのではなく、元にもどすためのものが政府の総事業費。つまり「補助金＋無利子・無担保の貸付金と劣後債」だからです。マネーの総量は増えますが、それが使われる速度が急低下するからです。2年間は商品供給に対して縮小した需要から、むしろデフレでしょう。民需は8割、つまり「個人消費＋住宅建設＋民間設備投資」は20％の減少が想定されるからです。

インフレになるのは、GDPの商品需要と設備投資が回復に向かう、コロナの完全収束のあとの2022年末か2023年と見ています。一般に通貨の増刷とインフレには1年から2年のタイムラグがあります。

マネーの流通量についての解説

〔**マネーの総量とは**〕一般にいわれる「新型コロナで蒸発したマネー」とは、正確な表現ではない。実際、「日本のマネーの総量＝（銀行の日銀当座預金（401兆円）＋企業の銀行預金（267兆円）＋世帯の銀行預金（1008兆円）＋現金（111兆円）＝1813兆円」は新型コロナでの休業や失業でも消えておらず、それ以前と同じ金額で残っています（19年12月末：日銀資金循環表）。不良債権により預金を縮小させる金融危機がない間は、これは世界に共通です。

Aさんの預金からの支払い（Aさんの預金の減少）は、送金を受けとったBさんの預金の増加になり、マネーの総量（マクロの総預金）としては同じ金額です。

日本の預金の総量は、日銀と銀行が貸付金として「マネー創造」をしたとき増えます。逆に日銀と銀行が、貸付金を回収したとき減少します。海外の銀行に円のまま送金したときも、日本の預金の円は減少します。

ただしCさんが米国債や米国株を買うとき、日本のD銀行で円を売ってドルと交換します。それらを買ったときCさんの円預金は減りますが、D銀行では円が増えて売ったドルが減ります。この場合も、円預金の総量はおなじです。ただしD銀行がもっていたドルは減ります。D銀行のドルの減少分が、Cさんの米国債の所有になります。

以上のように円マネーの総量は、日銀と銀行が貸付金を増加させたときに増え、回収したとき（および不良債権になったとき）に減ります。預金を現金で引き出したときも預金は減りますが、紙幣が増えるのでマネーの総量はおなじです。以上は金融の基礎ですが、専門の金融学者以外では知らないひとも多いので、俗説を修正する意味で示しました。

〔**全体のマネーの量は同じ**〕外出禁止により店舗に行く回数が減って、店舗や飲食店の売上が減った分、使われなくなっただけです。全体のマネーは預金の総量として滞留しています。

ただし個々の経済主体の間では、都市封鎖で売上が消えた企業の預金は家賃、人件費、仕入れ代金、他の経費の支払いにより減っています。一方で、その支払いを受けた側になる企業と個人の預金量は増加になっていて、日本の預金全体はおなじ金額です。

失業あるいは休職で収入がなくなった個人の預金と現金は、食糧費や家賃の支払いで減っています。それでも支払いを受けた食品スーパーは売上の増加により、家主は家賃収入により預金が増えています。ただし家主も不動産ローン等の支払いがあるので、全部の家主で増えているとはいえません。他方、売上が蒸発した衣料品店、家具店、百貨店、飲食店、観光業などの預金は、必要な支払い（人件費＋家賃＋経費＋過去の仕入れ代金）が超過して減っています。

日本全体の「預金と現金（1813兆円）」は、「減った企業・個人の預金と現金＝増えた企業・個人の預金と現金」になっていて、新型コロナで「蒸発」してはいません。ただし不良債権が増加すると、マネーは実質的に蒸発します。

〔「マネーの流通量」という概念〕マクロの預金総額はおなじでも、現実にはマネーが減っているように見えます。何が減ったのか？　減ったのは「（預金量＋現金）×流通速度（使われる回転率）＝マネーの流通量」です。川の水量（＝マネー量）は、「川幅の水の体積×流れる速度」です。流れが遅くなると、一定時間での水量（マネー量）は減ります。速くなると水量（マネー量）は増えるのです。

全体の預金量と現金がおなじでも、店舗や飲食店で顧客の預金と現金が使われる速さ（＝店舗の売上としての入金になる）が減速すると、「マネーの流通量＝1813兆円の預金と現金×回転率＝M×V」は減ります。マネーが使われる流通量は総預金の残高ではなく、川の水量のように時間で計るべきものです（これがキャッシュフロー）。

【「総事業費225兆円」はマネー量の増加】

日本政府は総事業費（2年間で約225兆円の枠）として、

①国債を作って日銀に売り、

②日銀は買った国債の代金をプリンティング・マネー（増刷マネー）として、国債を売った銀行と政府の日銀当座預金に振りこんで、

③銀行を経由して、

④企業と世帯に供給します。

マネーのパワーともいえる「MV＝マネー量×回転率（流通速度）」は、①新型コロナの時期の収入と借入、②必要な支出、③物価のデフレ、④インフレ、⑤GDPの増減、⑥株価と金融商品の価格変動にまでかかわる重要なことです。

マネー量が減少するか、または流通速度が低下すれば（川の流れが遅くなって総水量が減るので）、景気は悪くなり、物価も下がります。流通速度が上がるとGDPは増えて物価も上がり、金融商品の価格も上がります。株や債券の買いも増えるからです。

この関係を示すのが、フィッシャーの方程式、「M（マネー量）×V（流通速度）＝P（物価上昇）×T（実質GDP）」です。なおフィーシャー方程式の「M（マネーサプライ）」には、日銀が銀行から累積で509兆円の国債を買って、代金を振り込むことで増えた日銀当座預金は参入されません（447兆円：20年6月：マネタリーベースに属する）。このMに入れるのは、銀行が企業と世帯に貸しつけることで作られる「マネーサプライ」の預金と、その預金から引き出された紙幣です（銀行預金＋紙幣：1442兆円：20年6月）。日銀はこれを「マネーストック」と言い換えていますが、これはマネーサプライとおなじものです。2013年4月からの異次元緩和による日銀の国債買いから、銀行がもつ日銀当座預金は447兆円に増えています。しかし銀行の貸付金の増加率は、異次元緩和以前の2％から3％台と変わらなかったので、企業と世帯が使うマネーサプライは、7年間の異次元緩和では増えなかったのです。マネーサプライの4％以上への増加がなかったことと、そのマネーサプライ（預金＋紙幣）を企業と世帯が設備投資と商品購入に使う流通速度が増加しなかったことが、「インフレ目標」が達成されなかった原因です。「Mの増加×Vの増加」がないと、インフレは起こりません。

（注）この式には左辺に銀行のマネタリーベース、右辺にマネーで売買される金融商品と不動産の価格上昇も入れなければならない（修正フィッシャー方程式）。1990年代から商品購入額の増加より、世界中で金融商品（株式、社債、ローン証券、不動産などのストック）の売買額の増加が大きくなって、商品の実体経済に対してマネー取引の金融経済の領域が広がってきたからです。

第一波で38％は落ちた株価（ＮＹダウ）が３か月で回復したのは、20年３月末からの中央銀行のマネー増刷によって増えた金融機関、企業、投資家、ファンドの現金が下がった株（金融商品）の買いに向かったからです（先物買い＋コールオプション）。増加マネーは需要が20％は減った商品のインフレは起こさず、株価を再びインフレ化させたのです。ＦＲＢは、６月末の米国株価をバブル化していると断じています（パウエル議長の弁）。

２０２２年まではデフレ、それ以降はマイルドなインフレへ

ロックダウンのあと、工場生産と店舗は再開します。食品以外では、商品供給に対する需要の少なさ（民需の減少＝ＧＤＰの低下）が続く２０２０年、21年まで商品物価・地価・不動産価格はデフレでしょう。

〔**いつからインフレか？**〕インフレになるのは企業の操業度が上がり、増えた失業も減って所得が回復してからです。日本では民間需要（３０１兆円：19年12月）が３０１兆円水準を超えるとき、おそらく２０２２年後半か２０２３年からでしょう。失業率が高い間は平均所得も上がらず総所得も増えないので、資源・エネルギーの高騰がないかぎり、店頭の物価は上昇しないからです。

〔**エコノミストの重鎮は将来のことはわからないというが**〕米国と欧州の対策も、日本とおよそおなじ内容のものになるので、経済学の重鎮サマーズ（元財務長官＆ハーバード大学学長）は、「財政の拡大と通貨の増発の結果がどうなるか、世界の誰にもわかってはいない」としています。前

例がなく、いまは金融までを考える余裕がないからです。本書はここに挑戦したいと思っています。

【政府貸付金により政府と銀行の不良債権が増える】

2020年からの経済恐慌は、①GDPの20％の財政対策と、②財政赤字と同じ金額の中央銀行のマネー増刷によって、短期的には避けることができます。

〔**借入金には返済の時期が来る**〕しかし2年、3年後には増えた企業負債を返済する時期が来ます。これが返済できないため、銀行が返済を猶予（先延ばし）し続ければ、「不良債権」が増えて、2022年ころから慢性の金融危機になっていきます。米国の経済学者サマーズが、「先のことは（今回は前例がないので）わからない」としたことのひとつが不良債権の増加です。

今回の特別融資（日本では約140兆円）は、国債の日銀への売りで作った政府マネーを銀行経由で企業に貸付けるものです。

その財源は①国債、②財投債なので、増加する企業への貸付金の不良部分を政府が負担することになっていきます。最終的には、税金での負担になります。

国債は、将来の税収をいま使うことです。借り入れて使うと、将来の所得をいま使うことになるのとおなじです。将来、所得から返済しなければならないからです。

〔**結論**〕3年以上の中長期（2023年～）では、国家の財政の不良化、つまり国債の価格下落と国債金利上昇に向かっていくでしょう。

【中央銀行のプリンティング・マネーの信用】

利益が減り、信用創造の根拠が減った銀行は、貸付金を増やす能力が低くなっています。FRBの1・5ポイントの緊急利下げにより、米国債もイールド（日米金利差）がなくなっています（短期債のFF金利0・0％〜0・25％）。コロナショックから、日米欧は同時にゼロからマイナス金利になったのです。

〔**ゼロ％に近い金利は逆に貸し出しを増やさない**〕銀行の貸付は長期で貸しても、平均金利が0・69％と低い（20年2月：銀行貸し出し）と、ゼロ金利と変わりません。短期貸付に至ってはマイナス0・047％（驚き）の金利であり、銀行が逆に貸した会社に金利を払わねばなりません。最低でも1％ある貸付リスクの担保ができない銀行は、貸付の増加能力を失っています。

このため政府は今回、企業への資金繰り支援として増えるはずの企業貸付金を保証し（政府が保証人になる）、加えて銀行の不良債権への計上は先送りできるようにして1・5％から2％くらいの利子を補給します（金利の補助金）。

今回、銀行は無利子&無担保で企業に貸します。金利と回収リスクは総事業費として、政府が負担します。政府のマネー（総事業費）は、国債という負債証券を日銀が買った代金です。

資産と負債を対照させて記帳する複式簿記ではない政府の「大福帳会計（家計簿とおなじ）」では、

国債の発行が政府の売上収入になっています。一般会計では、国債の発行は税収と並ぶ収入です。あとで返済しなければならない負債が増えるというより、国債を売って売上収入がはいるという意識です。実は政府は50年間、一度も国債の残高（負債）を減らしたことはないのです。

〔**プリンティング・マネー**〕資金循環では政府マネーが銀行を経由して貸付けられますが、その元になるのは中央銀行のプリンティング・マネーです（実際の印刷ではなく、中央銀行のコンピュータの数字の増加）。GDP（日本550兆円、世界8000兆円）の20％に相当する各国政府の緊急の総事業費は、以上のような資金の循環構造です。

これは中央銀行のマネー創造力、言い換えれば「国民からの信用通貨（円、ドル、ユーロ）への信用」が元になって初めて可能なことです。日・米・欧・中において通貨信用は、まだ失われていないのでマネー・プリンティングの増加が可能です。

ただし、これには、「インフレが起こるまで」という限界があります。日本では2％、米国では3％のインフレに対しては金利を上げ、国債を回収（銀行の当座預金が減少）しなければならないからです。

【通貨の信用とは何をいうのか】

人々は、現在は商品と交換に1万円、100ドル、100ユーロを喜んで受けとっています。これが、通貨の価値への信用です。

〔**ハイパーインフレを起こすのは実は簡単**〕商品物価が1万倍、100万倍、1億倍に高騰することもあるハイパーインフレは、中央銀行が印刷する通貨の価値が国民から信用されなくなることです。ベネズエラの政府が起こしたハイパーインフレ（物価上昇2・6万倍：2019年1月）になると、店舗は今日は100万円、明日は1000万円、来週は1億円を積まれても商品を売らなくなります。これが通貨の超大増発が引き起こす、「通貨信用の喪失」です。

中央銀行が1万円札の代わりに、ゼロを4つ書き足して「1億円札」を発行し、1世帯に無担保で1000億円を振り込むと、日本でも即日に物価が1万倍に上がるハイパーインフレになっていくでしょう。昨日は200円だったカップ麺が今日は2000円、来週は2万円、そして200万円。逆に通貨の1単位の価値が1万分の1に向かって毎日、下がっていくからです。

銀行の預金すべての数字にコンピュータで4つゼロを加えて1万倍にすれば、1万倍の通貨を発行したことになります。1000万円の預金が1000億円になります。しかし、その1000億円の価値（購買力）は1000万円のままなのです。政府と中央銀行は、これを行うことはできますが、国民の信用を失って暴動が起こり、1週間で倒れるでしょう。

中央銀行が無《む》から創造した通貨の価値が信用されるかどうかは、①まず銀行、②つぎに国民にかかっています。通貨信用は、発行元の中央銀行が作ることができるものではない。マネーを使う側である銀行と国民、海外の金融機関、外為の売買をするファンドが与えるものです。

〔**マネーも国債も買い手が信用を決める**〕買い手が信用を決めている点では、国債もおなじです。政府の国債（負債証券）を銀行がいくらで入札するかによって、金利を決めています。信用が低い国債は価格が安くなり、発行金利よりも金利は高くなります。

「Aさんを信用する」というときの信用（クレジット）は、周囲のひとがAさんに与えるものです。Aさん本人が周囲に「信用してくれ」といっても、信用を得ることができるものではない。これとおなじです。①政府の信用つまり国債信用、②中央銀行の信用つまり通貨信用も、国民の側が与える点でおなじです。

国民と世界から円が信用されてきたのは、2013年からの異次元緩和で円安にはしてもインフレは起こらず、円の購買力を減少させることが少なかったからです。

戦後の円は1ドル＝360円（1971年）の円安から、超円高の79円（1995年）、105円（2000年）、東日本大震災後の円高76円（2012年）、アベノミクス円安124円（2015年）、2020年6月は107円付近と、ドルに対しておおむね円高（円の価値上昇）です。円高になった基本の原因は、経常収支の黒字です（貿易収支＋所得収支：最近は20兆円／年）。

米ドルは年平均3％のインフレ通貨であり、経常収支の構造的な赤字（平均5000億ドル／年）から海外に向かってもドル債の増発を続けたため、安くなったのです。

2020年は、コロナショック対策費としての米国の財政赤字（2019年の4倍の4兆ドル：440兆円）から国債が増発されるので、基本傾向はドル安です。短期で投機的なドル先物買いのみが、ドル高の要素でしょう。

円、ドル、ユーロ間の通貨レートは2年間大きくは動かない

〔**比較インフレ率が相対的な信用通貨の価値を決める**〕ただし今回は、日本・米国・欧州が同時に通貨も国債に合わせて増刷しますから、円・ドル・ユーロ間の相対的なレートは2年間は大きくは動かないと予想しています（通常年の為替変動：1年に±6〜8%以内）。

世界の信用通貨の間のレートは、絶対的な価値は示さない「相対的なもの」です。ドル安、円安、ユーロ安がおなじ率なら、通貨レートはおなじです。3つの通貨の増刷、つまり水膨れする信用通貨（1単位の価値は減る）に対して上がるのは増刷ができない「絶対価値」をもつゴールドでしょう。

中央銀行は信用通貨を作ることができても、ゴールドは創造できません。

〔**金は通貨か？**〕日銀と日本の銀行は、金を通貨と認めていません。しかし米国、欧州、新興国、中国の中央銀行は「金は通貨」と認識し、中央銀行がもつ準備通貨として扱っています。ただしこの中央銀行の認識は、無限に増刷もできる信用通貨を自国通貨としているため、国民に言いません。しかし世界の中央銀行の上の中央銀行に位置し、世界の銀行にはBIS規制として自己資本を要求し、デリバティブの所有を減らすことも要求しているBIS（国際決済銀行：スイス・バーゼル）との間では、BISと各国中央銀行がもつ金準備は通貨です。

日清戦争の賠償金（1895年：下関講和条約）として765トンの金を得た日銀は、現在のB

／Sにも載せて所有しています（4412億円＝明治の4800万両相当の簿価）。

しかし「金は通貨である、あるいは通貨ではない」と公式に語ることはない。日銀の金（4800万両）のほとんどは米国FRBのフォートノックス（ケンタッキー州）に、ドイツの金とともに預託（カストディ）されています。同地には7000トンの金があるとされています。

12年前、FRBに行ったとき、最初はその金を見せるということでしたが、直前に中止されました。1945年8月にマッカーサーの占領軍が軍艦で米国に持ち帰ったまま、返却されていません。所有権は変わらず日銀です。米国はイラク戦争（2003年）のとき、絞首刑にしたフセイン大統領が自分の名を冠する宮殿に隠していた金も没収しています。武力は超法規の権力です。マネーと武力は馴染みます。武力が弱くなると、米国も国際基軸通貨の維持はできません。

〔2022年末〕 中央銀行マネーによる危機対応が終わり、急増した失業も減って下がっていた物価が上昇傾向になっていく初年度の2022年末、遅ければ2023年。このころから、各国通貨は別の領域になるでしょう。比較インフレ率が高い通貨は物価上昇率が低い通貨に対して、交換レートが下がるということです。ただし日・米・欧のインフレ率がほぼおなじなら、通貨のレートもほぼおなじでしょう。インフレとはその本質からいえば、物価が上がる形をとった、過剰になった通貨の1単位の価値下落です。

国家の財政は、ドイツとスイス以外の世界は全部が大小の違いはあっても赤字です。そのため最大級に増刷される通貨の価値がアフターコロナの2023年の以降、ある国は大きく、別の国は小さく下がっていきます。「財政赤字とインフレ」という要素によって、です。

また通貨レートには赤字の臨界点である政府財政の危機、または破産の予想という要素も加わります。財政破産とは、国債の返済のデフォルトのことです（または返済の繰り延べ＝モラトリアム）。

インフレから金利が上がり（＝国債の価格は下がって）、借換債の発行ができず、デフォルトの可能性が高くなった国の通貨は最低でも50％下落するでしょう。

【米国とEUも日本と同じ】

米国政府は日本政府より早く、財政支出を3兆ドル（330兆円）に拡大することを決めています。財政赤字は2019年の1兆ドル（110兆円）から4兆ドル（440兆円）に膨らみ、4兆ドルの国債の新規発行になります。

FRBが「無制限に国債を買う」としているので、2020年上期のドル増発も4兆ドルになるでしょう（銀行と政府のFRB当座預金の増加になる）。20年下期にもドル増刷があるでしょう。日本とおなじ、「新規国債を全量買い取る財政ファイナンス」です。企業の売上を蒸発させ、大きな不良債権を生むコロナショックに対し、FRBもなりふりを構わなくなって増発し、ドルの価値下落に配慮していません。日銀も、ECBもおなじです。

〔**中国の人民元**〕GDPが世界2位、日本の2・6倍ある、巨大生産国の中国はいまだに資本規制をし、ドルペッグ制なので、人民元は隔離された通貨です。人民銀行が発行してますが、共産党政府の支配下にあるので、かつてのソ連のルーブルと同様に完全な「政府紙幣」です。株式市場も海外からの売買は、規制されて隔離され別の世界です。

リーマン危機のときの、米国政府の財政支出は2回で1・5兆ドル（165兆円）でした。すでにその2倍。それくらいコロナショックの経済危機は深い。

EU（欧州連合）もFRBに横並びです。ECB（ユーロを発行する欧州中央銀行）がユーロ国債を買ってマネーを供給します。1・25兆ユーロ（148兆円）が決定しています。

ECBを支配しているのは、経常収支の黒字の資金量がもっとも多いドイツです。20年度末に向かって、もっと増えるでしょう。EU（英国を除くと27か国）のGDPは、16兆ユーロ（1900兆円）です。EUも、民需のGDPは20％（3・2兆ユーロ：350兆円）はマイナスになるからです。

日・米・欧が同時に通貨を増発し、お互いの価値を下げますから、ドル・ユーロ・円の間の相場は今後2年間ではあまり変わらないでしょう。

〔**米国のドル不足から新興国は通貨安になった**〕米国がドル不足になり、新興国に対して行っていた投資（株と国債を含む債券の買い）を売って引き揚げているので、新興国の通貨は下がっています。ドル・ユーロ・円は相対的に、新興国通貨に対して30％くらい上がっています。人民元に対しても「人民元売り／ドル買い」が増えて、3大通貨は4％くらい上げています。

図20に日銀、欧州ECB、米国FRBの総資産（マネー発行額）の、コロナショックによる増

図20　米国FRB・欧州ECB・日銀のコロナショック通貨増発

2020年5月時点の決定からの推計

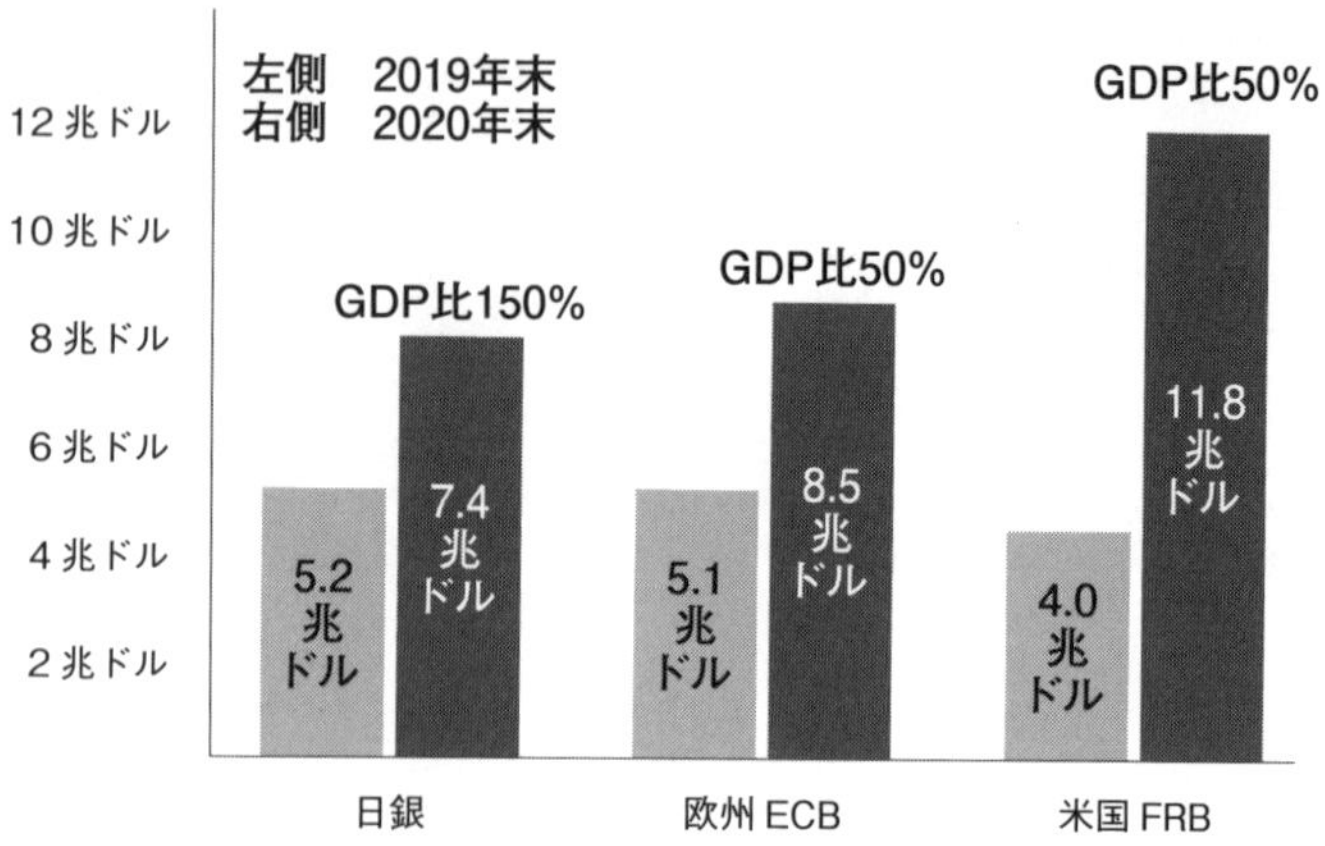

発額とGDP比を示します。いずれも5月時点の予想ですが、2020年末に向かってもっと増えることは決定しています。

「リーマン危機を1・5倍は超える恐慌（有効需要の減少）」と、世界共通に認識されているからです。世界経済はリーマン危機以上のGDPと金融の同時危機に対して、各国の中央銀行による「マネーの人工心肺」をつけました。いずれも政府紙幣の発行です。

08年のリーマン危機のときは、①政府の財政支出（1・5兆ドル）と別に、②米国FRBは国債とMBS（不動産ローン担保証券）を4兆ドル（440兆円）買って、ドルを4兆ドル増発して金融機関に供給しています。4兆ドルの現金で、50％に下がっていた米国株が上がり、米国の銀行とファンドは資本を回復したのです。

図21　経済対策費GDP比：日本は「事業規模」（4月7日時点）

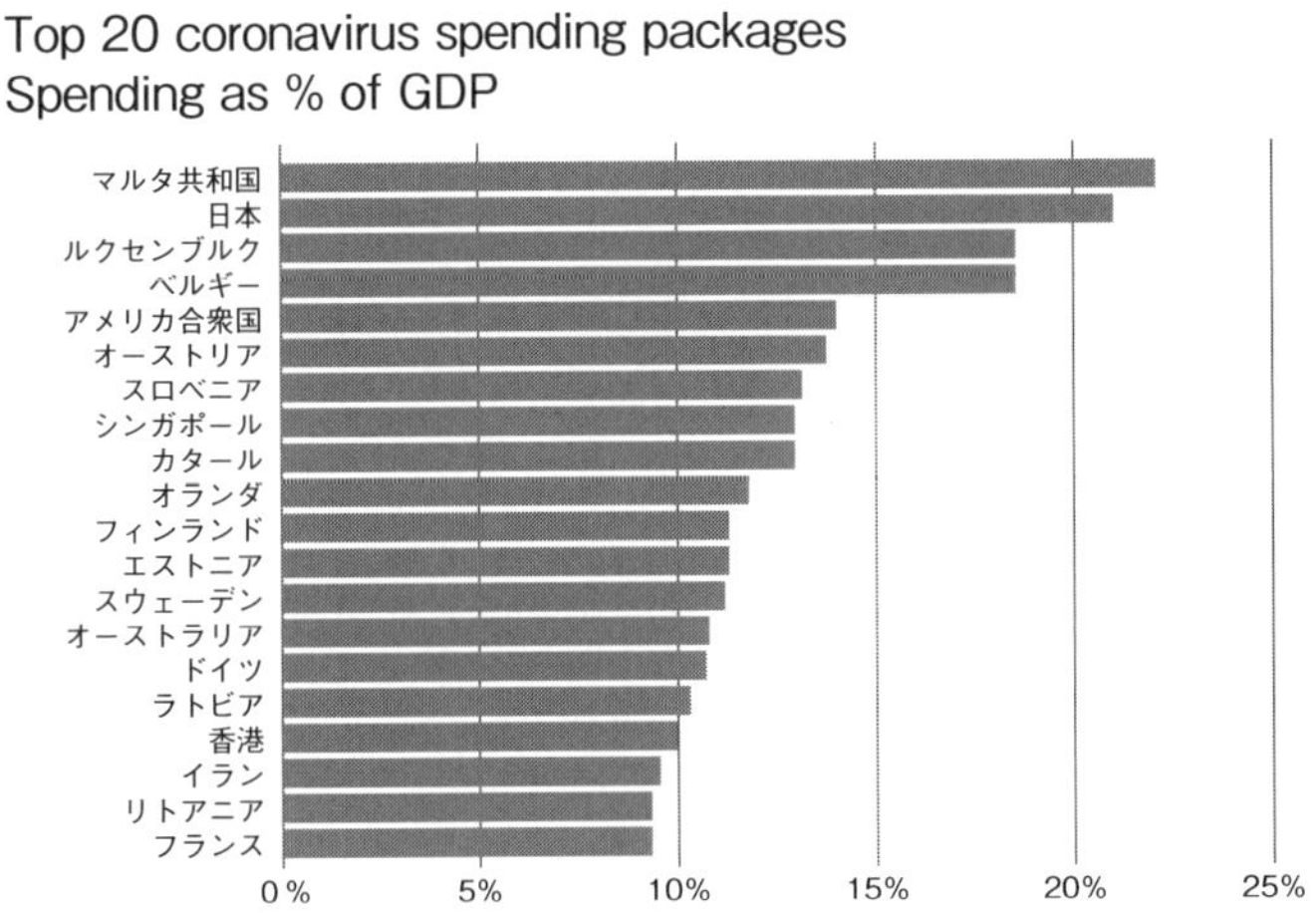

（注）日本は、総事業費。第二次補正を含まない。　　データ：BBC

図21に今回のコロナショックに対する、世界の政府の財政支出をGDP比で示します（データは英国BBC）。平均すれば、GDPに対して13％くらいの財政支出が行われ、それぞれの中央銀行からの、国債の購入と通貨の増発になります。約20％は収縮する各国のGDP（民需）に対して、10ポイントくらいの底上げ効果をもつものです。4月7日時点の統計なので日本の総事業費では、国会議決前の第二次補正案を含んでいません。

図21を見ると、世界中がGDPの10％〜20％の国債を増発して、各国の中央銀行が通貨を増発していることがわかるでしょう。

待望されているワクチンだが

米国と中国ではワクチン開発の報告数がとても多い（中国と米国の研究所・製薬会社）。ワクチン開発に173のプロジェクトが出ているといいます。

問題は副作用が少なく、有効度の高いものが開発され、量産されて、世界のOECD20か国の10億人に使える時期です（世界の人口は70億人）。ムリだと意識の隅ではわかっていても、20年の冬には収束してほしいという願望が語られ続けています。

①3月の暴落のあと、日米欧の株価の上昇（NYダウ：1・8万ドル→2・4万ドル）、

②そして2021年夏の東京オリンピックの開催は、有効なワクチンが2021年の年初から3月にかけて開発され、世界の数億人から10億人に接種できるだろうという「祈り」からのものです。ひとには未来や神を信じるという、観念的な認識の仕方もできるからです。信じるとは、まだ確認していないものの存在を「あるはずだ」と考えることでしょう。科学は事実を数値で検証しますが、思想と信仰は検証を必要としません。神を見たひとは人類のうちに1人もいなくても、神の存在を信じるひとは世界に多くいます。

【ワクチンの有効度と副作用】

ワクチン接種で40％が発症しなくなったとしても（有効度40％）、仮に1％のひとが発症すれば

使えません。100人に1名が副作用での感染者になるからです。インフルエンザのワクチンの検証では、2回の接種で約50%の有効度だったとされています（2013年、14年の6歳未満の小児：大阪府と福岡県）。インフルエンザへの罹患のリスクが2分の1に下がったということです。ワクチンの有効度の50%は高いほうです。30%程度でも有効とされます。15%以下ではあまり意味がないでしょう。「中和抗体」を接種者の40%に作る、有効度40%の新型コロナ・ワクチンなら意味があります。国民の全員に接種すれば感染のリスクに晒されても、感染の可能性のないひとが40%に増え、集団免疫に近くなると想定できるからです。

ただし1%の副作用があるなら、日本で全員接種すると126万人（現在の確認感染者1・6万人の78倍）がワクチンを原因とした病気にかかることになるので使えません。血流病の患者にエイズを発症させた、非加熱血液製剤に準じる賠償責任が生じるからです（2000人がHIVを発症した薬害エイズ事件：1982～85年）。米国における医療訴訟の賠償額は、1人が数億円から10億円と大きい。10万人に接種して1000人に副作用が生じると、最大では1兆円の訴訟になり製薬会社は破産します。副作用のあるワクチンは使えないのです。

〔**45人に対して行った治験がNYダウを4%上げた（5月18日）**〕米国バイオベンチャーモデルナ社の新型コロナワクチンに18歳から55歳の男女45人が治験に参加し、ウイルスの働きを止める「中和抗体」ができたひとは8人（17・7%）という（20年5月18日報告）。副作用はまだ不明です。7月には、数千人の治験（医薬の効果検証）が行われる予定ですが、有効度は18%程度と低い（それ

でも有効という判断)。

ワクチンには3回の大規模な治験（数千人、数万人）が必要で、普通は5年～7年の開発期間がかかります。モデルナ社のワクチンでは、1億人に接種したとき中和抗体ができるのは1800万人となり、普通の活動を保証する集団免疫には至りません。それでも5月18日のNYダウは、効果を織り込んで971ドル（4％）上げています。ワクチンの効果を過大評価したからです。

価格が大きく動くと利益のチャンスが増える投資家は、好材料または悪材料を過大に評価する性向をもちます。科学的なものではない株価は、投資家の楽観と悲観の心理を数倍にレバレッジ（拡大）して動くからです。米国の製薬会社は株価を上げるため、不確かな開発情報を早めに出す傾向もあります。株価は将来の情報を織り込むので、発表の日から20％から30％は高騰します。

モデルナ社の株も発表当日の5月18日に67ドルから86ドルにまで28％急騰しています。その後、インサイダーと見られるひとたちの「利益確定売り」があり、5月19日には71ドルまで1日で17％下げる「お定まりの動き」です。ワクチンの開発情報の多くと共通するでしょう。今日の株価は62ドルであり、発表された有効性を疑っている株価です（6月28日：時価総額は2・7兆円）。製薬会社の資本は巨大です。

【有効なワクチンへの一般的な見方】

信頼度の高い学者の意見では、「有効なワクチンができるのは幸運に幸運が重なったとき、2021年末」という（代表はノーベル賞の山中伸弥教授）。普通なら、2022年や2023年ということでしょう。幸運に幸運が重なる確率は10％以下でしょうか。どんなに早くても2022年末と見ておいたほうがいいでしょう。

ニュースでは＊＊社がワクチンを開発したと報じられ、100％効く特効薬のように報じられますが、多くは有効でないものでしょう（インサイダー利益のため、ワクチン開発が発表されることもある）。

インフルエンザに有効で特効的なワクチンは、現在もありません。ウイルスの変異が早いからです。新型コロナ（SARS-CoV-2）も自分が生き延びるために予想ができない変異をします。前年度のウイルスに抗体ができたひとが多くても、変異したウイルスのインフルエンザが北半球で気温が下がる10月末ころから流行っています。一般に暑いとき、活性度が下がるウイルスは、気温20度以下の乾燥した日が増えると再び活性化するからです。

新型コロナは、現在までの変異を大別すれば3種です。武漢A型、中国B型、欧州C型で感染のしやすさと致死率が異なっています。RNAの変異の総数は2000か所という。第二波、第三波での変異の方向は不明です。新型コロナは、「SARS-CoV-2」といわれているのはご存知でしょう。発症したひとの致死率が10％だったSARSと似ているからです。

ＳＡＲＳはほとんどのひとが発症したため短期で収束したので、いまもワクチンはありません。ワクチンを開発しても収束していれば接種するひとはいなくなり、製薬会社の採算に乗らないからです。このためすでに述べたように、アマゾンやマイクロソフトが買い上げ、世界の人々に無料配布する必要があるでしょう。

医学と医薬開発は、病気が起こったあとの対策です。政府の開発予算が積み上げられ（米国では１・７兆円）、中国からも次々と出る新型コロナのワクチンや医薬の開発情報は、発表のときは確かそうに見えても、マユツバで見なければならないものも混じっています。

ワクチンのニュースで注意して見ておかねばならないことは、ウイルスの変異です。新型コロナのウイルスは、変異を続けています。たとえばＡ-１型（仮称）に有効なワクチンは、変異したＢ-１型には効かないことが多い。さらに厄介なことにＡ-１型用のワクチンで中和抗体がつくられた人が変異したＢ-１型にかかったとき、逆に症状を悪化させる可能性があることです。これがないことを検証する治験が必要なため、従来からワクチンの開発には数年以上の時間がかかってきました。「２０２０年末や21年の早い時期にワクチンができるだろう」と日本政府は明言していますが、この真偽は疑わしい。

（8）小売業の破産と売上から民需経済の縮小が見える

破産した米国のJCペニーは、食品のないIY堂やイオンのような業態です。100年前から食品スーパーのチェーンが強い米国では、百貨店とGMSは食品部門をもたず、衣料・住関連・生活用品を販売しています。2018年に破産した世界のGMSの1位シアーズもおなじ業態でした。一方、日本のGMSでは食品の販売が50〜60％あります。百貨店もデパ地下で食品を売るのが日本型の小売業態です。

業態とは、商品の部門構成と販売方法による事業区分をいいます。百貨店、GMS、食品スーパー、ドラッグストア、コンビニ、SPA（製造直売）のアパレルチェーン、住関連のホームセンターなど、同じ品種でも違う商品の購買頻度（1年に平均で何回買うか）を軸にした業態です。衣料や食品も価格帯によって、顧客集団の購買や頻度は変わります。なお食品店、衣料品店、家具店、金物屋、薬屋、化粧品店、弁当屋は、品種内の価格帯が広い（ピンキリ）の業種店です。

〔**総崩れの米国百貨店**〕中級のファッション百貨店のブルーミング・デールズ（全米36店）を傘下にもつ百貨店資本の大手メイシーズも近々、破産に向かうでしょう。

ポピュラープライス百貨店のメイシーズ本体（2014年は789店）も、2月に125店の閉鎖を発表し、2000人の人員削減を予定しています。NYの百貨店バーニーズ（年商8・5億ドル）は昨年11月に破産し、ファッションのJクルー（年商25億ドル）と、老舗百貨店のニーマンマーカス（年商47億ドル：2017年）も破産しました。日本ではレナウンが破産しています。

米国の大手小売業でも家賃やリース料の不払いが増えて、ファッションを中心に倒産ドミノが始まっています。構造的な原因は、ゼロ金利と、量的緩和（QE）4兆ドルで進行した米国企業の負債の大きさです。世界的にファッション需要は急減しています。

ジャンク社債の市場が2兆ドル

流通業ではありませんが、石油とガス生産のシェールオイルの生産企業も社債がジャンク化しています。理由は原油の需要減（4月は世界でマイナス30%：1億バーレル/日→7000万バーレル）と、値下がり（1バーレル20ドルから30ドル、6月9日は38ドル：採算点は50ドル）にあります。

〔**社債も買うFRB**〕異例のことですが、FRBが特別目的会社（SPC）を作って、①普通は買わない企業の信用度の低い社債、②短期資金調達のCP（コマーシャル・ペーパー）を買い上げ、売上消滅からの破産を先送りしています。SPC経由とはいえ、FRBが社債とCPを買うのは史上初めてです。なお日銀も株ETFの買いで、1年に12兆円の枠（1回2000億円）を作って、コロナショックで30%以上下落したあとの株を買い支えています。

ＦＲＢが社債を買わないと、社債市場が崩壊するくらいの売上の減少が米国企業に起こっています。米国の社債市場は13兆ドル（１４３０兆円）と大きい。ボロ債であるジャンク債（低格付け：ＢＢ以下）が2兆ドル（２２０兆円）と大きくなっています。ジャンク債には、原油の20～30ドル台への下落のとき採算がとれなくなったシェールオイル会社のものが多くあります。

〔社債と不動産ローン証券の不良化〕米国社債の不良化は２００８年のリーマン危機のきっかけになった、サブプライムローン証券の不良債権に匹敵します。不動産価格が下がると、市場価格が下がるローン担保証券（ＭＢＳ）とＣＬＯ（債務担保証券）も、早々と価格の維持のためにＦＲＢが買い上げています。社債、不動産のＭＢＳ、ＣＭＢＳ、ＡＢＳと債務担保証券のＣＤＯの下落が、リーマン危機を超える金融危機を引き起こす恐れがあったからです。

米国の企業と世帯の有利子負債

①米国の企業債務は、15兆ドルです（１６５０兆円：２０１９年6月）。リーマン危機のあと、国内の設備投資を減らして借金を減らしてきた日本の大企業と違い、米国では設備投資と4兆ドル（４４０兆円）の自社株買いから企業の債務が増え続けたのです。比較すれば、日本の企業債務は４３２兆円と少ない。

②米国では、住宅ローンが10兆ドル（１１００兆円）ある世帯の債務は16兆ドル（１７６０兆円）です。日本の世帯の債務は３２８兆円です。米国の企業と世帯は、リーマン危機のあと12

年間のゼロ金利と超低金利のなかで負債を膨らませてきました。

・負債による投資と消費が米国のGDPを増やし、

・金融経済の面では住宅価格と株を、再びのバブル水準に上げてきたのです。

〔**10兆ドル債務が不良化**〕合計31兆ドル（3410兆円：米国GDP20・5兆ドルの1・5倍）の債務のうち、コロナショックの長期化から不良化するのは、最低でも30％（10兆ドル：660兆円）に及ぶでしょう。これはリーマン危機のときの不良債権（約200兆円）の3倍です。

米国では企業の株価時価総額が36兆ドル（3960兆円：3月下落の前）と高かったので、資本調達としての有利子負債の増加は少なかったのですが、2013年から19年までの4兆ドル（440兆円）の自社株買いのため企業負債（社債）が増えてきたのです。

リーマン危機のあとは、ゼロ金利＋量的緩和4兆ドル（440兆円）から、企業と世帯の有利子負債は同時に増えました。（世界の株式市場の時価総額　http://www.nicmr.com/nicmr/data/market/stock.pdf）

日本では、

・**企業の有利子負債は422兆円、**

・**住宅ローンが多い世帯の負債が328兆円、**

・**合計で750兆円**（GDPの1・5倍：米国と同じGDP倍率）です。

日本でもコロナショックの長期化は企業と世帯の所得を減らし、銀行の不良債権を増やします。

1998年の金融危機とおなじ率の20％の貸し出しが不良化すれば、当初は100兆円とされた不良債権の1・5倍となります。

不良債権では、当局の認定により微妙な境界があります。将来売上を増やし、期待利益を大きく見積もれば、不良債権ではなくなるからです。当方は日本の金融危機（1998年）のときの不良債権は、政府認定の2倍近い200兆円だったと見ています。世界中で政府が公表する不良債権（金利払いと返済が不能）の少なくとも2倍の潜在不良債権があると見ておいて間違いはない。中国では公表の10倍以上でしょう。中央銀行による金融対策費が増えるのは、このためです。

小売業の売上の消滅と資金繰り

〔**デリバティブ証券の不良債権が増加**〕売上に対して有利子負債の大きな会社は2、3か月売上が減ると、資金繰り難に陥って支払い不能になります。仕入れ代金、借入金の返済、不動産経費、給料の支払いができないことが企業の破産です。

失業が増えて、世帯の所得が減り、住宅ローンの返済が滞ると、そのローンをまとめて証券化したデリバティブ証券（MBS、ABS）の不良債権も増えます。20年5月までに小売業近代化とショッピング・センター化の旗手であった2社の経営が米国では破産したことになります。2010年代から業績は悪かった。都市封鎖と休業が最後の鉄槌を下したのです。

〔**米国の商業用不動産の下落**〕米国のショッピング・センター（合計は4万4000か所と日本の13倍）で、休業と売上の減少による家賃の不払いが増えています。次の段階では、投資物件である商業用不動産価格の値下がりが起こります。それを示すのが米国のＲＥＩＴ（不動産投資信託）の下落です。２０２０年２月の３１５から、３月末は１８０へと43％下落しました（株価の下落37％より大きかった）。現在は２５５でマイナス19％です。このマイナス19％は、半年後の２０２０年末からの米国不動産の価格下落を示すものです。

米国では不動産ローンが証券化されています。その不動産証券の下落が、リーマン危機より大きな金融危機を誘発するでしょう（1年後から）。ＦＲＢが緊急に巨大マネーを入れたのは、不良債権から起こる金融危機の発生を防ぐためです。

米国では、小売業売上の全体集計が日本より1か月は早い。ロックダウンのあとの4月の、全店売上が5月にはわかります。ＧＤＰの70％を占める個人消費のうち、店舗売上は50％を占めます。都市封鎖（日本では外出の自粛）は、まず食品と衛生用品以外の小売業の売上を消したのです。US Census Bureauからのデータです（https://www.census.gov/retail/index.html）。

【米国の小売総額は5兆ドル：日本の4・2倍】

米国の小売業売上は、全店で年間5兆ドル（５５０兆円）と大きい。人口は日本の2・５倍（３・３億人）ですが、小売売上では日本の約4・2倍です。米国の１人当たりの店舗購買額は１７１万円／年で、日本の１人当たり１００万円より１・７倍も大きい（両国とも自動車・部品・燃料を含む）。２０２０年の日米の物価は似ているので、１人当たりで米国人は１・７倍多くの商品を買っています。日本人の店舗での購買は、米国人の60％と少ない。米国では、前年比の小売増加率では4％～5％くらいを続けていました。小売売上が約30年、ほぼゼロ％成長を続ける日本と事情が異なります。

【日本の小売業の総売上は30年も伸びていない】

わが国では資産バブルが崩壊した1990年から、世帯所得の増加の少なさと米国に15年先駆けた高齢化により、小売の総売上は自動車と燃料を約30兆円含んでも130兆円台と、伸びていません（一般の店舗売上は100兆円）。物価上昇もマイナス1％～1％の間でした。25年前の物価と、現在の物価水準はほぼおなじです。資産バブル崩壊のあとの30年、OECD（先進37か国）のなかで日本はもっとも「低温の経済」でした。

物価の上昇がなかった点を除けば、「実質所得が減っていた戦後から80年代までの英国」が90年代からの日本でした。「日本病」とはいわれていません。しかし世帯所得の名目額が減って、物価も上がらない日本病でしょう。

図22に、過去32年間の世帯所得を家族別に示します。世帯の所得が1996年をピークに減ってきたのは、OECDでは日本だけです。世帯所得が増えないかぎり、小売売上の総額は増えません。英国やイタリアでも、世帯所得は伸びています。日本は数年後に、実は韓国に追い抜かれる所得水準に下がってきたのです。

図22　世帯所得（1985〜2017）

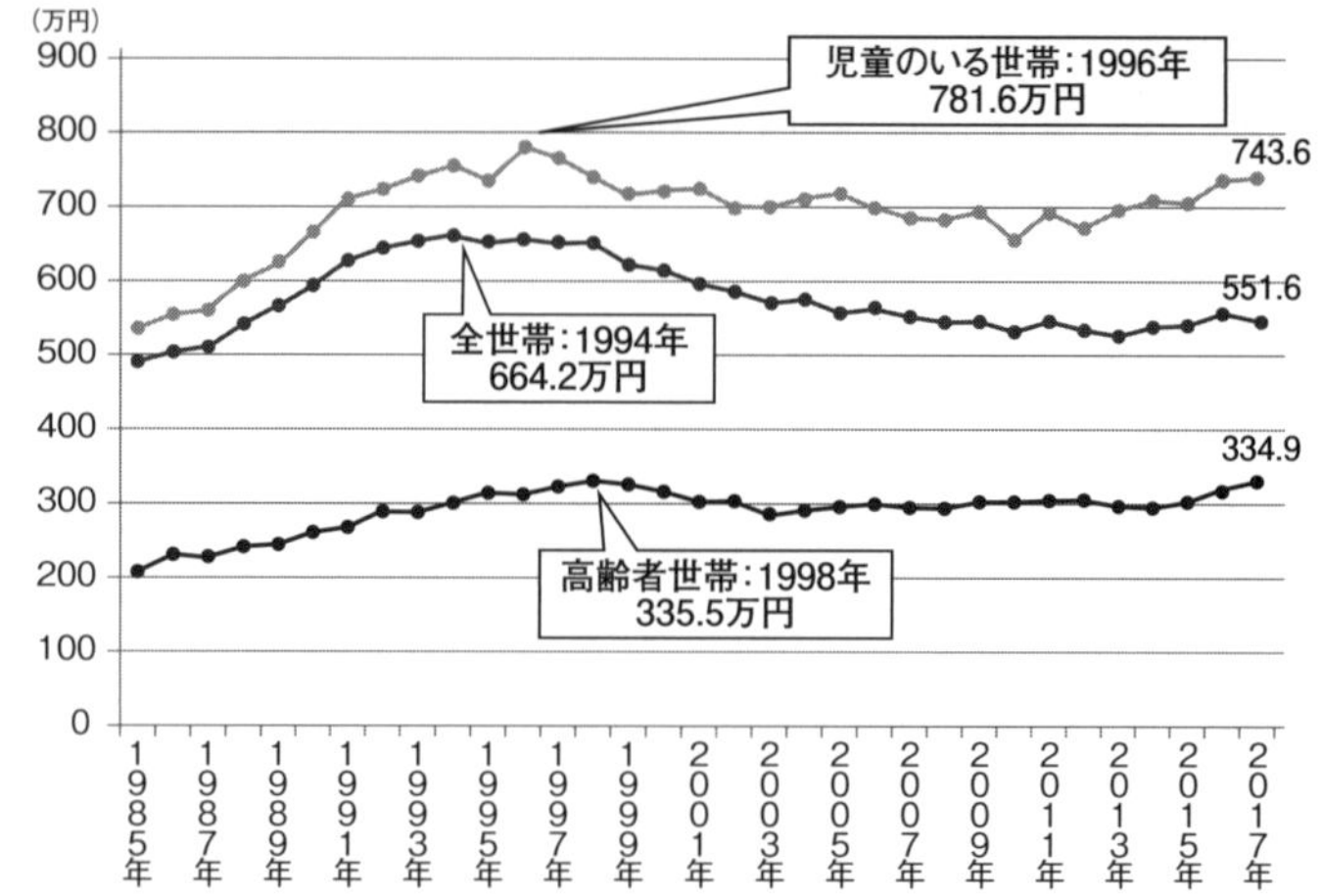

【日本の個人年収はＯＥＣＤのなかでも低い】

日本の正規・非正規の平均年収は４４１万円で、世界比較では20位と低い（２０１９年：国税庁）。韓国の平均は３３０万円／人です。韓国でも、大企業の社員の平均は５８０万円です。日本では大手企業の40歳代では平均年収が６００万円です（雇用の30％）。

　雇用者５０００万人のうち70％が働く中小企業では、夏・冬１か月分のボーナスを入れた平均が４４９万円です（正社員：14か月分）。20歳代が２６０万円、30歳代３５０万円、40歳代４６０万円、50歳代４７０万円、60歳代が３５６万円です。おなじ世代の賃金は30年、ほとんど増えていません。個人では、年齢給加算（年功）だけが増えたのです。

これが１９９０年に賃金水準が世界一高かった

日本の30年後の姿です。

〔**世界の賃金は高くなった**〕平均賃金で1位のスイス（1073万円）の40%、645万円の米国の68%、移民が平均賃金を下げているドイツ（547万円）の81%です。数年後には平均賃金330万円の韓国に追い抜かれると知れば、政府にも火がつくでしょうか。

1995年の超円高の時期（1ドル＝79円）以降、円安（対外的な、国内コストの低下策＝ドル買い／円売り）で輸出を維持するのが政府の基本政策でした。企業の1人当たりの生産性（付加価値÷労働人時）を上げて、賃金を上昇させることが政策になることは25年間もなかったのです。

昭和天皇が1985年のプラザ合意（ドルの2分の1への切り下げ＝2倍の円高）のころ、「円高はお金の価値が上がることだから、日本にとってはいいことではないのか」と進講した東大の経済学教授に問うたとき、その教授は言葉を失ったと回想しています。

円高は輸入物価を下げるので、上がった円で所得を得る国民にとってはいい。しかし輸出する企業と米国債を買う銀行にとっては、円が上がってドルが下がり、困ることだったからです。円高・円安では、経済主体によって利益が異なります。

貯蓄の構造変化で円安は貿易黒字を増やさない

2000年代から貯蓄率が低下したため、輸出入の貿易は均衡するようになっています。マクロ経済には「貯蓄投資バランスの原理」があります。「経常収支の黒字＝貯蓄額－国内投資額」

ですから、円安になっても輸入より輸出が大きく超過することはない。貿易黒字が大きかった時代（1990年代初期まで）の「円安が輸出を増やすという幻覚」から、政府と企業は覚醒しなければならないでしょう。

ほんとうは団塊の世代1000万人が60歳を超えて退職し、貯蓄を減らす高齢化に向かった2000年に円安幻想からの覚醒が必要だったのです。輸出企業は円高の影響を受けないように海外での現地生産を増やし、国内の設備・機械投資を減らしていたからです。今後も日本人の所得を上げるには円高が必要です。円高でも経常収支は赤字にはならないからです。25年間も円安を推進してきた政府、日銀の政策転換が必要です。新型コロナでの輸出の減少（外需の減少）は、輸入の減少（内需の減少）にもなります。貿易は国と国の相互的なものだからです。

〔GDPと所得は正比例する〕 新型コロナの影響が少なかった20年1－3月の日本のGDPは、前年比マイナス3・4％（年率換算：速報）でした（内閣府）。緊急事態宣言の影響がまともに出る20年4－6月のGDPは、マイナス20％になるでしょう（7月に出ます）。

GDP（国内総生産）は、「商品生産＝所得＝需要（GDPの三面等価）」です。所得は、「税引き前の（企業の経常利益＋世帯の所得）」です。

GDPが20％減るとは、「企業の利益＋世帯の所得」が20％減ることです。所得が20％減れば、店舗売上が約50％の商品・サービス需要も20％減ります。企業の売上と生産も20％減ります。

〔トヨタの2021年3月売上予想は20％減〕 前述のようにトヨタ自動車は、世界的なコロナの収束が2020年末という前提で2021年3月期の予想売上を20％減としています。もし第二波、第三波があって、コロナの収束が21年末なら、2021年度売上（20年4月から21年3月）では20年11月から21年3月の売上も影響を受けますから、予想売上はマイナス30％になっていくでしょう。日本のナンバーワン企業であるトヨタの売上は、企業売上のベストのグループの代表として見ることができます（大企業上位20％）。平均の企業（50％）、悪いグループの企業（下位30％）はもっと売上が減ります。

【米国の小売売上の基準値は前年比4％増加だった】

インフレを含む米国の小売売上では増加率で4％、GDPでは3％の増加をゼロ％の基準の値として見なければならない。米国での小売売上の前年比ゼロ％は、日本ではマイナス4％に相当します。

都市閉鎖があった20年4月の小売売上での前年比マイナス19％は、マイナス23％と見なければならない。（注）2019年の米国の物価上昇は約2％でした。数量の増加が2％で、小売売上の上昇が4％。米国の小売データから、都市封鎖による消費の減少がどんな内容のものか、いちはやく知ることができます。

5月半ばからの都市封鎖の緩和から6月・7月・8月・9月の前年比での正常化の時期を経由し、10月末や11月からのインフルエンザ・シーズンと同時と想定されている第二波からの外出規制と閉店からマイナスの影響も予想できます。大都市でオフィスのある高層ビルは、空調（温度調整）のある密閉空間だからです。

（9）米国小売売上の分析から経済の全体が見える

米国小売売上の検討と分析

図23は、米国の商業センサスの２０２０年２月から４月までの月別・業態別の売上です。コロナショックが家計消費に及ぼした影響を所得と消費動機の原因から分析し、経済全体との関係を見ていきます。日本の小売業の全店舗の売上集計は１年遅れるので、米国データを使います。

小売売上は個人消費経済（民需）の中心にあるので、経済の全体の動きもここからも見えます。

（商業センサス　https://www.census.gov/retail/index.html）

米国の小売総額は年間６兆ドル（６６０兆円）と世界一大きく、日本（小売総額１３０兆円）の４・７倍もあって、ＧＤＰの30％を占めています。個人消費16兆ドルのうち38％です。収入の40％くらいを店舗とアマゾンなどＥＣでの買い物に使っているということです。米国は中国を筆頭

図23　米国小売業の全体売上　2020年2月から4月（カッコ内は前同月比）

区分	2020年2月	2020年3月	2020年4月
1.全業態の小売売上	5273億ドル(+4.4%)	4834億ドル(−5.7%)	4039億ドル(−22%)
2.自動車、部品	1052億ドル(+6.0%)	782億ドル(−26%)	685億ドル(−37%)
3.家電、電子	80億ドル(+0.0%)	72億ドル(−13%)	28億ドル(−65%)
4.家具・住関連商品	101億ドル(+5.0%)	80億ドル(−18%)	33億ドル(−87%)
5.食品、飲料	643億ドル(+4.0%)	816億ドル(+29%)	709億ドル(+12%)
6.健康商品、化粧品	300億ドル(+1.0%)	315億ドル(+3.0%)	267億ドル(−10%)
7.スポーツ、趣味、音楽、書籍	67億ドル(+3.0%)	55億ドル(−15%)	34億ドル(−50%)
8.衣料品、アクセリ、装身具、バッグ類	221億ドル(−1.0%)	112億ドル(−50%)	23億ドル(−90%)
9.百貨店	110億ドル(−3.0%)	86億ドル(−25%)	61億ドル(−48%)
10.GMS(一般商品)	600億ドル(+3.0%)	641億ドル(−8.0%)	508億ドル(−15%)
11.ノンストア(EC)	689億ドル(+9.0%)	723億ドル(+14%)	783億ドル(+22%)

20年5月分は、集計遅れから一部欠落があるので載せていません。

https://www.census.gov/retail/index.html（全米商業センサス）

に日本・アジアからを含む世界の商品を輸入して（2・5兆ドル：275兆円：19年）、消費する大国です。米国の輸入は日本の3・6倍です。

1月23日に武漢が封鎖されたとき、2か月後の3月20日からNYに厳重な外出禁止令が敷かれ、全米の都市も封鎖されると思っていたひとは、ごく少数の疫病学者以外いなかったでしょう。米国にとってもパンデミックは予想外でした。

3月の中旬、イタリア北部にコロナが広がったとき、米国と日本の危機意識が高まったのです。イタリア北部（ロンバルディア）は中国人の進出と往来が多かった。現代中国の「一帯一路」はモンゴル帝国よりは規模が小さくても、西アジア、中東から地中海に及んでいます。

中世のペストはモンゴル帝国から広がったものです。西欧で猛威を振るい、歴代の死者が1億人、断続的な流行は1348年から1420年まで72年続きました。

新型コロナの脅威はペスト（ウイルスではなくネズミが媒介する細菌）よりはるかに軽い。現在、ペストは抗生物質で抑え込まれています。ちなみにペスト菌は北里柴三郎が発見しました（1894年：香港）。

単細胞の生物である細菌には、抗生物質が効きます。しかし細菌のおよそ50分の1の大きさで、自分の細胞をもたず、生物と無生物の中間とされるウイルスに抗生物質は効きません。ウイルスは動物の細胞に入り込んで、毒性を発揮します。コロナ（王冠）とは、王冠に見えるスパイクをもっていることからいわれます。風邪やインフルエンザのウイルスもコロナです。

米国の小売全業態の売上：4月マイナス22％

20年2月までは、小売業への影響はありませんでした。米国の店舗の総売上は5273億ドル（58兆円）と、前年同月比で平常期と同じ4・4％増えてました（図23）。

3月20日から全米に都市封鎖の影響が現われ、小売売上は4834億ドル（53兆円）に減り、前年同月比はマイナス5・7％でした。前年比4％の増加としてきた米国基準からは、マイナス9・7％と見なければなりません。1・5％から2％のインフレと、2％の数量増加があったのが米国小売でした。3月末からの都市閉鎖の11日間は、前年の売上から30％くらいマイナスになっています。

百貨店を含む都市部の大型店、ショッピング・センター、飲食店、サービス業は閉鎖されました。翌４月に封鎖された大都市ではほぼ全面的に影響が現れて、小売売上はマイナス19％でした（米国基準ではマイナス23％）。小売売上の合計には、20％くらいを占める自動車と部品を含んでいます。「アフターコロナの民間需要での８割経済」は４月売上から来ています。

〔GDPと小売売上〕 GDPは「小売の売上を含む民間需要（個人消費＋住宅建設＋設備投資）＋政府需要（最終消費支出＋公共投資）＋輸出－輸入」です。OECD（先進37か国）の世界では、第二波があった場合の２０２０年には、民間需要が共通におよそ30％は減ります。対策としての政府の財政支出は、ここからGDP比で約20％分増やす要素になります。

①２０２０年のGDPは晩秋からの第二波があったとすると、マイナス10％でしょう。

②北半球に第二波がなければ、OECDの先進37か国のGDPは、IMFがいうマイナス５％付近でしょう。IMFやエコノミストは秋からの第二波を前提とせず、20年末にはコロナが収束するとした上でGDPを予想しています。当方は、最悪を想定しておけばあわてることはないという観点から、第二波も想定した上で予想しています。

わが国の内閣府と日銀も「新型コロナの第二波はない」とし、２０２０年度のGDPを予想しています。当方のものは悲観論ではなく危機対応論であり、準備論です。

小売業とサービス業の売上、商品生産の工場も停止させたロックダウンと、その解除後のあとの失業について、米国企業へのアンケート調査がされています。

長期雇用の慣行から失業率が他国より低かった日本では、失業が経済の最大の問題だという認識が低い。低賃金である派遣やパートの非正規雇用と正規雇用の賃金格差は問題にされますが、失業がまともに取り上げられることは少なかったのです。

コロナ失業は50％が長期化する

しかしアフターコロナでは日本でも、とりわけ中堅・中小企業、個人事業の閉店、または事業そのものの廃業による失業の増加、長期の問題になっていきます。こうした意味から米国企業の失業についての考えを示します。雇用やレイオフをするのは学者ではなく、企業側だからです。

米国では、雇用の50％（7500万人）が従業員500人以下の中小企業に勤めています。日本の5600万人の雇用では70％（3920万人）が中小企業です。米国ではフェイスブックを使った経営者の幅広い調査結果が出ています（4月：回答数8万6000人）。

①米国の中小企業の31％が事業を中断している。
②休業企業の3分の1に事業再開の計画がない。
③家賃や公共料金の支払いの目処が立たない。
④休業中の企業のうち、レイオフ以前と同じ社員を再び雇用すると答えた会社は50％に達しなかった。
⑤レストランでは再雇用の意欲が高いが、農業、漁業、林業では低い。

https://www.nikkei.com/article/DGKKZO59278300Z10C20A5EAF000/

日本ではこうしたデータは出ませんが、アフターコロナの世界を予想するとき、重要な参考になるものです。雇用と失業率は経済を変えるからです。中小企業で事業を中断した企業（構成比31%）の55%が再雇用する計画がないと答えています。米国の中小企業の失業が、「7500万人×31%×55%＝1486万人（17%）」に増えるということです。合計では2183万人の失業になります（失業率では14・5%に相当）。

米国の失業率は20年3月で、すでに4・4%に上がっていました。4月のレイオフ（一時解雇）を含む失業は14・7%です。普通、レイオフは景気回復があると優先的に再雇用されます。ところがコロナショックでは、アンケートに見えるように、これが強くない。アフターコロナの長期での失業率は、米国で10%を上回る可能性が高いのです。リーマン危機のときの失業率10%とおなじ状況が今回は廃業の増加のため、次の景気の波まで数年は続くでしょう。GDP（生産＝所得＝需要）は以下のように想定できます。

・日米欧に共通なGDPの回復は、株式投資家の60%がいう**V字型**や、
・日米のエコノミストから語られている**U字型**ではなく、
・2023年ごろまで、はかばかしく回復しない**レの字型**（または**L字型**）になる可能性が高いということです。

経済と企業活動を停止させる新型コロナの場合、米国と日本経済の回復の経過は似ているでしょう。米国小売の各分野にはいる前に、長期的な需要への見通しをここで失業の観点から示しておきます。失業で所得が減ると、消費需要である店舗売上は増えないからです。

【自動車と部品の売上：4月マイナス37％】

米国の自動車と部品の売上は20年2月に1052億ドル（前年比＋6・0％）でしたが、下旬から影響が出始めた3月は782億ドル（前年比マイナス26％）に急落しました。まるまる影響を受けた4月は685億ドル（前年比マイナス37％）でした。

米国の自動車売上は食品の次に大きい。ハイウェイでの移動距離が長い米国では、1家で3台の車は普通です。5台ある家庭も多い。食品スーパーまででも、車で10分や25分はかかります。

〔米国で住宅を買うとき自動車も買う〕 住宅価格が上がるときはローンの与信が増え、自動車も売れます。米国では住宅を買うときや変わるとき、日本と違い自動車を買うひとが多い。

蒸発した自動車売上は外出禁止が解除されても、しばらくは戻りません。2020年をつうじて自動車の売上はマイナス20％でしょう。耐久財のコロナショックを象徴するのが自動車売上です。米国の自動車メーカー（GM、フォード）は単独では破産しますが、政府の資本提供で延命します。余力のあるトヨタも2020年度（21年3月期）での20％の売上減を予想しています。

【家電・電子の売上：4月マイナス65％】

家電・電子には、ＩＴ機器と金額が大きくなったスマホを含みます。2月は80億ドルで前年比の増減が0％、3月は72億ドルでマイナス13％、4月は28億ドルでマイナス65％でした。3月の落ち込みは大きい。ショッピング・センターが休業している期間は、売上が消えます。

ロックダウンが解かれると、家電・電子商品の売上は戻ってきますが、前年比を超えることはない。失業が20％水準になり、食品以外の買い物金額が10％は減っていくからです。所得は失業率の増加によって減り、増える失業は買い物を減らします。

休業のあと開店すれば、売上は前年との比較で大きく伸びると期待する店長も多いでしょうが、翌月の消費はＶ字型では増えないでしょう。売上は店舗の休業で蒸発してしまいます。なお閉店と撤退する店舗が増えると、事業を続ける店の売上はその分、増えます。

【家具：住関連商品の売上：4月マイナス87％】

住宅価格の上昇と比例してきたのが家具・インテリアの売上でした。2月は米国の住宅価格は上がっていたので、101億ドル（前年比＋5％）でした。3月は80億ドル（前年比マイナス18％）に下がったのです。4月は33億ドルと、前年比マイナス87％で壊滅的でした。不要不急ともいえる家具インテリアの売上は消えたのです。

〔**住宅ローンは29％減**〕おかげで住宅価格も下がり、3月の住宅ローンの申請も29％も減っています。リーマン危機以来の大きな減少です。住宅価格は統計以上に下がっています。これから住宅ローンの遅延も急増していきます。

リーマンのとき、全米平均の住宅価格は2007年の185から140にまで25％下がりました（2011年）。大都市の高額物件では50％下落も多かった。住宅価格は、経済危機・金融危機のあと2年で下げる遅行指標です（全米20都市のケース・シラー指数）。

NYの高層コンドミニアムの5億円や10億円以上の価格は中国人の買いもあって作られたものです。中国人にとってNY、東京、パリ、ローマ、スペインの高額物件は香港より安かったからです。NY、パリ、ローマ、マドリッドでは、ドバイやサウジからの買いも混じっています。

〔価格は株価の2年後に下落〕 4月の家具・インテリアの売上のマイナス87％からは、不動産金融までわかります。ここから米国の住宅価格はピークアウトを示しています。2022年に向かってどこまで下げるでしょうか。失業率が4月の15％から20％に向かっていて、リーマン危機（10％）のときより10ポイント高いので（失業率は2倍）、住宅とオフィス、ホテル、ショッピング・センターなどの商業用不動産は、2年で30％以上の下げになるかもしれません（2022年）。

米国の住宅ローン（10兆ドル：1100兆円）と商業用不動産のローンは、まとめて証券化されています。銀行とファンドが保有している、

①**CMBS**（商業用不動産ローン証券：1兆ドル）、

②**MBS**（不動産担保証券）やABS（資産担保証券）はAAA格でも、最大で40％下落（マイナス440兆円）になり、

③**社債のCLO**（資産担保証券）とともに、リーマン危機以上の金融危機を誘発していくでしょう。

米国の金融危機は、株価と不動産価格の下落から起こります。両者が下がるのは価格下落を予想するひとが増え、売り手が増えるのに買い手が減るからです。

FRBは不動産ローン証券が不良化することがわかっているので、

・無制限に国債を買って金融機関に現金を注入するとともに、

・値下がりするMBS、ABSも買い上げ、資本市場に介入して価格を支えています。

このため、まだ外見上はMBS、ABSが価格を維持しています。

第二波がなかったとしても米国、欧州、日本、中東の不動産価格は、不動産REIT（上場投信）の下げの割合（25％）は下げます（ダウジョーンズセレクトREIT：300→225）。

株価下落から1年後となる2021年、不動産ローン証券の全体の崩壊は決定したと言えます。

NYダウが3月の底値（マイナス37％）から回復しても（ピーク比マイナス14％：6月初旬）、REIT価格は戻っていません。逆からいえば、2023年に下がった不動産の買いの局面をむかえるでしょう。日本の、不動産価格の先行きを示す東証REITも23％下げた水準です（20年

6月初旬)。3月のボトムには45%下げていました。REITの価格は、ほぼ2年後の不動産の売買価格を示します。

【食品・飲料の売上:4月+12%】

2月は643億ドル(前年比+4・0%)と平常でした。ロックダウンが始まった3月には食糧の買いだめ需要があり、816億ドル(前年比+29%)と歴史上最大に増えています。4月も709億ドル(+12%)です。食品スーパーは、生活を支えるとして閉店の対象になりません。ひとは1日と食べないわけにいかないからです。

米国、日本、欧州で共通に、食品スーパーの売上は前年比で15%くらい増えています。1人が食べる量が増えたのではない。家庭内在庫の増加があり、外食が家庭食に変わったからです。

ロックダウンが解除されレストラン、飲食店、ファストフードがひらくと、米国食品スーパーの売上は前年比7%の増加くらいに減少していくでしょう(日本は+3%くらい)。

レストランの売上が米国の平常年の+4%までしか上がらないのは席と席の間隔をとるため(売上は最大でも60%か)、1人平均の外食回数が減るからです。普段、外食が多かった家庭でも調理が習慣になったこともあります。調理も一度行うと、楽しいものです。

大都市では三食を外食する単独生活者が多い。学生、単身赴任、高齢者独りが多い東京都では47%、大阪でもほぼ同じ46%の世帯が単独です(東京23区では50%以上が単独世帯)。

NY市、ロンドン、パリも類似しています。半数は独りで生活しています。

社会的距離をとるため客が少なく、ガランとした感じが日米欧の2020年の1年をつうじた飲食店でしょう。開店後の売上の回復は60％でしょう。新型コロナが世界中で収束し、コロナ前に戻らないと100％の回復はない。その時期は、2022年末と想定しています。

飲食店が借入をしても売上が減れば、1年後、2年後の返済はできないので廃業も増えます。政府からの家賃と人件費の補助では、1年の店舗維持には足りません。店舗、飲食店、サービス業からの失業が増えます。

わが国の飲食店数は67万店、従業員は480万人（09年）と、小売業（100万店：705万人）についで大きい。20年4月のフードサービス業の売上は、全国で前年同月比マイナス39％でした。休業した居酒屋などはマイナス95％です。緊急事態の解除のあとの売上も50％から60％と少ない。

【健康商品、化粧品の売上：4月マイナス10％】

健康食品や化粧品は、米国ドラッグストアの商品です。2月が300億ドル（前年比＋1・0％）、3月315億ドル（前年比＋3・0％）、4月267億ドル（前年比マイナス10％）でした。食品スーパーとおなじように、乾物食品のグロサリーも売るドラッグストアも閉店していません。

マスク姿のアジア人を笑っていたアメリカ人もすすんでマスクをつけ、口紅やファンデーションなど化粧品の購買が減りました。マスクを代表として健康商品（OTC医薬）と消毒用アルコール、洗剤等は増えています。一方で、大都市部のドラッグストアは通勤者もテレワークになったため、日本の都心コンビニとおなじように売上が減少しています。郊外店の売上増加と都心店の売上減少の合計が、この結果です。ビジネス街の日本のコンビニもおなじように売上が減りました。店舗の売上は市民の生活の変化を示します。

【スポーツ・趣味・音楽・書籍の売上：4月マイナス50％】

2月67億ドル（前年比＋3・0％）、3月55億ドル（マイナス15％）、4月34億ドル（マイナス50％）です。外出しないとスポーツはできない。3月には15％減り、4月には50％減っています。ショッピング・センター、書店、スポーツジム、コンサートが閉店したからです。

自宅に籠もったため、アマゾンの書籍、自宅で見るNETFLIXの映画などは、とくに大きく増えました（前年比2・1倍）。スポーツ中継ではDAZN（ダゾーン）。

オンラインの映画や音楽ストリームは会員が増えても、原価の増加はなく売上が利益になります。有料メルマガとおなじ原価構造です。有店舗の書店は休業し、劇場・演奏会は3月末からなくなっています。販売チャンネルの違いが出たのが趣味・音楽・書籍の売上です。

ここで示されているのは有店舗の小売売上です。

当方も、8500万曲があるというアマゾンミュージックと、排他モードで音質がいいソニーのMora Qualitasのストリーミング（定額料金）を契約し、毎日、じゃぶじゃぶと聞いています。

音楽と書籍は電子データに移行しつつあります。この傾向は自宅に籠もった3月、4月に激しく現れています。音楽、エンターテインメント、読書の需要が減ったのではない。外出の自粛で需要がチャンネルを変えたのです。

フランスとドイツでは停止された演奏会などの芸術は、国の文化財として経済的な支援が行われています。日本でも行うべきことです。そうでないと芸術・文化事業は20年、21年にかなりの数が消え、再興ができなくなります。日本政府に、芸術や文化事業を見るフランス風の視野はあるでしょうか。夜の歓楽街と、芸術は違います。芸術は、個人と国の宝です。巣ごもりの期間に、新しいスピーカーを作りました。ホームセンターに材料を買いにいくと、客が普段の30％増しくらいの印象でした。家や庭の手入れでしょう。

【衣料品・アクセサリー・装身具・バッグ類の売上：4月マイナス90％】

2月は221億ドル（前年比マイナス1・0％）、3月は112億ドル（前年比マイナス50％）、4月は23億ドル（マイナス90％）という壊滅的な減り方でした。平常月だった2月に衣料等の売上が増えていなかったのは、2010年ころからネット販売（EC）へと顧客の購買チャンネルの変更が生じてきたからです。

年率15％で増えている無店舗のEC（57兆円：前年比＋15・5％）は有店舗の百貨店、GMS、衣料品チェーンの有店舗売上を減らす要素になっています。

日本も米国を追っていますが、店舗までの距離が大型ショッピング・センターの米国（4万か所）よりはるかに近いため米国ほどではない。なお日本のショッピング・センター（S／C）は3300か所で、19年の総売上は32兆円でした（100万店店舗の総売上の32％）。20年3月のS／C売上は28・0％減り、4月は68・8％も減っています（日本S／C協会）。

3月、4月に有店舗の衣料品販売がマイナス50％、マイナス90％と減ったのはネット販売への移行に加わり、外出がなくなって衣料を買う動機が低下したことからです。衣料品売上の激減は世界共通のことです。

【ファッションの意味】

身体の皮膚であるファッション、社会的な外衣の装飾である衣料の需要は他人に見てもらう機会が減ると、需要動機が低下します。下着・アクセサリー・バッグも見てもらう機会が減ると、購買は減ります。自宅内で下着から着飾るのは、鏡にうつして満足する特殊なひとでしょう。人間は、自分のなかに他人の目をもっています。文章を書くときも、想定読者の目を意識します。

レナウン、ニーマン・マーカス、Jクルーが破産した世界のファッションのメーカー、販売店では2020年に倒産や廃業が起こるでしょう。衣料の需要が急減したからです。

いつも強気の、ミニマリズムのカジュアルウエア、ユニクロの柳井氏は「未曾有の危機」としています。ユニクロの売上では、店舗部門が前年同月比マイナス28％、4月はマイナス

58％でした（20年3月）。ネット販売でも3月がマイナス27％、4月はマイナス56％でした。

外出自粛は店舗売上を減らしますが、一般にネット販売の売上は伸びます。ところがファッションではネット売上もおなじ率で減っています。コロナショックが引き起こした衣料の需要動機の減退です。外出自粛の停止のあとも2021年まで世界の衣料売上は回復しないでしょう。

世界では、ファスト・ファッションのナンバーワンZARAも、7412店のうち業績の振わない1200店（16％）を閉店します。カジュアルウエアのGAPも数百店を閉店予定です。スウェーデンが本社のH＆Mの売上は3月が50％減です。わが国ではオンワードが700店を閉店します。ファッションは百貨店と似ています。百貨店の主力はファッションだからです。


〔住宅価格と株価の資産効果〕 株価の高騰に住宅価格上昇の「資産効果」から売れていた百貨店、専門店の高額ブランド衣料、アクセサリー、宝飾品、機械式時計は長期の減少になるでしょう。

わが国の衣料への需要は低価格帯商品の輸入のため、90年の15兆円から10兆円へと33％も減ってきました。SPA（開発輸入の製造直売）により平均単価が3分の1に下がる一方で、数量は20億枚から40億枚に倍増したのです。枚数を2倍買っても金額は90年代前期の66％です。衣料の売上は、20年間で66％に減ってきたのです。

その衣料で今回は数量の需要も減っています。新型コロナがもたらした生活への価値観とスタイルの変化が衣料の売上急減に現れています。衣料品チェーンにも飲食店、観光業と同じように閉店と廃業が増えるでしょう。

【深読みすればアフターコロナのライフスタイルが見える】

アフターコロナの生活スタイルの変化を端的に示すのは、ファッション・装飾的な衣料の急減です。米国の経済学者ソースティン・ヴェブレンが『有閑階級の理論（1899年）』で示した衒《げん》示的消費《じてきしょうひ》の減少です。当時の米国の金ぴかバブル経済にのった消費を分析的に書いたものです。難しい本ですが、ヴェブレンは社交界の夫人たちの寵児《ちょうじ》になったのです。フィッツジェラルドの素敵な名作『グレート・ギャツビー』でも描かれた時代背景です。19世紀末から第一次世界大戦（1914〜18年）のあと10年は、米国経済の第一次黄金期でした。この前期には『有閑階級の理論（1889年）』が書かれ、株価バブルの真っただ中に『グレート・ギャツビー』（1925年）が書かれています。

戦争国債を増発したバブル景気のあと、1929年の株価のクラッシュ（ピークの12％に下落）から銀行が閉鎖される金融危機が起こり、失業率が25％に増えていった「大恐慌」でした。金融危機の前は、いつも通貨の増発が招くバブル経済です。時代を超えて「資産バブル経済は恐慌（バブルのクラッシュ）の原因」です。

〔**株価と住宅価格の関係**〕バブルの極点、つまり臨界点では、まず株価（企業の予想純益の割引現在価値）が暴落し、1、2年後から不動産が下がり、不良債権を生み金融危機を誘発します。日本では1990年からの資産バブル崩壊がこれでした（90年が株価の崩落、92年から地価が暴落）。

その30年、人々は伸びない所得のなかで生活の価値観とスタイルを変えていったのです。

そして25％の失業で所得が減った大恐慌後の米国の中間層は約30年の「衒示的な消費」から、シアーズの商品とファッションの「米国流の質実剛健」に向かっています。

米国の株価が１９２９年を超えたのは、第二次世界大戦のあと7年目、１９５２年でした。英国が基軸通貨国を滑り落ちた戦争をはさんで23年かかっています（図24：米国の１００年の株価）。

今回はＩＴとＡＩでの産業革命（生産性の上昇）がひかえているので、23年もかかりません。２０２５年くらいから、テレワークを起点に企業業務のＩＴ化ＡＩ化が広く、大きく進行して人の生産性を上げ、所得を増やすでしょう。

不況と恐慌はイノベーションの母だった

旧来のもの、既存もの、既得権益者の多数が舞台からおりる経済危機と恐慌は、次の時代のイノベーションも準備します。新型コロナがもたらしたＧＤＰ（実体経済）の縮小は08年のリーマン危機を超えて、90年前の「大恐慌（１９２９-３３年）」に似ています。

リーマン危機のとき、株価は50％に不動産は30％（ＮＹ・ロス等では50％）下がりましたが、

・その後12年間のゼロ％から超低金利と、通貨増刷（4兆ドル）の対策から、

・再び非合理な価格に上がり、リーマンの前の資産バブル経済が再来していました（20年2月まで）。

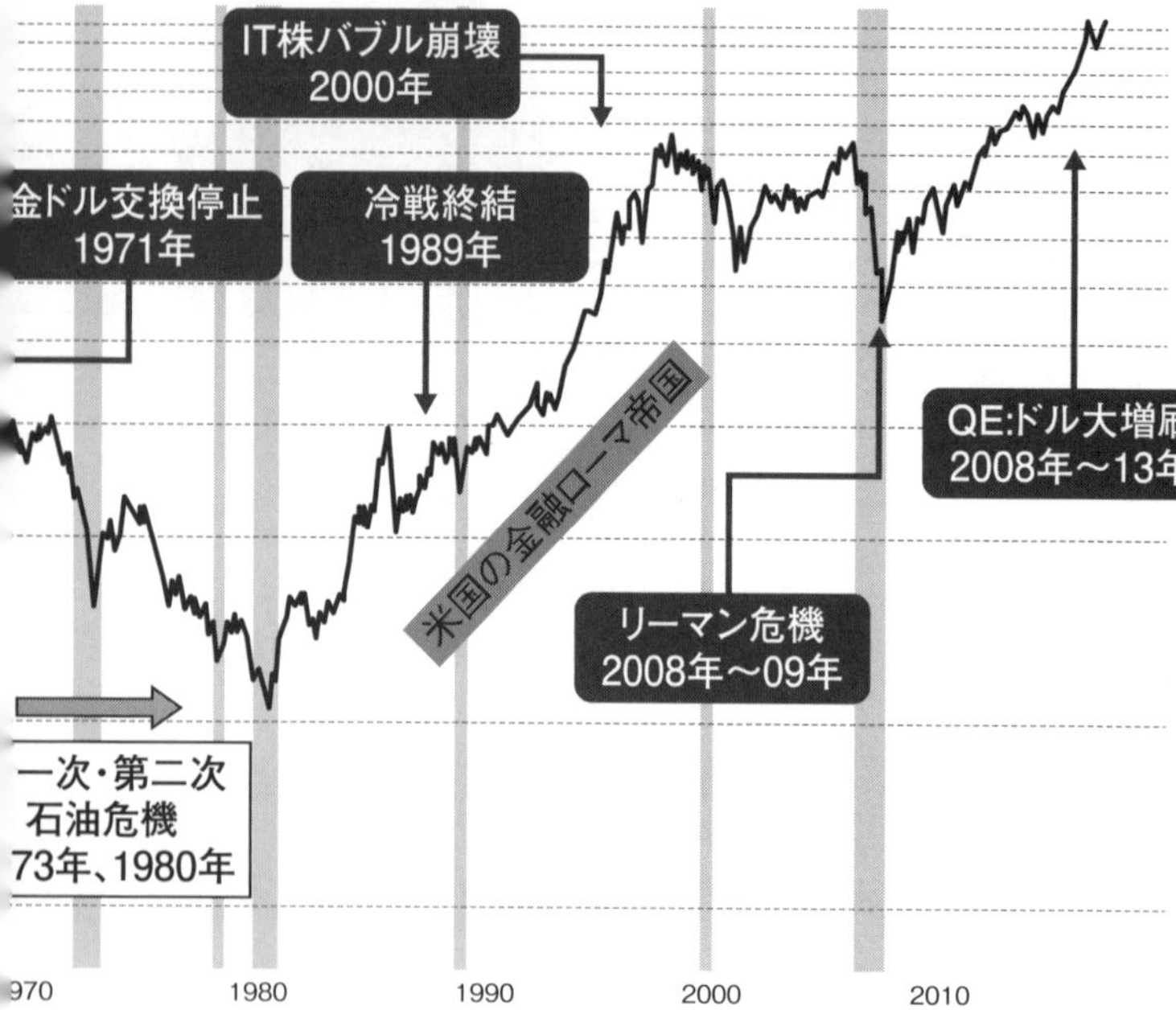

〔**世界は不動産価格バブルだった**〕これがコロナ前の20年2月までの株価と、人口減と空き家で値上がり率が低かった日本を除く、世界の不動産だったのです。世界の不動産の高額物件では、10億円や20億円はザラです。それらを買ってきた21万世帯の世界の富裕層は、30億円以上の純資産です（金融資産－負債：スイスのUSBの統計）。世界で1000万世帯は、負債を引いた純資産で1億円以上の準富裕層です。

世界の大都市では、「三軒隣はお金持ち」になっていました。

しかし恐慌での株価と不動産

図24　NYダウの100年（1919年～2019年：対数尺）

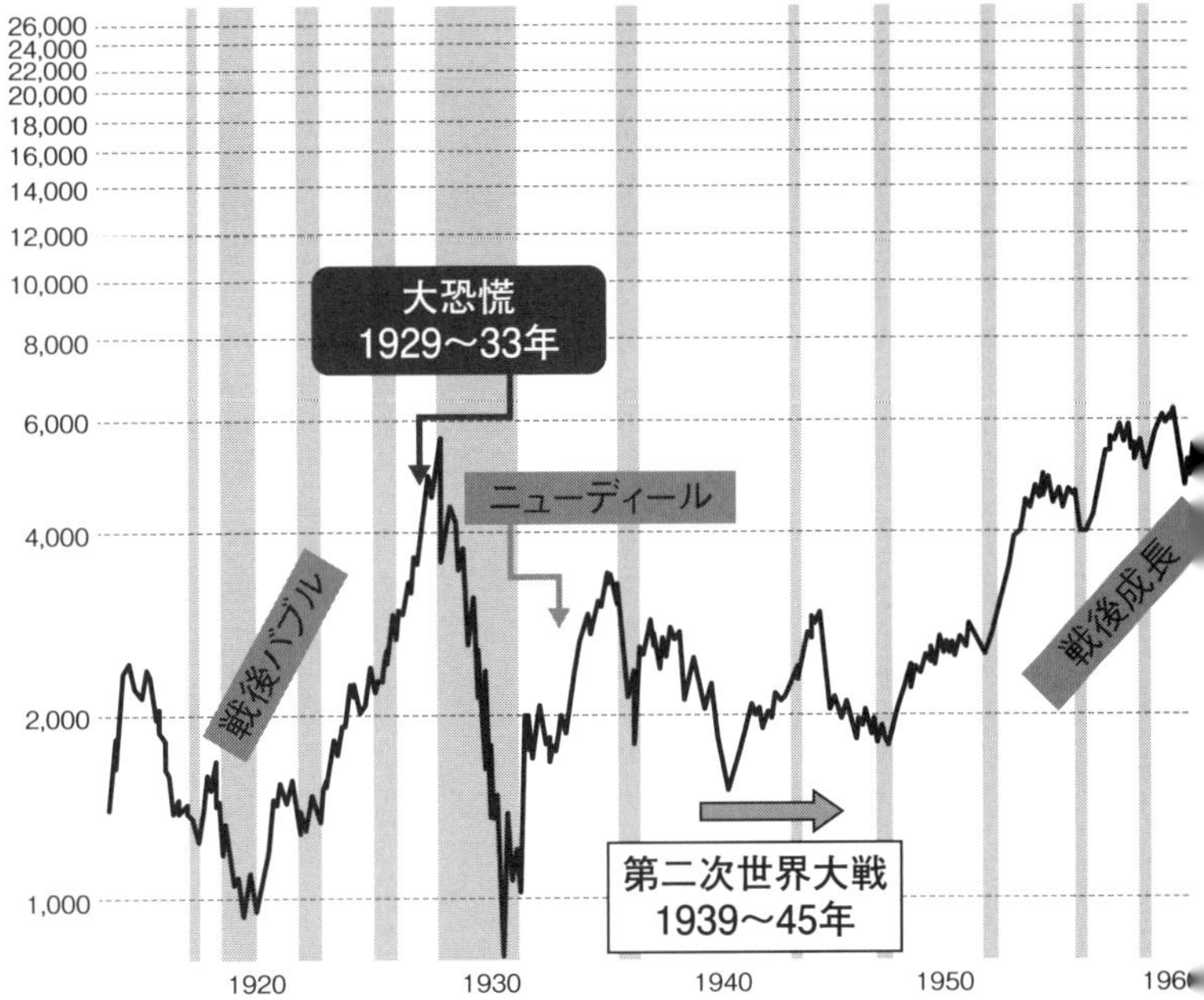

リーマン危機の後のドルの大増刷（4兆ドル）から、GDPの実体経済と株価が乖離した

の30％～50％の下落は、最上位1％の富裕層世帯のマネーを減らします。「世界の入れ替わり」が起こるのです。

高級住宅地ほど「売り家」が増えて、価格は下がります。恐慌のときの底値は、次の世代の資産を作るチャンスです。過去200年、近現代の歴史で繰り返されてきたことです。

200年の歴史で10回はあった恐慌と戦争のとき、底値で株と資産を買い、平均利率5％で運用してきたのが米欧の大銀行の資本家であるロスチャイルド家です。

〔**5%の利回り200年で金融資産は1万7000倍**〕年平均5%の低い利回りの複利運用でも、当初の資産が「1・05の200乗＝1万7293倍」に膨らみます。18世紀イタリアで最初に金の売買で得た資産が200億円くらいでした。1万7000倍になると、純資産が340兆円です。マジックではなく、指数関数の現実です。新型コロナも、ウイルスの実効再生産数が1・0以上なら指数関数で増えます。ネズミ算です。

2000年4月に米国ナスダックが5000から1300へと26%に下がったITバブル崩壊のあとの企業価値（＝株価総時価）の成長では、

・時価総額がともに150兆円になったマイクロソフト（1位）とアップル（2位）、
・130兆円のアマゾン（3位）、
・110兆円のグーグル（社名はアルファベット：4位）、
・70兆円のフェイスブックでした（4位：20年3月）が筆頭でした。

〔**GAFAの株価**〕株価が平均年率で30%上がると、20年間では190倍になります。中国のアマゾンであるアリババも65兆円の株価時価総額です。

その10年前、1990年から日経平均3万9800円をピークにして、株価の臨界点がクラッシュした日本ではGAFAの巨大な時価総額は見えにくい。日本企業で1位のトヨタですら時価総額（会社価値）は19兆円であり、マイクロソフトの13%にすぎません（20年6月初旬の日経平均は2万2600円付近）。

米国と世界は、20年2月まで株価と不動産のバブルでした。コロナの3年後くらいからは、次世代のGAFAに向かうところが今度はAI（人工知能）の分野から出るでしょう。合理化が進む銀行、つぎに工場生産、そして販売の店舗と自動化物流で、AIの応用が加速度で浸透するからです。これがあつまってテレワークと並行して次のイノベーションである「AI産業革命」になっていくでしょう。AIによる産業革命は労働の生産性を上げ、GDPと所得を新しく増やす要素になります。

AIに置き換わる仕事も年々増えて、10年で労働の横移動が起こり、全体の生産性が上がります。近代は1900年ころから生産性の低い農業から、量産の機械制工業へ労働移動が起こりました。第二次石油危機のあとの1980年から、20億人の先進国では工場の労働が、先進国では流通・サービス業、文字と数字のシンボル操作（シンボリック・マネジャー）に移ってきました。

〔AIの広範囲な導入へ〕 2023年からは金融、工場、流通、物流業務でのシンボル操作は自動化されるAI情報の助力を得て、ひとが判断・決定する方法に変わっていきます。テレワークの増加もIT&AIを加速させます。工場の商品・部品の生産、流通、物流は自動化していくのが「必然」です。

AIで自動化した会社が生産性と利益を上げ、赤字になる古い業務方法の会社（管理は紙とハンコ）を追いやっていきます。中世の職人労働が近代の機械式生産に変わったことと同じ変化です。現代資本主義は、コロナ恐慌のあと「IT&AIイノベーション」を準備しています。

わが国では社会で共有している無意識の意識のなかに、「80年代後期、繁栄した資産バブル経済の過去」の記憶があるため、「AIは人の職業と雇用を奪う」という論が多いように感じます。確かに労働移動の数年は、既存業種では雇用の減少が起こるでしょう。しかしAIが促すのは、既存のメディアだった音楽のCDが、インターネットのストリーミング（新しいメディア）になって、CDの製造業がなくなったのとおなじような変化です。顧客として受け取る音楽は増えました。映画のネットフリックスも、おなじ変化です。TVで映画を見る時間は増え、視聴者が多いネットフリックスの株価時価総額（会社価値）は、トヨタを上回る1940億ドル（21兆円）になっています。既存店舗の売上を奪ったアマゾンもおなじです。われわれは滅びるもの、需要が縮小するものではなく、需要が増える産業を見なければならない。技術イノベーションの現在のシンボルはAIでしょう。

【経済的な資産バブルの崩壊が人々の生活への価値観も変える】

図24の「100年の米国株価」を見ると、これがわかります。株価のグラフには、人々が最大の利益を求めて投資するという金融経済のエッセンスがつまっています。

コロナショックがリーマン危機と違うのは、

①20年3月の非常事態とともに世界の中央銀行がマネーを増発し（史上最大規模：1年でGDPの10%)、

図25　NYダウ（世界の株価の中心：20年1月～6月5日）

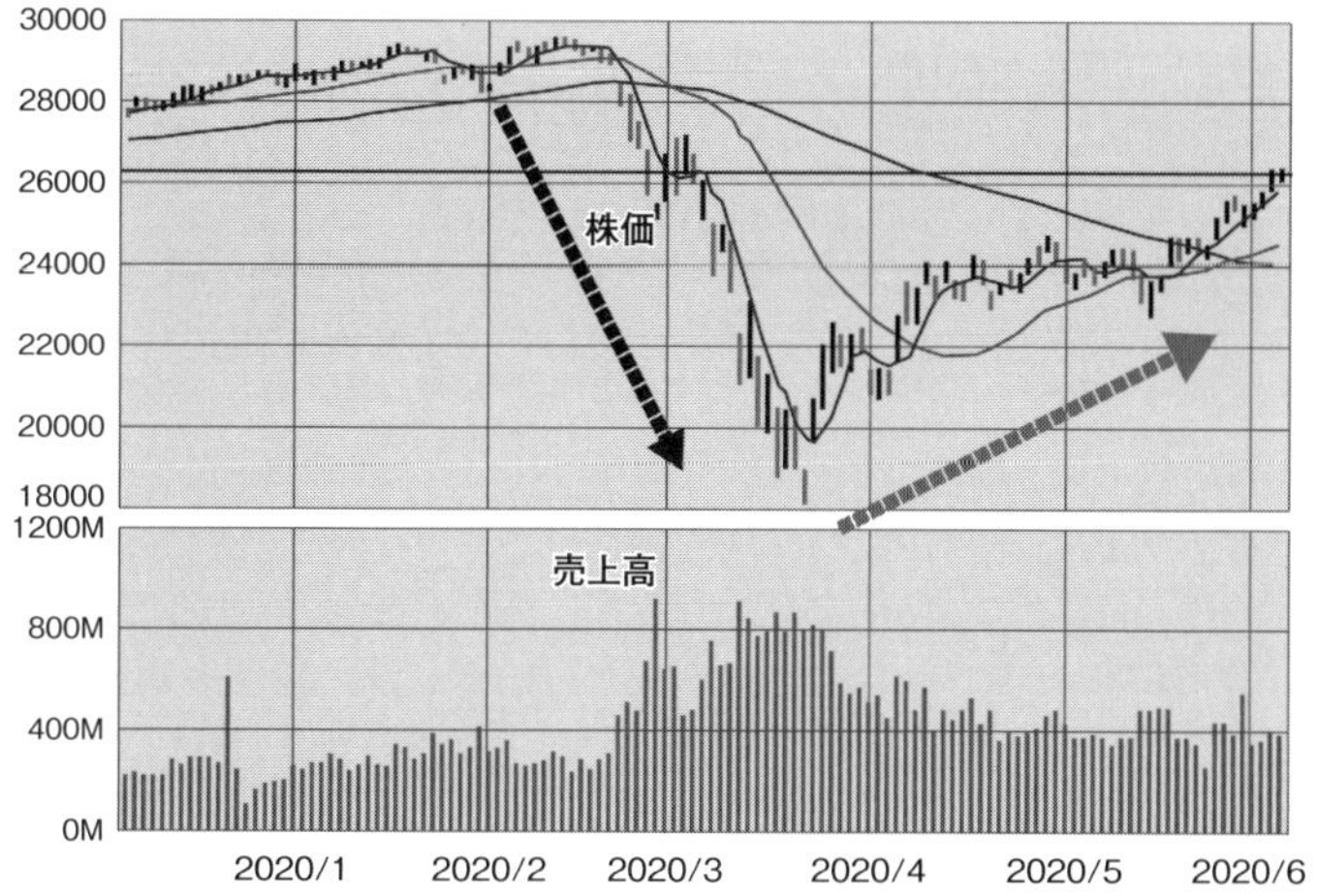

②株価は3月末の底値（マイナス35％）のあと20％は回復し、実体経済との調整的下落は抑えられていることです（20年6月）。

第二波があれば、10％縮小する２０２０年度の実体経済と乖離している世界の株価については、第一部のQ＆Aで示しました。

各国中央銀行の信用マネーの増発による金融機関・ファンド・大企業、中小企業へのマネー供給が株価下落を一番底（3月末）で抑え、4月からは上昇させています（図25）。

リーマン危機のときは、２００７年10月から50％への下落に1年半かかっています（NYダウ：底値６５００ドル）。上昇にも1年かかっています（２０１０年1月：1万５００ドル）。いまから思えばゆっくりした動きでした（30か月と今回の7・5倍の時間）。マネーの速度、つまり投資家の株の売りとFRBのマネー増発が両方とも緩慢で、長閑《のどか》だったからです。今回は劇症の下落と急回復です。ゆっくり眺めていた投資家は機会利益の損をしたことでしょう。HFT（超高頻度取引）であるプログラム取引が60％以上のシェアに増えていることが原因です。10万分の1秒以下で、いまも高速売買をしているHFTは下げも上げも時間を短縮する効果をもちます。

ひとの判断が関与していないコンピュータ売買の増加により、世界の株式市場が変質していいます。これは、経済・金融の予想ファンダメンタルズとは無関係な株の売買結果の、短期の波動しか示さない株価罫線のみを分析したテクニカルな売買です。

〔ドルが国際通貨の60％〕 図25のNYダウは世界のマネー経済の中心です。日本・欧州を含む世界の株価を主導しています。国際通貨では米ドルが60％を占めているからです。

東証の売買の70％を占めているのは、ドルを使うファンドと金融機関および投資家です。NYダウが上がると日経平均も上がり、下がれば日本株も下がる同時の連動があります。欧州と新興国の株式市場も、米ドルでの投資が動かしている点で類似しています。日本人も世界に投資するときは、基軸通貨のドルを使います。「円→ドルに交換→ドルと現地通貨の交換→株や国債の買いと直接投資」です。

米国に投資するとき以外もドルが「他の国の通貨と交換するときの媒介通貨」の機能をはたしています。世界の外為市場における1日の米ドルの売買は、世界貿易の100倍、3兆ドル（330兆円）もあります。（注）円の売買はドルの18％の60兆円／日です。

【百貨店の売上：4月マイナス48％】

図23の米国小売売上の分析に戻ります。図の9段目にある米国の百貨店の売上は、20年2月が110億ドル（前年同月比マイナス3・0％）、3月86億ドル（同マイナス25％）、4月61億ドル（同マイナス48％）でした。ファッションの売上がもっとも減り、都市部ショッピング・センターでは休業があったからです。米国では、ショッピング・センターのテナント料の支払い遅延が生じています。

日本の百貨店はもっとひどく4月が前年同月比マイナス70％、5月も6割から9割減に分布しています。倒産をまぬがれているのは借入金によってです。

〔**外出自粛の解除後もV字回復はない**〕問題は緊急事態解除のあとの6月7月8月ですが、売上が前年同月比を上回ることはない。都市百貨店の売上の約30％を占めていた、インバウンド消費の免税売上が2020年中には回復しないからです。2021年もあぶない。もともと利益は少なかったので借入金が頼りの経営になります。米国と日本はおなじでしょう。

【GMS（一般商品）の売上：4月マイナス15％】

米国のGMSはポピュラープライス帯の商品と、ウォルマートのような低価格商品を販売する業態です。百貨店の6倍の売上があります。米国のGMSには商品価格を下げてきたディスカウント・ストアも含むので、食品スーパーとともに米国小売業の中心に位置しています。ディスカウント・ストア（D／S）は食品、衣料、住関連商品、家庭用品が主な部門です。なお倒産したJCペニーは食品のないGMSです。ウォルマートやターゲットはD／Sに分類されています。

GMS業態の全米合計の売上は2月600億ドル（＋3・0%）、3月641億ドル（マイナス8・0%）、4月508億ドル（マイナス15%）でした。D／Sにはロックダウンのなかでも売上が増えた食品部門があるので、食品のない百貨店やJCペニーのような壊滅的な売上ではない。米国の非常事態が解除される6月7月8月にはV字ではなくても、順次、前年並みか4%から5%上回る程度に回復していくでしょう。米国の既存店売上の平均は前年比＋4%程度です。これが米国小売のゼロベースですから、前年比±0%は日本の既存店売上ではマイナス4%に相当します。

【ノンストア・リテイラー（EC販売）の売上：4月＋22%】

2月は689億ドル（前年同月比＋9・0%）、3月723億ドル（＋14%）、4月783億ドル（＋22%）でした。アマゾンを代表とする完全ノンストアと、ウォルマートのように「店舗をもつところのEC販売」があります。ファッションや家庭用品でもEC販売は増えてます。年率15%くらいで増えるのが、米国ECの傾向でした。（注）日本の小売ECは年間17・9兆円（月間平均1・5兆円）と、米国の年間100兆円（月間8兆円）の18%くらいです。伸び率も米国の約半分の前年比8%

くらいです。

米国のノンストアは小売り業態別の販売で、食品を除くとGMSを超えて売上が1番になっています。米国ECはロックダウンの4月は前年比で22％売上が増えています。今年は完全に「小売の新しい業態」として定着していきます。これは有店舗の小売業もECを始めないと、既存店売上の増加を望めなくなるという変化です。

〔**有店舗のEC**〕ウォルマートのECの増加はめざましい。ロックダウンのあった期間のEC売上は前年比74％増でした（20年2月から4月）。5000店のうち1000店はEC対応店です。今後も増えます。会費制で生鮮食品を2時間から3時間で届ける物流の仕組みと、店舗での受け取りのロッカーを作っているのです。ECの王者（1億品目と巨大）アマゾンの1－3月期の売上は前年比＋24％でした。4月はもっと伸びているはずです。

店舗があるファッション百貨店、ノードストロームのファッション売上の30％もECになっています。日本の百貨店もEC化をはからないと、長期で生きのこることはできない。

わが国小売業もウォルマート、ターゲット、ノードストロームのように売上を増やすには、EC販売を付属させる必要が大きくなっています。物流企業と連携すれば、比較的容易にできます。コロナショックがもたらした産業への変化がECでしょう。既存店にも30年単位のイノベーションが必要です。

＊

アベノミクスの8年は経済成長のために退出させるべきだった企業を、異次元緩和とゼロ金利によって延命させてきた面があります。寿命が来ていた既存産業を金融的に保護したことが、社会全体のITと技術イノベーションを抑圧してきた面ももっています。

総負債1322兆円の大きな政府がマネー資源を食いつくし、わが国の経済成長をもっとも大きく阻害しています（国債1121兆円＋借入金201兆円：20年6月：日銀資金循環表）。日銀が、①既発国債の平均金利を0・6％と低くし、②1322兆円の政府の負債に対して、利払いが年平均で8兆円という少なさで済むようにしたことが、財政の改革を遅延させて国民の資金余剰を食いつくしてきた面が明らかに見えるのです。犠牲になったのが国民の銀行預金です。

約500兆円の国債を買い上げる異次元緩和とゼロ金利政策がなければ、政府は2015年ころにデフォルトに瀕したはずです。これによって赤字財政の縮減に取り組まざるを得ず、国民の貯蓄はイノベーション力をもつ成長企業に向かってきたことでしょう。異次元緩和は寿命が尽きていた既存の体制を延命させ、代わりに新規産業を抑圧してきました。

資本主義経済では、不況のあとに成長、危機や恐慌のあとに大成長があります。第二次世界大戦の敗戦で財閥資本が消滅したかつての日本では、1960年から新しい世代によって二桁の高度経済成長になっていったのです。

この点で異次元緩和は負債の危機をなくして、既存の経済体制を延命させる社会主義金融でした。この社会主義金融の犠牲になったのが、1000兆円の預金の金利がゼロ％になった世帯です。正常な金利3％なら1年に30兆円、1世帯平均では57万円（1か月4・7万円）の金利収入があり、給付される年金の不足も補填できたのです。

異次元緩和は世帯の金利所得（総額30兆円：消費税15％分）を、総負債1322兆円の政府部門に所得移転させました。加えて安倍政権で消費税は5％上がっています（税収で約10兆円）。合計で1年40兆円（消費税20％分）が、世帯から政府部門に所得移転されました（8年間合計で320兆円）。こんな内容で消費需要（GDPの60％）が増えるはずもなく、日本経済が成長して国民所得が増えるわけはないでしょう。

コロナショックで2020年、21年と総額では225兆円の新規国債発行が行われ、それを日銀が買い取ります。つまり第二次の大きな異次元緩和が実行されることが決まっています。この結果はどうなるか……展開と帰結は、第1部のQ＆Aで述べています。

おわりに

政府のデフォルトについては1998年、日本の資産バブルのあとの金融危機の時期から、さまざまなことが語られてきました。ほんとうのところは日銀が国債の買いを約500兆円実行して、政府にマネーを供給してきたので破産していないだけなのです。これは日銀が国債を売るか、買いを停止すれば、即刻に検証されることです。

政府は、確かに1238兆円の負債があります（2018年度）。しかし資産も670兆円はあります。純負債は568兆円にすぎない。しかも国債は日銀が509兆円買っているから、負債ではなくなっている。つまり政府の純負債（債務超過）は、世界でもっとも少ない59兆円にすぎない。破産するわけがないという論があります。

まず財務省が毎年作っている、政府の資産と負債を対照したバランスシート（国の財務書類：2018年）にある問題です。その資産の中身を見ると、①有価証券118兆円（独立行政法人や郵貯の株が主なもの）、②貸付金が112兆円（独立行政法人と外郭団体への貸付金が主なもの）、③運用預託金113兆円（公的年金基金の預かり金）です。合計で343兆円は「売却し、政府の収入として換金できる資産」ではない。

有形固定資産は、182兆円が簿価です。中身は、①土地（18兆円）、②山林（3兆円）、建物

（3・4兆円）、③工作物（2・7兆円）などであり、これらも合計で30兆円として売って換金できるのものではない。公共用財産の150兆円は、官庁の建物や公共施設・設備です。国道・橋・トンネルを国が払い下げても買う人がいるでしょうか。簿価（取得価格）があっても、買う人がいなければ、その資産は金銭の価値がない。日本郵政の「かんぽの宿」のように79の施設（簿価2400億円）が22分の1の109億円に下がるでしょう（オリックス不動産が購入：2009年https://www.mof.go.jp/budget/report/public_finance_fact_sheet/fy2018/national/fy2018gassan.pdf）。

＊

以上のように政府の資産670兆円は、「国の財務書類」に計上された簿価で換金ができません。売却の希望額では買う人はいないからです。負債の1238兆円から簿価資産の670兆円を引いて、民間法人に倣って純負債568兆円（債務超過568兆円）とするのは間違いです。

企業のPBR（株価時価総額÷純資産＝株価の純資産倍率）では、まず資産を売れる時価に評価して負債から引きます。ところが政府の国の財務書類（2018年版）では、資産は簿価であり、時価への評価はされていません。

これに加えて日銀が国債を509兆円買っているから、政府の負債は509兆円減っているというのは、日銀による通貨の発行は日銀の負債であることを無視したものです。日銀が国債を買ったとき政府の国債が日銀当座預金（持ち主は銀行）という、日銀の負債に振り替わるだけです。

われわれが銀行に預ける預金が銀行にとって負債であるように、日銀当座預金は日銀の銀行に対する負債です。「政府に破産するような負債はない」という論は好意的に見ても、以上のように二重三重の間違いを犯しています。

もう一点、決定的なことがあります。政府は1000兆円をはるかに超える公的年金の「過去勤務債務」を計上していません。政府は国民が保険料を払うかぎり、受け取った保険料とおなじ額を税金と基金の運用益から補填し、公的年金として支払う義務を負っています（国民との契約）。

現役30年の通算で1500万円の年金保険料を支払っていれば、政府は平均寿命まで1年に約180万円、17年間で約3000万円を支払う義務を負っています。

企業の退職金では、これが「企業の負債である過去勤務債務」です。政府は合計で約1000兆円になる、「国民の公的年金の過去勤務債務」を計上していません。

企業は、社員に支払う義務を負う「退職給与引当金」を負債に計上しています。ところが「国の財務書類（2018年版）」には、資産を大きくし負債を小さくするという「資産・負債の両面からの粉飾」が見えるのです。

1998年に起きた資産バブル崩壊からの金融危機のあと、政府が破産しなかったのは日銀が509兆円の国債を買って政府にマネーを提供してきたからです。政府系エコノミストと財務省は論をすり変えています。本文で政府の資産について書かなかったので、ここで補いました。

吉田繁治

【著者プロフィール】

吉田繁治（よしだ・しげはる）

1972年、東京大学卒業（専攻フランス哲学）。流通業勤務のあと経営とITのコンサルタント。87年に店舗統合管理システムと受発注ネットワークをグランドデザイン。経営、業務、システムの指導。95年〜2000年は旧通産省の公募における情報システムの公募で４つのシステムを受託して開発。2000年、インターネットで論考の提供を開始。メールマガジン『ビジネス知識源プレミアム（有料版）』『ビジネス知識源（無料）』を約４万人の固定読者に配信。経営戦略、商品戦略、在庫管理、サプライチェーン、ロジスティクス、ＩＴ、経済、世界金融、時事分析の考察を公開し、好評を得る。主な著書に『世界経済臨界点を超える』『仮想通貨　金融革命の未来透視図』『米国が仕掛けるドルの終わり』『膨張する金融資産のパラドックス』『マネーと経済　これからの５年』『マネーの正体』（いずれもビジネス社）、『財政破綻からＡＩ産業革命へ』（PHP研究所）、『ザ・プリンシプル：経営の100の原則』『利益経営の技術と精神』『新しいチェーンストア理論』（いずれも商業界）などがある。

HP：http://www.cool-knowledge.com/
メールマガジン：http://www.mag2.com/m/P0000018.html
e-mail：yoshida@cool-knowledge.com

アフターコロナ　次世代の投資戦略

2020年8月15日　第１刷発行

著　者　吉田　繁治
発行者　唐津　隆
発行所　株式会社ビジネス社
〒162-0805　東京都新宿区矢来町114番地
神楽坂高橋ビル5F
電話　03-5227-1602　FAX 03-5227-1603
URL　http://www.business-sha.co.jp/

〈カバーデザイン〉上田晃郷
〈本文DTP〉茂呂田剛（エムアンドケイ）
〈印刷・製本〉モリモト印刷株式会社
〈営業担当〉山口健志〈編集担当〉本田朋子

ISBN978-4-8284-2206-0

ビジネス社の本

臨界点を超える世界経済

通貨と金をめぐる４大危機に備えよ

定価　本体２０００円＋税
ISBN978-4-8284-2104-9

**通貨はどこから来て、どこへ行くのか
主要国は通貨、株価、財政、銀行の
４大危機に直面する！
過剰なペーパーマネーが
金融危機を起こして暴落する
そのとき金融資産を守る術はあるのか**

◇日本人が知らない「通貨の価値」の危機！◇

吉田繁治……著

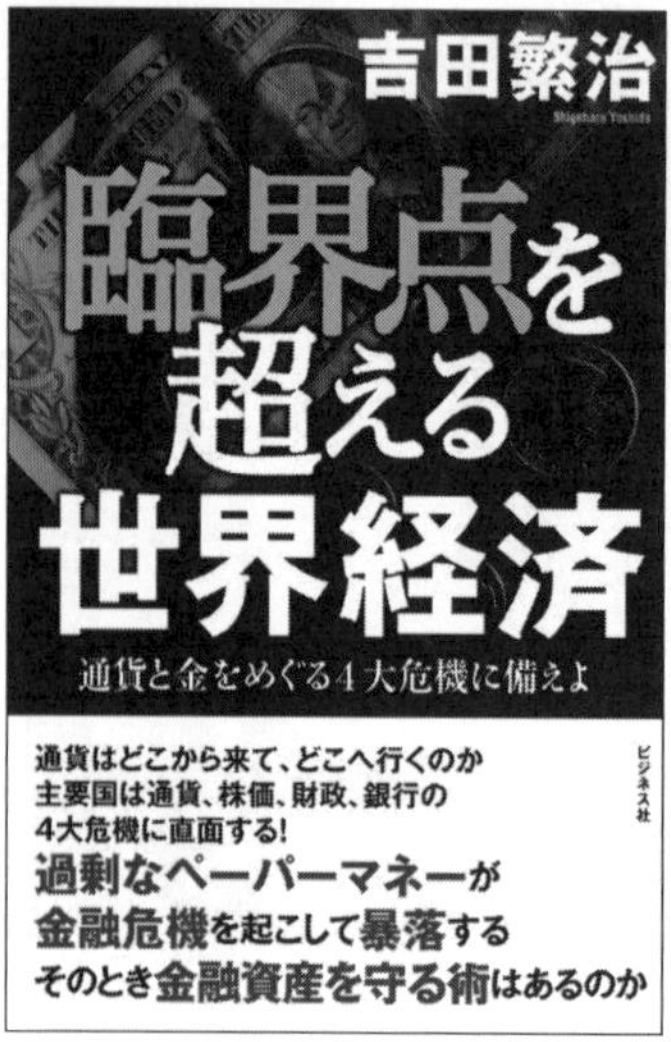

本書の内容

第一章●中世の偽金づくりに似たペーパーマネーの変遷
第二章●中央銀行の負債であるペーパーマネー
第三章●財政破産を先送りし、円安と貧困を招いた異次元緩和
第四章●中央銀行設立から見る米ドル基軸への展開
第五章●独立戦争、ＦＲＢ創設、ブレトンウッズ協定までの米ドル
第六章●ＦＲＢが反ゴールドキャンペーンを行った２６年
第七章●中央銀行のマネー増発と金融資産の高騰
第八章●中国は問題解決のため新人民元創設に向かう